文學論文索引三編

劉修業 編

中華圖書館協會 1936 年 1 月鉛印本

文學論文教育言說

陳繁文 著

文學論文索引三編

錢玄同題

西諦吾師教正 修業謹呈

文學論文索引三編

序

國立北平圖書館於民國二十一年出版張陳卿，陳璧如，李維垿諸君所輯的文學論文索引，二十二年又出版劉修業女士所輯的續編，最近劉女士所輯的三編亦已完成，並且有出版的消息了。這是近年來文學論文的總結賬，同時又給研究文學者以很多的方便。

國內學術界現在頗知注重工具書和材料書的纂輯。各處較大的圖書館均另闢索引組專編各種索引。北平圖書館所出版之索引如：文學論文，國學論文，地學論文三種，其成績已昭昭在人耳目。將出版與正在編纂中者，有淸代學術論文索引，善本書籍題跋索引，金石題跋索引，亦極爲學者所需要。此外燕京大學圖書館之引得編纂處，由洪煨蓮先生的指導，編纂各種古書引得；其計劃之偉大，與方法之精密，尤有可以特別推崇之點。最近浙江省立圖書館中金步瀛君所編之增訂叢書目索引，亦由開明書店出版。各圖書館的努力工作，實是推行索引事業最大的助力。

不僅如此，學校方面有清華大學之政治書報指南，廣州中山大學之教育論文索引；雜誌方面如中山文化教育館每月出有期刊索引，而人文雜誌等亦於每期之後附最近雜誌篇目索引。即在個人方面，如張德培君之心理學論文索引，葉紹鈞君之十三經索引，楊殿珣君之元和郡縣志索引賀次君君之山海經索引，無論已出未出，均足見一時風氣。尤其是楊家駱君以私人的力量，作大規模的編纂計劃，而且不限於索引方面，志大願弘，更難能可貴了。

這種第一步先謀檢尋材料的方便，是近年學術界最大功績。本來，這種方法，章實齋於校讎通義中亦已說過：

校讎之先宜盡取四庫之藏，中外之籍，擇其中之人名地號官階書目，凡一切有名可治，有數可稽者，略倣佩文韻府之例悉編爲韻，乃於本韻之下，注明原書出處，及先後篇第，自一見再見以至數千百皆詳注之，……以爲羣書之總類。

必有此良好工具，於是「淵博之儒，窮畢生年力而不可究殫者，今即中才校勘可坐收於几席之間。」這即是索引所盡的効能。這種効能亦並不限於校勘方面。所以工具書和材料書的纂輯，一方面固由於學術空氣之濃厚，出乎事實所需要，一方面也以有良好的工具，纔更足促進學術之發展。劉女士這幾年的努力，所便利於學者的，其功也不在小。

抑且照劉女士這樣的繼續努力，一二年中出版一次，則一方面既盡索引的功能，一方面又同年鑑的性質，可以察知文壇的動向，可以衡量研究的成績，是固不僅助人獵取作獺祭的材料已也。

劉女士又言，有許多大題小做的論文，事實上既不能以意去取，然而浮薄膚淺，往往徒勞學者之搜求。所以更擬注明頁數或略撰提要，庶可由量的方面，察其內容之豐瘠，由內容的提示，以窺其論點之所在。這種精益求精的辦法，甚望其能早日實現；則其便利於學者者，當更爲功德無量矣。

民國二四，一二，六，郭紹虞。

文學論文索引三編目錄

上編　文學總論

中編　文學分論

五、小說　二八九——三三三

下編　各國文學家評傳

四、藝術

本編所收雜誌卷數號數一覽

△係由燕京圖書館收集的記號
○係藏在清華圖書館的記號
×係付印後續補的十一，十二月所發現的雜誌記號

二畫

刁斗 刁斗文藝社編輯兼發行，各大書店代售。廿三年一月創刊。收一卷一期至四期，又二卷一期。

人間世 林語堂主編，良友圖書公司發行。廿三年四月創刊。收一期至卅九期。

人言週刊 郭明謝雲翼等主編，上海平京路廿一號第一出版社發行。廿三年二月創刊。收一卷一期至二卷十六期。中多文壇雜訊及零感

人生與文學 柳無忌黃燕生等主編，南開大學合作社發行。廿四年四月創刊。收一卷一期至五期。

三畫

女師學院期刊 河北省立女子師範學院出版課主編。廿二年一月創刊。繼朝華而出，收一卷一期至三卷二期。

女青年月刊─婦女與文藝專號 中華基督教女青年會全國協會編輯部編輯兼發行。收十三卷三期（廿三年三月）

之江學報 之江文理學院之江學報編輯委員會編輯兼發行。廿二年四月創刊。收一期至三期。

之江期刊　之江文理學院學生自治會出版。收第二期。本北平圖只見此期

山東民衆教育月刊　山東省立民衆教育館編印兼發行。收三卷一期至六卷七期。

千秋半月刊　金民天編輯，上海千秋出版社發行。收二卷一期至九期。

小文章　胡依凡方士人編輯，春光書店發行。廿四年四月創刊。收第一期。

大夏　大夏大學大夏學社編輯兼發行。廿三年四月創刊。收一卷一期至十期。

大陸　南京大陸雜誌社編輯。南京書店發行。續前編，收二卷一期至八期。

大上海半月刊　邱夢彤主編，大上海圖書公司發行。廿三年七月創刊。收一一期至三期。

大學生言論　南京中央大學生言論社編輯兼發行。廿三年七月創刊。收二期至八期。

△大衆知識　上海大衆知識社編輯。上海雜誌公司發行。廿四年一月創刊收一期至三期。

○大衆文藝彙刊　上海現行書局發行。收一卷一期至六期。

大公報副刊　天津大公報發行，內有文藝週刊，圖書副刊等。續前編收廿二年六月至廿四年十二月

四畫

文化月刊 江西復興文化青年學會編輯，各大書店發售。二十三年一月創刊。收一卷一期，二期。

文化批評 北平文化批判社編輯兼發行，現代書局代售。二十三年五月創刊。收一卷至二卷六期，又中國族民史研究特輯一冊

文化列車 上海文化列車社編輯兼發行。廿二年十二月創刊。收一卷一期至十二期中多載文壇消息，上海方面尤多。

文化建設 上海文化建設月刊社編輯兼發行。廿三年十月創刊。收一卷一期至二卷三期。

文化與教育 北平文化與教育社發行。廿三年十一月創刊。一期至七十二，三期合刊。

文史 吳承仕編輯，北平中國學院國學系發行。廿三年四月創刊。收一卷一期至四期。

文史叢刊 國立山東大學編輯兼發行。廿三年五月出版。收一期。

×**文史匯刊** 羅霈霖編輯，國立中山大學研究院文科研究所出版。收二期（廿四年六月出版）一期沒有關于文學論著

文理 國立浙江大學文理學院學生自治會編輯兼發行。續前編，收三期四期。

文章 上海文章月刊社編輯兼發行。廿四年四月創刊。收一期。

文學 傅東華鄭振鐸主編，生活書店發行。廿二年六月創刊。收一卷一期至五卷六期。

文學百題 傅東華編，生活書店發行。廿四年七月出版，文學二週年紀念特輯。

文學季刊　鄭振鐸章勒以主編。廿三年一月創刊。收一卷一期至二卷三期。

文學評論　李長之楊丙辰主編，立達書局發行。廿三年八月創刊。收一卷一期，二期。

文學新輯　上海文學新輯社編，上海雜誌公司發行。廿四年二月創刊。收一期。

△文學雜誌　廣州文學雜誌社編輯，國立中山大學出版部發行。廿二年二月創刊。收一期至八期。

△文學週報　上海開明書店文學週刊社編輯。續補第一編，收八卷一期，六期，十一期，又十四期至十八期。

×文學時代　儲安平主編，上海時代圖書公司出版。廿四年十一月創刊。收一期，二期。

×文學期刊　上海復旦大學中國文學系編輯兼出版。收第三期

文藝月刊　南京中國文藝社編。續前編，收三卷十一期至七卷六期。

文藝　成都文藝研究社編輯兼發行。廿三年六月創刊。收一卷一期至三卷二期。

文藝半月刊　董文淵等編輯，日出文藝社發行。上海雜誌公司代售。廿三年七月創刊。收一卷一期。

文藝月報　開封文藝月報編輯委員會編，廿四年八月創刊。收一卷一期至二卷二期。缺一卷二期。

文藝　輪底文藝社主編兼發行。廿三年十二月創刊。初名輪底文藝至二，三期改名文藝。

文藝叢刊　國立中央大學文學院編輯兼發行。廿三年十一月創刊。收一卷一期，二期。

文藝大路　汪迪民主編，文藝大路社發行。廿四年五月創刊。收一期至六期

文藝風景　施蟄存編輯，光華書局發行。廿四年六月創刊。收一卷一期至二期。

文藝戰線　北平文藝戰線週刊社編輯兼發行。續前編，收二卷一期至三卷四十八期。

文藝電影　美克尼主編，上海文藝電影社發行。廿四年一月創刊。收一卷一期至四期。

文藝畫報　穆時英葉靈鳳編輯，上海雜誌公司發行。廿三年十月創刊。收一卷一期至四期。

文藝茶話　上海文藝茶話月刊社主編，中國美術刊行社發行。收二卷一期至九期。（廿二年八月至廿三年四月）

文藝雜誌　柳亞子主編。續前編，收三期，四期。

文明之路　廣州國立中山大學文明雜誌編輯。廿三年五月創刊。收一期，二期。

文飯小品　康嗣羣編輯，上海雜誌公司發行。廿四年二月創刊。收一卷一期至六期。

中山文化教育館季刊　上海中山文化教育館編輯兼發行。廿三年秋季創刊。收一卷一期至二卷四期。

中央時事週報　南京中央日報社編輯兼發行。收二卷一期至四卷四十一期。

△中央大學半月刊 南京中央大學發行。續前編，收二卷六期至八期。

中法大學月刊 北平中法大學編輯兼發行。續前編，收二卷五期至七卷五期。

中原文化 北平中原文化社編輯兼發行。廿三年二月創刊。收一期至廿期。

中國文學（月）溫州中學高中部中國文學研究會編輯。收第二期（廿三年十二月）。

中國文學月刊 莊心在等編輯，讀者書店發行。廿三年二月創刊。收一卷一期至二卷二期。

○中國語文學叢刊 國立暨南中國語文學編輯兼發行。廿二年五月創刊。收第一期。

中國新論 南京中國新論編社輯兼發行。廿四年四月創刊。收一卷一號至六號。

中國新書月報 余甦生主編，華通書店發行。續前編，收二卷九期，十期。

中華季刊 武昌大學中華季刊編輯委員會編輯兼發行。收一卷二期至三卷一期。

中華月報 林柏生主編，上海中華日報館發行。收一卷一期至十期，二卷一期至十二期。三卷以後沒有關于文學的論文。

中學生 夏丏尊等主編。續前編，收卅二期至六十期。

化石半月刊 北平化石社編輯兼發行。廿三年一月創刊。收一卷一期至九期。

太白半月刊 陳望道編輯，生活書店發行。廿三年九月創刊。收一卷一期至二卷十二期。

水星 沈從文巴金等主編，文華書局發行。廿三年十月創刊。收一期至六期。中多係小品文字，評論之文章甚少。

×**天津** 陳通等主編，天津月刊社發行。廿四年十一月創刊，收一期。

天津益世報副刊 天津益世報發行。內附有文學週刊，戲劇與電影等副刊。續前編，收廿二年六月至廿四年九月。十月以後各副刊多停刊。

五畫

史學年報 燕京大學歷史學會編輯兼發行。補前編，收二卷一期，二期。

矛盾月刊 矛盾出版社編輯兼發行。續前編，收一卷五期至三卷三，四期合刊。

世界文學 任鑫甫主編，上海黎明書店發行。廿三年十月創刊。收一卷一期至六期。

申報月刊 俞頌華，凌其翰等編輯，申報館特種發行部發行。廿一年七月創刊。收一卷一期至四卷九期。

生存月刊 上海生存學社編輯兼發行。收四卷一期至十二期。（廿二年八月至廿三年十二月）

×**生活知識** 沙千里，徐步主編，上海生活知識社發行。廿四年十月十日創刊。收一期至四期。

×**正中校刊** 河北省立正定中學校出版。收十七，八期合刊至卅三期（廿三年三月至廿四年十月），十六期以前只出單頁。

正中半月刊 正中半月社編輯兼發行。廿三年十二月創刊。收一卷一期至二卷八，九期合刊。

出版週刊 上海商務印書館編輯。收七十五期至一四一期，七十五期以前只有出版書目。

平明雜誌 許逸上主編，北平平明雜誌發行。續前編，收二卷八期至三卷九期。

民族 嚴繼光編，上海民族雜誌社發行。廿二年一月創刊。收一卷一期至三卷十二期。

民族文藝月刊 民族文藝月刊社編輯兼發行，現代書局代售。廿三年四月創刊。收一卷一期至五期，缺四期。

民大中國文學系叢刊 北平民國大學中國文學系叢刊編輯委員會編，各大書局代售。廿三年一月創刊。收一卷一期。

民衆教育學報 河北省立民衆教育實驗學校民衆教育學報社編輯兼發行。廿二年十一月創刊。收一卷一期至三期。

△**民衆教育研究** 福建省立民衆教育館出版，廿年九月創刊。收一卷一期至三期。

民衆教育館月刊 山東省立民衆教育館編輯兼發行。收三卷一期至四卷六期，又六卷一期至三期。

民衆教育季刊 北平市市立通俗教育館編輯兼發行，廿一年八月創刊。收一卷一期至三，四期合刊。初名北平市通俗教育季刊。二期以後改名民衆教育季刊。

北國　北國月刊社編輯。續前編，收一卷四期，五期，六期。

北強月刊　北平北強學社編輯，各大書局代售。收一卷一期至二卷五期。

北平半月刊　北平半月刊社編輯兼發行。廿三年六月創刊。收一期至九期。

北平晨報副刊　北平晨報社發行，中附有劇刊，藝圃，學園，詩與批評等副刊。續前編，收廿二年六月至廿四年十二月。

六畫

光華大學半月刊　光華大學半月刊編輯委員會編輯，現代書局代售。收二卷一期至三卷九，十期合刊。

安徽大學月刊　安徽大學編輯兼發行。續前編，收一卷二期至二卷八期。

西大學生　廣西大學學生自治會編輯兼發行。廿三年一月創刊。收一期。

西湖文苑　西湖文苑社編輯兼發行。收二卷一期至六期（廿三年三月至十月）中多創作少理論。

江漢思潮　武漢江漢思潮社編輯兼發行。收一卷六期，二卷一期至三期，又三卷二期。

江漢學報　國立中央大學湖北學會編輯兼發行，各大書店代售。廿二年四月創刊。收第一期。

汗血月刊　上海汗血月刊社編輯兼發行。收文化剿匪專號（二卷四期）

行建月刊 北平東北行健學會編，民友書局發行。收三卷一期至六卷四期。一，二卷沒有關于文學的評論。

×宇宙風 林語堂陶亢德編輯，上海宇宙風社發行。廿四年九月創刊。收一期至五期。

七畫

芒種 徐懋庸曹聚仁主編，上海羣衆雜誌公司發行。廿四年三月創刊。收一期至五期。

每月小品 胡依凡方土人編輯，春野出版社行發。廿四年七月創刊。收一卷一期。

八畫

武大文哲季刊 國立武漢大學文哲季刊委員會編輯，出版部發行。續前編，收二卷三期至四卷四期。

東流 東流文藝社編輯兼發行，各大書店代售。廿三年八月創刊。收一期至六期。

東方雜誌 商務印書館編輯兼發行。續前編，收卅一卷一期至卅二卷廿四期。

金陵學報 南京金陵學報編輯委員會編輯。續前編，收二卷一期至三卷二期。四卷一期，二期及五卷一期沒有關于文學的著述。

金陵大學文學院季刊 金陵大學學生自治會出版。收一卷二期。

金聲 金陵大學中國文學研究會出版。廿年五月創刊。收一卷一期。

河南大學文學院季刊 河南大學文學院編輯。續前編，收第二期。

河南大學學報 河南大學出版委員會編輯兼發行。廿三年四月創刊。收一卷一期至三期。

青年文化 濟南青年文化月刊社編輯兼發行。濟南東方書社代售。廿三年十一月創刊。收一卷一期至二卷五期。

青年世界 青年雜誌社編輯兼發行，續前編，收二卷一期至四期。

青年界 趙景深編輯，北新書店發行。續前編，收二卷五期至八卷五期。

青年與戰爭 上海青年與戰爭社編輯兼發行。收三卷五期至四卷九期。一卷，二卷沒有關于文學評論。

青鶴雜誌 上海青鶴雜誌社編輯兼發行。廿一年十一月創刊。收一卷一期至三卷廿三期。

九畫

春光 莊啓東陳君冶主編，春光書店發行。廿三年三月創刊。收一卷一期至三期。

星火 星火文藝社編輯，上海雜誌公司發行。廿四年五月創刊。收一期至四期，二卷一期，二期。

幽燕 保定幽燕社編輯兼發行。廿二年四月創刊。收一卷一期至三卷十一期。

苧蘿 杭州諸暨苧蘿文藝社編輯兼發行。廿二年十一月創刊。收六期至十六期，一期至五期只有單頁

紅豆　梁之盤編輯，香港南國出版社印行，各大書局代售。廿二年十二月創刊。收一卷一期至二卷五期。

南風　嶺南大學學生自治會編輯兼發行。收六卷至十卷之第一期（廿一年五月至廿三年六月）

△南大半月刊　南開大學出版社發行。續前編，收二卷二期至廿期。中多社會及政治上評論，惟二卷八，九期合刊爲文藝專號。

津逮季刊　河北省立第一師範學校編輯兼發行。廿一年六月創刊。收一期至三期。

前途雜誌　上海雜誌編輯兼發行。續前編，收二卷一期至三卷十二期。惟二卷一期至五期爲新生活或中國革命專號，沒有關于文學評論

文学

研究與批判　葉青等主編，上海辛懇書店發行。廿四年三月創刊。收一卷一期。二期以後多關于哲學論著

建國月刊　南京建國月刊社編輯。收民族文藝教育專號（十二卷一期）

待旦　九江同文中學二六級出版，廿四年一月創刊，收創刊號。

×客觀　上海復旦大學郵務處轉客觀刊社編輯兼發行。廿四年六月創刊。收一期至八期。

十畫

流螢　北平流螢社編輯兼發行。收一期。

涇濤 隴東留平學會編輯兼發行。收七期至十期又二卷一期。

海天 開封海天學術研究社編輯兼發行。廿三年五月創刊。收一卷一期，二期。

朔望半月刊 徐朗西主編，兼發行。廿二年五月創刊。收一期至廿一期。

珞珈月刊 國立武漢大學珞珈月刊編輯兼發行。收二卷一期至七期（廿三年九月至廿四年二月）

師大月刊 師大月刊編輯委員會編。廿二年九月創刊。收六期（文學院專號）又十期至廿期。七，八，九期爲理學院專號沒有關于文藝譯述

時事類編 南京中山文化教育館編行。由二卷廿二期以後增文藝一欄，收二卷廿八期至三卷廿二期。

×通俗文化 支道綏編輯，上海通俗文化社發行。廿四年一月創刊。收二卷一期至十期。第一卷沒有關于文學評論。

十一畫

細流 北平輔仁大學細流編輯兼發行。廿三年四月創刊。收一期至四期。

△黃鐘 杭州黃鐘文學社編輯。續前編，收一卷二期至六卷六期。初爲週刊至廿一期後改爲半月刊。至四十期開始分卷數，是爲四卷一期。

教授與作家 上海教授與作家協會編輯，現代書店發行。廿三年七月創刊收第一期。

浙江民衆教育 蔣錫恩主編，浙江省立民衆教育社發行。收二卷一期至三卷二，三期合刊。

第一線 楓杜出版部編輯兼發行。廿四年九月創刊。收一卷一期，二期。

現象 北平燕京大學現象社編輯部編。廿三年十二月創刊。收第一期。

現代 施蟄存主編，現代書局發行。續前編，收三卷二期至六卷二期。

現代文學 俞荻巴林主編，上海雜誌公司總代發行，廿四年四月創刊。收一期，二期。

現代文學 陳念遠陳蔚芝主編，上海雜誌公司總代發行。廿四年一月創刊。收第一期。

現代史學 國立中山大學史學研究會發行。收二卷一期至四期。

現代演劇 包時等編輯，上海雜誌公司發行。廿三年十二月創刊。收一期，二期。

現代學生 孟壽椿劉大杰主編，續前編，收二卷二期至三卷四期。

清華暑期週刊 清華暑期週刊社編。廿三年七月創刊。收一期又三期至五期。

清華週刊 清華週刊社編輯兼發行。續前編，收四十卷一期至四十三卷十二期。

清華學報 清華大學學報社編輯。續前編，收八卷二期至十卷四期。

國民文學 國民文學月刊社編輯，上海汗血書店發行。廿三年十月創刊。收一期至五期。

國立中山大學文史學研究所月刊 國立中山大學文史學研究所編輯。續前編，收一卷三期至三卷三期。

國立北平大學學報 國立北平大學文理學院編輯兼發行。收一卷四期（文理專刊）廿四年三月出版。

國立北平圖書館館刊 國立北平圖書館館刊編輯部編。續前編，收六卷一期至八卷五號。

國風半月刊 柳治徵等主編。續前編，收二卷一期至六卷九，十期。

國聞週報 天津國聞週報社編輯。續前編，收十卷一期至十二卷五十期。

國語週刊 國語統一籌備委員會印行。續前編，收二十期至一八七期。由北平世界日報每星期六刊行，但亦另有單行本發行。

×**國文學會特刊** 河北省立女子師範學院國文學會出版部編輯兼發行。廿三年一月創刊。收一期至三期。

×**培德月刊** 繆鉞等主編，保定北關培德中學校發行。收八期，九期，十期（廿四年九，十，十一月）。

×**書報展望** 楊志粹主編，上海雜誌公司發行。廿四年十一月創刊，收第一期。

十二畫

△**萌芽** 萌芽社編，光華書局發行。補前編，收一期，三期。

紫光 安平縣立鄉村師範學校出版。廿四年一月創刊。收第一期。

進展月刊　北平進展月刊社編輯兼發行。續前編，收一卷三期至二卷十二期。四卷一期至四期。

衆志月刊　北平衆志學社編輯兼發行。收一卷一期至三卷一期。

創作與批評　南京虹社編輯兼發行，各地大書店代售。廿三年七月創刊。收一期至三期。

華北月刊　華北月刊社編輯兼發行，立達書局代售。廿三年一月創刊。收一卷一期至三卷一期。

華西學報　成都華西協合大學中國文學系編輯兼發行。廿二年九月創刊。收一期，二期。

湖南大學期刊　湖南大學學生自治會編纂委員編輯兼發行。收六期至九期。又二卷四期，五期。

無錫國專季刊　無錫國學專修學校學生自治會編輯兼發行。收廿二年一冊。

詞學季刊　龍沐勛編輯，民智書局發行。續前編，收二卷二號至二卷四號。

報學季刊　上海申時電訊社編輯兼發行。廿三年十月創刊。收一卷一期至三期。

△**萬人雜誌**　廣州萬人社編輯兼發行。續前編，收一卷五期至二卷三期。

×**粵風**　薛沛韶李希三等主編，上海天潼三一八號粵風月刊社發行。廿四年七月創刊，收一期至五期。

×**雲嶺**　雲南旅平學會編輯兼發行。本北平圖只見二卷二期，三期（廿四年八月，十一月）。

十三畫

廈大週報 廈大週刊部發行。續前編，收十三卷十期至十四卷廿六期。

廈門大學學報 廈門大學編譯委員會編輯，販賣股編輯。續前編，收二卷一期，二期。

當代文學 當代文學社編輯，天津書店發行。廿三年七月創刊。收一卷一期至五期。

△福建文化 福建協和大學發行。廿年十二月創刊。收一卷一期至十期。

福建民衆教育季刊 福建省立民衆教育館編輯兼發行。廿三年八月創刊。收一卷一期。

詩篇 朱維基主編，上海綠社發行。時代圖書公司代售。廿二年十一月創刊。收一期至四期。

詩歌季刊 王亞平主編，青島詩歌季刊社出版。廿三年十二月創刊。收一期，二期。

新詩歌 上海中國詩歌會出版。收第四期。

新人週刊 上海新人週刊社編輯兼發行，生活書店代售。廿三年九月創刊。收一期至十六期。

新小說 鄭君平編輯，良友圖書公司發行。廿四年二月創刊收一期至二卷一期。

新文學 上海新文學社編輯，中華雜誌公司發行。廿四年四月創刊。收一期，二期。

新中華新中華雜誌社編輯，中華書店發行。收一卷四期至三卷廿二期。

新中國上海新中國雜誌社編輯兼發行。廿二年十二月創刊。收一期至六期。

新文化月刊南京中央大學新文化月刊社編輯兼發行。廿二年一月創刊。收一卷一期至二卷二，三期合刊。

新時代月刊曾今可主編，續前編。收四卷二期至六卷二期。

新創造月刊北平華北大學新創造月刊社主編兼發行。廿三年十一月創刊。收一卷一期至二卷四期。

新壘月刊上海新壘文藝月刊社編輯，現代書局代售。續前編，收一卷十八期至五卷，六期合刊。

新壘半月刊南京新壘文藝社南京分社編輯兼發行，現代書局代售。廿二年八月創刊。收一期至十一，十二期合刊。

新學生汪馥泉編光萃發行。續前編，收二期，四期，五期。

新月上海新月書店編輯。續前編，收四卷五期至七期。

十四畫

劇學月刊金悔廬主編。續前編，收二卷四期至四卷六期。

齊大季刊濟南私立齊魯大學印行。續前編，收二期，四期。

圖書評論　劉英士編輯。續前編，收一卷七期至二卷十二期。

輔仁廣東同學會半年刊　北平輔仁大學廣東同學會出版股編輯兼發行。收二期，二卷一期。

十五畫

輪底文藝　漢口輪底文藝社主編兼發行。廿三年十二月創刊。收一期至三期至二期，三期後改名文藝。

磐石雜誌　北平輔仁大學磐石雜誌社編輯，天津益世報館發行。廿一年六月創刊。收一卷一期至三卷十期。

×磐石　王屏侯李小山主編，福州平年文藝社發行。廿四年十一月創刊。收第一期。

舞台藝術　山東省立劇院編譯處編輯，上海雜誌公司發行。廿四年三月創刊。收一期，二期。

論語半月刊　陶亢德主編，時代圖書公司發行。廿一年九月創刊。收一期至七十五期。

十六畫

橄欖月刊　南京綫踐社編輯。續前編，收卅二期至卅九期。

嶺南學報　嶺南大學學報編輯委員會編輯，各大書局代售。收一卷一期至四卷一期。

燕京學報　燕京大學哈佛燕京學社編輯兼發行。收十二期至十七期。

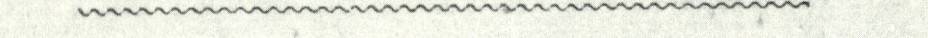

勵學 國立山東大學勵學社編輯兼發行。廿三年十二月創刊。收一期至四期。

學文月刊 葉超編輯學文月刊部發行。廿三年五月創刊。收一卷一期至四期。

△學術月刊 暨南大學學術月刊社編。續前編，收二期，三期。

學術季刊 太原學術編譯社編輯兼發行。廿三年五月創刊。收一期，二期。

學術世界 陳柱尊編輯，上海學術世界編譯社出版。廿四年六月創刊。收一期至四期。

學風 安徽省立圖書館編印及發行。續前編收三卷一期至五卷九期。

學衡 吳宓編輯。續前編，收七十九期。

學藝 上海中華學藝社編輯兼發行。續前編，收十二卷二號至十四卷七號。

十八畫

歸納 上海歸納雜誌社編輯，華通書局發行。廿三年十月創刊，收一期，二期。

轆轤季刊 羅曼主編、武漢轆轤季刊社發行。廿三年五月創刊。收第一期。

十九畫

勷大師範學院月刊 廣東省勷勤大學師範學院編輯兼發行。收十二期至十五期。

藝風 藝風雜誌社編輯，現代書局代售。續前編，收一卷三期至六期，二卷一期至三卷十二期。

二十畫

譯文 黃源編，上海生活書店兼發行。廿三年九月創刊。收一卷一期至二卷六期。

二十二畫

讀書生活 李公樸主編，上海雜誌公司發行。廿三年十一月創刊。收一卷一期至三卷十二期。

讀書月刊 上海光華書局發行。補前編，收十九年出版彙訂本

○讀書季刊 中國文化建設協會北平分會主編兼發行。廿四年六月創刊，收一期，二期。

讀書顧問 王平陵主編，南京正中書局發行。廿三年四月創刊。收一期至四期。

讀書雜誌 王禮錫等編，神州國光社出版。續前編，收三卷三號至七號

二十四畫

鷺華 厦門鷺華文藝社編輯兼發行。廿二年十二月創刊。收一期至四期。

本編所收雜誌卷數號數一覽

文學論文索引三編

上編　文學總論

一、通論

一個文學公式　蘇德林　津逮季刊二期
好的文學是要含蓄而有暗示性
文章的需要與需要的文章　水天同　人生與文學一卷一期
「文科」上幾個問題　劉任萍　北平晨報學園八五〇號，八五一號（廿四年九月二日，三日）
文學在一般文化上居於怎樣的地位　蔡元培　文學百題
文學略談　孫國城　心聲月刊三期
文學閒談　朱湘　青年界三卷二期至五期連期刊登
文學是什麼及其他　周宗彬　心聲月刊三期
內容：（一）文學的特點，（二）文學的產生，（三）文學的大衆化，（四）革命與文學的關係，（五）現在需要什麼文學。
文學可以當飯吃嗎　黎夫　讀書生活創刊號

要文藝幹麽 張堪　幽燕二卷一期

藝術是甚麽 意·克羅齊　孟實譯　文學季刊二卷二期

文學簡論 楊深夔　成都文藝月刊三期

文藝簡論 侍桁　文藝月刊四卷一期，六期

文藝閒話 天狂　新創造一卷創刊號

文藝雜論 毛恥波　新時代月刊五卷一期

文藝論 高爾基著　榮甲譯　中原文化五期

沒有苦悶沒有文藝 去病　清華週刊四十三卷十二期

文學表現論 張克莊　女師學院期刊三卷一期
內容：(一)緒論，(二)表現在文學中的地位，(三)表現的功用，(四)表現的方法，(五)表現的技巧，(六)結論。

文藝的功能 劉駿泉　津逮季刊二期

文藝理論上的二三問題 左辛人　理論與創作創刊號
—關於韓侍桁先生底藝術觀—

內容：（一）創作的方法，（二）藝術與社會，（三）批評底基準。

文藝宣傳 人言週刊二卷三期

文藝影響論 曾覺之 新中華一卷十二期

論環境所給與藝術家的好和壞的影響，所以時代又間接影響了文學

文學對話 蓮子 天津益世報文學週刊四九期（二十二年十一月四日）

文學的面面觀 傅漢光 心聲月刊二期

文學觀的檢討 王璠 學風三卷十期

文學的雅俗觀 葉公超 大公報文藝副刊二期（廿二年九月廿七日）

文學風習論 林國材譯 華北月刊二卷三期

文學的將來 Carl Van Doreu作 夏雨時譯 現代學生二卷三號

文學的預兆 伊金譯 大陸雜誌二卷四期

文學之哲學底基礎 宋默庵 刁斗一卷一期

文學的兩派與文學批評家　黎錦明　青年界五卷四期

內容：（一）「學院派」文學，（二）「新聞雜誌派」，（三）所謂「偉大性」，（四）批評家的「超然觀」，（五）批評家與理學家。

略述希伯來思潮和基督教文學　茅盾　文學百題

論人類命運之二重性及文藝上兩大巨潮之根本的考查　李長之　天津益世報文學副刊七期，八期（廿四年四月十七日，廿四日）

內容：（一）總論，（二）心理學上的事實，（三）心理基礎和經濟條件，（四）人類思想的兩極，（五）以七事爲証，（六）浪漫和寫實的新詮，（七）批評和創作之形而上學的分野，（八）中國文學運動的現階段和世界文學的將來，（九）結論。

談談文學　止戈　文藝戰線二卷十九期

關於文學的諸問題　陳望道　文學創刊號

關於文藝的幾個問題之討論　馥生　新壘月刊一卷六期

內容：（一）文藝與作者的生活問題，（二）文藝的藝術價值與社會價值，（三）文藝政治化問題，（四）民族文藝與普羅文藝問題。

站在文學院的立場上對於文學的概念之新檢討　姜琦　安徽大學月刊一卷六期

單純的自然描摹・式樣・風格　歌德著　宗白華譯　文學五卷一號

簡單的自然之倣效・形相・風格　歌德作　吳壽彭譯　中國文學一卷六期

文學上的創造與模倣　莊晴光　橄欖月刊三十六期

藝術與模倣的關係　實秋　天津益世報文學週刊四五期（二十二年十月十四日）

說本色之美　林語堂　文飯小品六期

生命情調與美感　方東美　文藝叢刊一卷一期

想像的功用　郁達夫　青年界四卷一期

了解與同情之於文藝　振聲　大公報文藝副刊廿三期（二十二年十二月九日）

文藝作品底價值問題　少問　現代六卷二期

略談藝術的「價值結構」　宗白華　創作與批評一卷二期

藝術至少是三種主要「價值」的結合體：（一）形式的價值—美，（二）描象的價值—眞，（三）啓示的價值—心靈的感動。

論文學上的影響　A紀德作　陳占元譯　譯文二卷五期

藝術・現實及作家　佐辛　清華週刊四十二卷七期
——韓侍桁底藝術之一考察——

作家的主觀與社會的客觀　蘇汶　星火月刊一卷一期

文學的主觀性和客觀性　李士魁　天津益世報文學副刊三十一期（廿四年十月二日）

現實世界與藝術世界　葉公超　大公報文藝副刊八十六期（二十三年七月二十一日）

現代藝術有什麼錯誤　Geie Lux作　共月譯　清華週刊四十卷九期

文學與科學分合的過程　披曚　文史一卷四期
——文學與科學的分化在古代是不存在的——文學與科學的分化在近代文化鬥爭上的麻醉作用——現在的文學是要受科學的辨證法支配的——

文學科學　張資平　予盾月刊二卷一期
此篇抄譯日本片山正雄之「現代德國文學批評傾向」之一段

文學科學論　錢歌川　新中華一卷十一期
此標題譯自德國"Literaturwissenschaft."

文學也是一種科學　高晚　西湖文苑二卷一，二期合刊

文藝科學的建立　何東煇　清華週刊四十二卷一期

文藝・文學・與文藝科學——天才與創作　楊西辰　文學評論一卷一期，二期
文藝是有天才的人們底創作，就

是先有天才，而後有創作，有了創作，而後有研究文藝的文藝科學，有了文藝科學，而後有囊括整圍的文學。

文學研究上諸問題之認識觀察 劉任萍 當代文學一卷四期

關于近年來在文學研究上所討論問題的總檢討

「文藝·文學·文藝科學·天才與創作」 王楚文 華北月刊二卷二期

評楊丙辰的一篇文論

蒲分汗諾夫與「科學的美學」 王以明 朔望半月刊十八期

科學的文學 矢島祐利著 任白濤譯 文藝月刊七卷四期

現代文學上的幾個普遍問題 玲心 西大學生創刊號

內容：(一)文學與自然科學，(二)文學與社會生活，(三)文學與時代意識，(四)創作上的技巧與內容，(五)現代所需要的文學。

柏拉圖的文藝思想 張沅辰 天津益世報文學週刊七期(二十三年四月十八日)

泰納的藝術哲學 侍桁 中山文開敎育館季刊二卷一期

(Hypolyte Taiue 1828-1859)他所創始的「環境」哲學不單是完成了一種理論的體系，而且也掀起了實踐的運動。

自我的文藝論 張協 新壘月刊五卷一期，二，三期合刊

縱橫論文學　趙秋菴　紅豆一卷五號，六號

田園文學與都會文學　林國材譯　華北月刊二卷四，五，六期合刊

諷刺文學　季　天津益世報文學週刊四九期（二十二年十一月四日）

我們的戰爭文學　殷作楨　前途雜誌二卷十號
內容：（一）戰爭文學的起源及其發展，（二）歐戰前後的戰爭文學，（三）非戰文學的不能存在，（四）我們的戰爭文學

超階級的文學　散飛　文藝戰線二卷十五期

佛教文學之審美觀及光明思想　姚寶賢　中國文學二卷一期

壯美文學的作法　宮廷璋　文化與教育三十八號

剛性美與柔性美　朱光潛　文學季刊三期

論崇高　梁宗岱　文飯小品四期

崇高論　A. C. Bradley 著　李康田譯　文學季刊三期
本篇是從 Bradley 的「牛津詩學講義」（1926 年的 Mac Milan 版）

地方文學　朱湘　青年界四卷二期

境界論及其稱謂的來源　任萍　人間世十七期
文學的境界

隱晦與傳達　文心譯　清華週刊四十卷一期

語言的浪費　劉宇　青年界七卷五期

談文學上的落伍　既舒　天津益世報文學週刊三十六期（二十二年八月五日）

克服文藝上的「消沈」氣　李大玲　西湖文苑二卷一，二期合刊

給青年朋友們談文藝的甘苦　朱光潛　中學生五十六號

給青年文學者的第一封信　陳穎　大衆知識創刊號

二、文學的起源

文學的起源　程耀峯述　津逮季刊二期

文學之起源　謝善繼　前途雜誌二卷七號
由詩歌開始的

世界文學的兩大來源　胡水波　之江期刊二期

唯心派的文學起源論　新玫　文藝戰線二卷三十二期，三十五期
內分的體支派：（一）模倣說，（二）表現說，（

三）裝飾說，（四）遊戲說，（五）實利說，（六）練習說，（七）勞働說。

原始文化與文學　丁迪豪　文化批判中國民族史研究特輯

三、文學的內容和形式

文藝的特性　立波　讀書生活二卷二期

文藝本質新論　張資平　現代學生三卷一期

內容：（一）形而上學的文藝論之破產，（二）文學理論上之諸流派，（三）文藝之產生和存在的理由。

文學的永久性　蓮子　天津益世報文學週刊三十六期（二十二年八月五日）

文學的眞實性和普遍性　華西里　文藝戰線二卷二十，二十一期合刊

文學的積極性與眞實性　莫干　新壘月刊二卷六期

什麼是文學要素　黎夫　讀書生活一卷三期

刺激和反應　傅東華　青年界四卷一期

—文學心理之一—

所謂文思是什麼　傅東華　青年界四卷二期

—文學心理學之二—

文學的情緒——文學心理學之三——傅東華　青年界四卷三期

文學的意識——文學心理學之四——傅東華　青年界四卷四期

文學的個性——文學心理學續完——傅東華　青年界四卷五期

文學的個性　劉恨非　新時代月刊五卷一期

文學上的性格　晏未莊　清華週刊四十二卷一期

文藝中理智的價值　舍予　齊大季刊二期，四期
本篇係譯自 Elizabeth Nitchie 所著「文學批評」之第三章

文學上理智的價值　郁達夫　現代學生二卷九號

文學上底感情與理智　楊深燮　成都文藝月刊一卷四期

藝術創作的「意識」問題　長谷川如是閒作　林煥平譯　芒種半月刊二期

文藝作品的重心　周讀武　清華週刊四十二卷六期

文學作品中的生命　J. Bailey 著　英子譯　光華大學半月刊二卷三期

文學的材料　學文　新中華三卷十五期

文學中的個人成分　黎夫　讀書生活一卷六期

文學中社會的成分　黎夫　讀書生活一卷九期

文學之國別性　飽先德　時代公論三卷五一，五二號

從文學的眞實性·時代性·談到文學的國民性　王楚文　華北月刊創刊號

所謂文學的「永久性」是什麼　葉聖陶　文學百題

文學上之山與海　茵秀　中華月報二卷九期

文學的形式　黎夫　讀書生活一卷五期

文學之形式的研究　曹聯亞　國立北平大學學報一卷四期（文理專刊）

文學的生活及其形式　衣夢　文化批判二卷二，三期

風格論　叔本華著　吳壽彭譯　中國文學一卷五期
本文譯自英人 T. B. Saundery 所抽選叔本華 Parerga 中之文章譯爲文
藝論集（The Art of Leterature, A Series of Essay）

什麼是風格　傅東華　文學百題

什麼叫做文學作品的「內容」和「形式」？是形式決定內容呢？還是內容決定形式 張天翼 文學百題

論內容，技術，形式兼及舊詩 李向榮 國民文學創刊號

文藝創作「構結和作風」的變遷 心芹 朔望半月刊十六期

四、文藝思潮

1.通論

文學上的思想處理 黎錦明 中山文化教育館季刊二卷一期 ｜思想上的神權意味｜哲學與藝術的冲激，思想假托于藝術，混合時期｜思想在說明本身，思想在剖析生命｜「滑移默化」與思想役使藝術

文學的發展是不是辯証法的 李則綱 文藝談座一卷一期

文藝復興 于賡虞 文藝月報一卷一期

文藝上的主義 止戈 文藝戰線二卷廿二期 此篇將歷來的文藝上的主義，摘要述之

兩種力 徐懋庸 讀書生活一卷十期 ｜文藝思潮史講話｜

怎麼叫做文學的兩大思潮　夏丏尊　文學百題

2.古典主義和浪漫主義

古典主義的起來和它的時代背境　王獨清　文學五卷二號

古典主義文學概論之一　高慶豐　文藝戰線三卷廿七期

什麼是古典主義　朱光潛　文學百題

論古典主義　法國A紀德作　黎烈文譯　譯文一卷二期

文學上的浪漫主義　席列爾作　孟式鈞譯　當代文學一卷二期　—馬克思恩格斯的見解—

浪漫派文學與古典派文學在風格上的關係　小泉八雲著　高雲雁譯　新時代月刊五卷五期，六期

浪漫主義文學論　林國材　華北月刊二卷二期

浪漫主義試論　曾覺之　中法大學月刊二卷三，四期合刊，五期

從浪漫派說到高蹈派　孫俍工譯　新文學一卷二期

什麼是浪漫主義　馬宗融　文學百題

論浪漫主義 辛人 芒種半月刊三期

浪漫派的憂鬱病 白璧德作 陳瘦石譯 文藝月刊六卷二期

浪漫文學與歷史小說 曾覺之 大公報文學副刊三百零一期(二十二年十月九日)

浪漫主義在英國的歷史與地位問題 譚仲超 成都文藝月刊二卷一期至四期連期刊登

浪漫主義在英國的歷史演化 譚仲超 成都文藝月刊二卷二期

英國浪漫主義作家批判 譚仲超 成都文藝月刊二卷三期

歐洲文藝之花 譚仲超 成都文藝月刊二卷一期 —英國的浪漫主義之一章—

3.自然主義和寫實主義

什麼是自然主義 黃仲蘇 文學百題

論自然派 V.白林斯基作 周揚譯 譯文二卷二期

實證主義與文學 木田喜代治著 侍才行譯 時事類編二卷廿八期 —孔德—巴爾札克…泰奴—左拉—

什麼是寫實主義 茅盾 文學百題

寫實主義之歷史的研究　日，山田珠樹　汪馥泉　中國文學二卷一期
本文係就岩波書店出版世界文學講座第一次配本山田珠樹著「流派底歷史」—「寫實主義」翻譯

寫實主義的創作方法論　林國材譯　華北月刊二卷一期
內容：（一）描寫和表現之觀察，（二）觀念的創作方法和浪漫主義，（三）自然主義的寫實主義，（四）補充和結論。

寫實主義的發展　文逸　現代五卷四期

寫實主義所受歐西文學的影響　張資平　橄欖月刊三十二期

美國寫實主義的發展　V. L. Pariuton 著　于佑虞譯　文藝月報一卷五，六期合刊

4. 新浪漫主義

什麼是新浪漫主義　沈起予　文學百題

頹廢派的兩面觀　汪錫鵬　矛盾月刊二卷五期
內容：（一）兩面觀的解析，（二）札克生的「世紀末」觀

什麼是象徵主義　穆木天　文學百題

文學中之象徵派運動 蔣秋 北平晨報學園六二七號，六二八號（二十三年一月十八日，十九日）

什麼是象徵主義 周振甫 天津益世報文學週刊四八期（廿二年十月廿八日）

象徵主義是指法國文學十九世紀中葉興起一個派別而言，反對技術上修辭，其所側重內容脫却現實。

象徵主義 曹葆華 北平晨報學報六〇九號，六一〇號，六一六號（二十二年十二月四日，五日，七日）

原文是 Edmund Wilson 的 Axel's Castle 第一章

怎樣叫做世紀末文學思潮 郁達夫 文學百題

十九世紀末歐洲文藝主潮 高滔 中山文化教育館季刊二卷四期

——從「世紀末」思潮，到「新浪漫」主義——

5. 未來主義和其他

什麼是未來主義 許幸之 文學百題

未來主義論 孫席珍 國聞週報十二卷卅期

這是一九〇八年發生於意大利的米蘭，以反藝術至上主義的形式轟然出現。

論俄國的未來主義 孫席珍 國聞週報十二卷，三十四期

幾個重要的宣言　F. W.選譯　世界文學一卷一期
關于蘇俄1912-1933年間未來主義者，雪拉比恩兄弟們，Lef, okoyaz幾派作家代表的宣言

人文主義是什麼　伍實　文學三卷四號
這篇摘譯現代一個批評家Sergei Dinamov的意見，可爲梁實秋先生過去和現代所介紹美國人文主義，以及人文主義代表者白壁德教授的文章底參證。

現代英國新聞主義概況並論人道主義及非人道主義　張資平　朔望半月刊六號，八號

什麼是立體派　李建吾　文學百題

什麼是構成派　陳抱一　文學百題

什麼是實感主義　味若　文學百題

現實主義之史的考察　俄·特羅成科作　段士銳譯　驚華一卷四期

論檢查糞塊的現實主義及其他　鄒向明　新壘月刊五卷一期

大大主義論　孫席珍　國聞週報十二卷廿七期
大大主義（Dadaism）產生於一九一六年，他的發祥地是瑞士的沮利克。

什麽是達達派 李健吾　沈西苓　文學百題

超現實主義宣言 普利東著　趙獸譯　藝風三卷十期

什麽叫做超現實主義 李東平　藝風三卷十期

什麽是超現實主義 黎烈文　文學百題

超現實主義論 梁錫鴻　藝風三卷十期

超現實主義的批判 曾仲鳴　藝風三卷十期

論超現實主義派 蘇聯I.愛倫堡作　黎烈文譯　譯文一卷四期

什麽是表現主義 沈西苓　文學百題

新感覺主義表現法舉例 陳大慈　黃鐘一卷廿九期

再論新感覺派 天狠　新壘月刊二卷二期

新心理主義文學批判 木寺黎二作　高璘度譯　時事類編三卷六期

詹姆士，喬逸斯的小說 Ulysseo 由巴黎小書店出版後，在世界文壇引起頗大激動，「心理的寫實主義」是許多批評家爲這書的創作所定的新名詞。

精神分析學與現代文學　中村右峡著　汪馥泉譯　文藝月刊七卷一期，二期

關於心理分析及佛洛依特之批評　趙欽武　中法大學月刊五卷二期

佛洛伊特主義怎樣應用在文學上　高覺敷　文學百題

6. 民族主義

民族文學論　向映富　金大文學完季刊一卷二期

民族主義文藝論　夢弼　建國月刊九卷六期

民族主義文藝論　壽讌郎　黃鐘四卷六期

民族主義的文學　許倘由　黃鐘一卷廿八期

民族主義文學的外延和內包　唐人　黃鐘六卷三期

民族主義的內涵與意識　炎　苧蘿六號

民族文藝的理論基礎　孫育萬　苧蘿七號，八號，九號，十號

民族主義的文藝方法論　憶初　黃鐘一卷廿二期

民族主義文學的要素和應有的條件　唐人　黃鐘六卷五期

建立民族文藝的必要及其應具的要素　鄭兆元　江漢思潮一卷六期

我也來談談民族文藝　時俊　幽燕二卷十一期

談民族文藝　方耀熙　黃鐘四卷六期

論民族文學　曙明　華北月刊二卷四，五，六期合刊

論民族文藝　周子亞　蒙藏旬刊九十四，五期

論民族主義文藝　周子亞　黃鐘一卷廿五期

關於民族主義的文學　柳絲　黃鐘一卷卅八期

民族的文學與民族主義的文學　上游　黃鐘四卷十期

民族文學與民族復興的關係　陶定淑　時事月報十二卷五期

民衆文學與民族性　汪錫鵬　黃鐘五卷七期

民族與文學　尚由　黃鐘四卷八期

國民性與文學　絜因　民族文藝一卷五期

文藝與民族　逸野　苧蘿十五，六期

文學與民族　絜如　衆志月刊一卷二期

文學與民族的關係　華西里　文藝戰線三卷三期

文藝之民族復興的使命　鄭宏述　行建月刊三卷六期

莫泊三與民族主義文學　倚田　黃鐘五卷十期

我的民族主義文學觀　王新命　新人周刊一卷十九期

歷史小說和歷史劇在民族主義文學的地位　唐人　黃鐘六卷二期

普羅文藝封建文藝與民族文藝　邢慧民　新人週刊一卷四期

國民文學的防禦戰　楊柳　新壘月刊四卷一期

什麽是國民文學　徐蔚南　文學百題

再論國民文學　楊柳　新壘月刊四卷三，四期合刊

在結論所得的五點：（一）國民文學的總原則，是在於

「自由而廣泛的描寫」，（二）國民文學的立場，是社會主義化的國民主義，（三）國民文學是趨新的；是反帝同時也反封建的，（四）國民文學的描寫對象是全部的國民生活，（五）國民文學的描寫方法，是國民的寫實主義。

國民文學與國民語 陽冬 新壘月刊四卷三，四期

法西主義與文學 Karl Radek著 葉田田譯 清華週刊四十二卷五期

本文譯自K. R.著的"Modern Literature & the Tasks of Proletarian Art"

法西斯主義與文學 李之蕃 華北月刊一卷五，六期合刊

法西斯文學之根本精神 鄭伯彬 讀書季刊一卷一期

法西斯蒂的革命文學芻論 邱楠 華北月刊一卷五，六期合刊

法西斯主義威脅下的文學 亮西 清華週刊四十三卷十二期

7. 新寫實主義

論新寫實主義 何更 法商半月刊一卷一期

社會主義寫實主義論 張英偉 清華暑期週刊第三，四期

此篇節譯盧那卡爾基文

馬克思主義文學與無產階級文學 馥生　新壘月刊三卷二，三期合期

普羅列塔利亞文學的再出發 日本林彥雄著　王季陸譯　幽燕二卷二期，三期

什麽是「社會主義的現實主義」潘玄　鷺華創刊號

現代文藝 毛秋白　中國文學二卷一期
內容：（一）新現實主義，（二）新現實主義與自然主義，（三）新現實主義文學的作品的種類。

新現實主義文學概觀 婉龍　清華週刊四十二卷九，十期合刊

關於「社會主義的現實主義與革命的浪漫主義」周起應　現代四卷一期
—「唯物辯証法的創作方法」之否定—

社會主義的現實主義論 華希里可夫斯基　森堡譯　現代三卷六期

A. 中國普羅文藝

中國普羅文藝的昨夜與今朝 黎駒　汗血月刊二卷四期

中國普羅文學的前前後後 西晴　文化月刊一卷二期

中國普羅文學的檢討 邱楠 華北月刊創刊號

中國普羅利塔利亞文學的公式主義 魏龍 文藝戰線二卷四十期

無產階級文學不適合于中國 燕子 文藝戰線三卷六期
此篇說明中國所以不適合無產階級文學有四點：（一）文藝是社會的縮影，（二）文學是時代的產兒，（三）文學是人生的明星，（四）文學是作者的寫眞。

懷疑普羅文學在中國建立之可能性 石原 文藝戰線三卷十四期

破羅文學及破羅文學家之厄運 曉風 文藝戰線二卷四十一期

普羅文學的沒落時代 然然 文藝戰線三卷四，五期合刊

普羅文學運動的檢討 殷作楨 汗血月刊二卷四期

普羅文學之批判與肅淸 軒轅元 汗血月刊二卷四期

普羅文藝的幻滅與民族文藝的復興 劉廣惠 汗血月刊二卷四期

B.各國普羅文學

俄國文學的現實主義底發達 日本西三郎作 高紛譯 文學四卷二期

俄國的寫實主義及自然主義文藝　昇曙夢著　張資平譯　青年世界二卷一期，三期

蘇俄無產階級文學運動中之諸流派及其理論　張一凡　萬人雜誌一卷六期

德國的新現實主義　周學普　浙江大學文理學院會刊四期

現代德國的勞動文學與普羅文學　壬秋白　新中華一卷六期

8. 新興藝術派

又論「第三種人」　魯迅　文學創刊號

第三種人與Loafer　張夢麟　現代學生二卷八期

"Loafer"從字的意義上說，便是爲自己理想的主義，努力求自由的人。

論美國同路人作家　鍾光　清華暑期週刊第三，四期

藝術上的新主題　呂相女士　新壘月刊二卷一期

藝術上的新人生主義　須予　新壘月刊二卷二期

新人生主義文學的創作路綫　談夫　新壘月刊二卷三期

文藝自由論辯的觀察并質蘇汶 持大 新壘月刊二卷四期

五、文學創作和翻譯

1. 創作

文藝創作初步諸問題雜談 羽風 大公報小公園（廿四年一月八日，九日）
（一）由細心觀察過事物來用深刻，細緻和客觀的描寫來表現，（二）在作品應加撰擇而有獨創的見解，（三）有自信的努力。

創作雜論 從文 大公報文藝副刊廿八期（二十二年十二月卅日）

創作文章的歷程論 施畸 中法大學月刊五卷二期，三期，七卷四期

創作問題討論 孤鶴·蘇汶 星火月刊一卷三期

創作與模倣 侍桁 現代四卷一期

創作與模倣 傅東華 新學生一卷四期

創造與模仿 丁一 人言一卷十一期

創作與題材 萬良濬·茅盾 中學生卌二號

題材跟內容　黎夫　讀書生活一卷四期

所謂「題材的積極性」　沈先民　天津益世報文學週刊四十期（二十二年九月九日）

所謂心理的描寫　夏斧心　文學季刊創刊號

忠實於自己的創作　天狼　新壘月刊三卷五期

寫作的方法　祖舜　世界文學一卷二期

關于Balzac和Hutchinson寫作的習慣

怎樣寫作　陳思輯　芒種半月刊創刊號，二期

寫些什麼？怎樣的寫？　尹庚　讀書生活一卷七期

爲什麼寫作不能忽視技巧　答王作民·朱明禮等　讀書生活二卷三號

幾種「逃避現實」的寫實法　洪深　國聞週刊十二卷五期

關於寫實主義　美S. Anderson著　允懷譯　世界文學一卷六期

環境怎樣造成人物　洪深　文藝月刊七卷一期

什麼是「典型」和「類型」　胡風　文學百題

人譜 美 H.L. Mencken 作 伍蠡甫譯 世界文學一卷一期

本文譯自臆說錄選（Selected Prjudices）批評各種人物

情緒的體操 沈從文 水星一卷二期

關于訓練寫作的討論

世界觀與創作方法 任白戈 新語林半月刊四期

關於創作與批評 茂青 大公報文藝副刊卅期（二十三年一月三日）

關於創作方法的二三問題 森山啓作 高璘度譯 時事類編三卷十五期

本文談論新文學理論與作家創作實踐的連鎖性，新寫實主義的創作方法以及新寫實主義是否僅限某一定的社會裏發生等。

關於文學的學習經驗 尹庚 讀書生活一卷四期

關于三個問題的一些拉雜意見 張天翼 新語林半月刊二期

內容：（一）用什麼話，（二）主題的積極性與消極性，（三）舊形式利用問題。

論創作與批評的關係 李辰冬 北平晨報學園七六七號（廿四年一月一日）

論創作 胡傳楹 人言一卷七期

論「逼眞」與「如畫」 朱佩弦 文學二卷六號

論速寫　嚴以霖　文章創刊號

論技巧　沈從文　大公報小公園（廿四年八月卅一日）

論著作事業　叔本華著　王了一譯　國民文學一卷四期

英國桑德斯從叔本華的巴雷爾加(Parerga)裏面抽出九編討論文學的文章，譯成一部書，名「文學的創作藝術」，這篇即由其中之轉譯出來。

修辭隨筆　雙石　黃鐘五卷一期

內容：（一）表情的描寫，（二）假借的形容。

六十年底終結自觀—一九三三年雅賽華賽曼作　一篇假托的對話—　楊丙辰譯　文學季刊創刊號

歌德的談話　德．哀革曼作　張月超譯　中國文學一卷二期

安得生對於寫作的話　蔣懷青節譯自「安得生的筆記」　讀書生活一卷三期

約翰里德底創作方法　Sergei Dinamov作　韓起譯　當代文學一卷三期

歐烹漢木的創作經驗談　師禹譯　平明雜誌三卷七期

譯自蒲萊期記述「與歐烹漢木之談話」。

朵斯托益夫斯基創作方法　沙白譯　中華月報二卷六期

高爾基的創作經驗　靖華　文學三卷一號

這篇譯自「列寧格勒作家出版部」出版的一本叫做

「我們怎樣寫」的小書，這書共收集蘇聯著名作家高爾基等自述創作經驗短文十八篇

高爾基文學經驗談 蘇菲亞 清華暑期週刊第三，四期

我的文學修養 高爾基作 許遐譯 文學三卷二號

我如何寫作 高爾基著 曼諾譯 幽燕三卷四，五期合刊

「士敏士」作者的自白 F. Gladkov譯 龍譯 清華週刊四十二卷一期

我怎樣寫「士敏士」 革拉特珂夫著 瓦礫譯 時事類編三卷十四期

我怎麼寫一週間的 俄李白丁斯基著 K. H. 譯 大公報文藝副刊一四〇期（廿四年二月廿四日）

我的創作經驗 阿·托爾斯泰 文學二卷一號

我怎樣創作的 M. 左琴科著 R. H. 譯 大公報文藝副刊四十八期

我怎樣寫作 蘇聯 M. 左勤克作 孟十還譯 譯文一卷三期

我的創作經驗 法捷葉夫講 張仲寔譯 時事類編三卷三期

近兩年來蘇聯職工會出版所為了培養工人作家，經常的舉行工人作家討論會邀請作家前去講演，報告自己的創作經驗，用這類講演筆發行了一種叢書叫「把我創作經驗獻給作家」這篇是法

捷葉夫（A.Fadger）所述，他是蘇聯後起之秀生於一九〇一年

我的創作經驗　盧隱等　女青年月刊十三卷三期

我是怎樣寫起小說來的——艾蕪　第一創作序——　千秋半月刊二卷一期

爲志望創作者進一言　張資平　國民文學一卷四期

給青年作家——Mr.高爾基作　綺雨譯　譯文二卷一期
——摘自「我的文學修養」這篇是很有價值，值得一讀的文章。

告青年文藝者　李長之　文學評論一卷二期
作品要多，要大，要好。

給文學青年——賀玉波——怎樣創作——　橄欖月刊卌七期

致青年創作者　夏子美　讀書生活二卷一期

和藝術青年談話——何洛——創作第一步　中學生五十六號

一封信　沈從文——關于寫作的討論　中學生五十六號

一個初學寫文者底自述　吳大琨　藝風二卷二期

2. 翻譯

文藝的翻譯張友松　青年界六卷二期
翻譯談胡依凡　新語林半月刊五期
翻譯論張夢麟　新中華二卷七期
翻譯的重要李津　幽燕三卷十一期
談翻譯布　茲　清華週刊四十二卷九，十期合刊
談翻譯邵洵美　人言周刊一卷四十三號
談翻譯一之北平晨報學園六六七號（二十三年四月廿日）
—介紹「文學」翻譯專號—
論翻譯趙景深　讀書月刊一卷六期
論翻譯李子温　文化與敎育五十五期
論「翻譯年」的翻譯柳無忌　人生與文學一卷四期
論翻譯與文字的改造葉公超　新月月刊四卷六期
翻譯與創作匡亞明　讀書月刊一卷一期

直譯與意譯　宛明　鷺華一卷四期

論硬譯及其他　日本坪內逍遙著　宜閑譯　新時代月刊六卷二期
這文從廿二年九月日本「中央公論」裏摘譯的。原題「翻譯之話」，內面有專談日本翻譯界的已删去。

『硬譯』與『文學的階級性』　魯迅　萌芽月刊一卷三期
答覆新月月刊三卷六七期合刊本所登梁實秋先生「論魯迅先生的硬譯」

譯名論　孫洵侯　人間世廿六期

譯劇之難　祥　天津益世報戲劇與電影五六期（二十二年十二月六日）

關於繙譯　宋還　人生與文學一卷一期，二期

關于翻譯　王了一・余一　文學季刊二卷二期

我對於繙譯界的希望　李雨　國民文學一卷三期

一年來的中國翻譯界　志英　讀書顧問季刊四期

六、文學批評

1. 通論

文藝鑑賞論 Arnold Bennet著 陳瘦竹譯 文藝月刊五卷一期至五期連期刊登

內容：（一）目的，（二）你底特例，（三）名著之所以爲名著，（四）從何處讀起，（五）名著讀法，（六）作風問題，（七）專攻一家，（八）讀書程序，（九）韻文，（十）廣泛的忠告，（十一）清算。

文藝批評論 馮馳 進展月刊二卷十期，十一期

文藝批判論 曼青 清華週刊四十二卷三，四期合刊

文藝批評是什麼——李長之君「論文藝批評家所需要之學識」的商權—— 起予 清華週刊四十三卷二期

何謂健全的批評 定之 天津益世報文學週刊五十六期（二十二年十二月廿三日）

怎樣批評文藝 高伯夷 文藝戰線三卷四十四期

言語學和修辭學對於文學批評有怎樣的關係 陳望道 文學百題

批評和賞鑑的區別怎樣的 征農 文學百題

批評該是一種說明呢或該是一種裁斷 王淑明 文學百題

文藝批評方法本身之科學性與藝術性　長之　天津益世報文學副刊三期（廿四年三月廿日）

文學批評建立之諸問題　陳彊　當代文學一卷二期

建設的文藝批評芻議　蘇汶　中山文化教育館季刊一卷二期

建立文學批評的權威　周黽平　苧蘿十一期

純正的批評　恬夫　創作與批評一卷二期

完美的批評家　鷺譯　北平晨報詩與批評卅二期，卅三期（二十三年八月十三日，二十三日）

歌德論批評　吳定譯　天津益世報文學週刊四九期（廿二年十一月四日）

卡爾浮登的文藝批評論　張夢麟　現代五卷六期

對於李嘉慈教授文學批評的討論　郭本道　行建月刊六卷一期

談文學批評　王平陵　人言一卷卅八期

論文學與批評　李辰冬　國聞週報十二卷八期

論文學批評之基準　秦甫　芒種半月刊五期

論批評　白和　北平晨報詩與批評四十期（廿三年十一月十三日）
譯自 J.M. Murry 之 Countries of Mind.

論文藝批評　鑑塘　大公報小公園（廿四年一月卅日）

論文藝批評之信念　J.M. Murry 著　鍾拭譯　北平晨報學園五四四號（廿二年七月廿五日）

批評的信條　曹葆華　北平晨報學園六九二號（二十三年六月十九日）
譯 J.M. Murry 之 A Critical Credo

文學批評上的道德價值　E. Netchie 著　李伏伽譯　成都文藝月刊一期，二期，三期。

文學批評的將來　周振甫　天津益世報文學週刊四三期（二十二年九月廿三日）
內容：（一）過去的文學批評之檢討，（二）所謂科學的文學批評之起來，（三）文學批評的將來。

批評底功能　曹葆華　北平晨報詩與批評二十四期（二十三年五月廿日，六月一日）
譯自 T.S. Eiot Function of Criticism

批評的職能　美 T.S. Eliot 作　何穆森譯　新中華二卷七期

批評中的實驗　曹葆華　北平晨報詩與批評廿期，廿一期（二十三年四月十二日廿三日）
譯自 T.S. Hliot 底 Experiment in Criticism

批評的任務　李長之　新文學創刊號

批評的態度　郁達夫　青年界三卷四期

從印象到評價　葉公超　學文一卷二期　內容：（一）理論的批評與法則，（二）實際批評與印象的考驗。

心理分析與文學批評　Hebert Read著　曹葆華譯　北平晨報學園五四九號，五五〇號，五五一號（二十二年八月三日，四日，七日）

談書評　葉公超　大公報文藝十七期（廿四年九月廿九日）

書評與批評　蕭乾　大公報文藝副刊一四二期（廿四年三月十日）

書評與創作　蕭乾　國聞週報十二卷四十一期

「詩歌與批評」　懺吾　天津益世報文學週刊五十五期（廿二年十二月十六日）

傅東華著，新中國書局出版

論創作與批評的關係　李辰冬　北平晨報學園七六七號（廿四年一月一日）

論文學批評與「文學者傳」　A. Symons　梁之盤　紅豆二卷四期

論文藝批評家所需要之學識 李長之 清華週刊四十三卷一期

批評和批評家 徐中玉 天津益世報語林（廿四年三月十四日）

批評與批評家 任白戈 太白半月刊一卷二期

作家與批評家應有的態度 秦一木 文藝月報一卷五，六期合刊

文藝批評家要求什麽 李長之 北平晨報學園五八六號（二十二年十月十三日）

文學批評與批評家 里奇著 李伏伽譯 成都文藝月刊一卷四期，五期

內容：（一）十七世紀前的批評家，（二）近代批評底混亂，（三）何謂批評，（三）印象的批評，（五）科學的批評，（六）美學的批評，（七）鑑賞的批評，（八）公允的批評標準之確立，（九）材料底準備。

文學的兩派與文學批評家 黎錦明 青年界五卷四期

內容：（一）「學院派」文學，（二）「新聞雜誌派」，（三）所謂「偉大性」，（四）批評家的「超然觀」，（五）批評論與理論家。

青年批評家的培養 李長之 文學論評一卷一期

我們需要的批評家 王玉堯 新時代月刊四卷四，五期合刊

「批評的批評」的批評 H.L. Mencken 沈天民譯 天津益世報文學週刊五十三期（二十二年十二月二日）

我所希望於新文壇上之批評者 劉瑩姿 現代四卷三期

我對於文藝批評的要求和主張 李長之 現代三卷四期

所謂「文藝批評的要求和主張」須予 新壘月刊二卷三期

從亞諾特推論到文學與人生 柳無忌 南大半月刊八，九期合刊

此文可與華士季「文學批評原理」書中論「亞諾特」二章互相參証

2.批評之種種

近代及現代底文藝批評 孫俍工 創作與批評一卷一期，二期

現代文藝批評之三個基本傾向 行之 文化批判創刊號

人文主義的文義批評是怎樣的 伍蠡甫 文學百題

什麽是賞鑑的批評 錢歌川 文學百題

什麽是審美的批評 張夢麟 文學百題

什麼是印象的批評　黃仲蘇　文學百題
什麼是演繹的批評和歸納的批評　許傑　文學百題
怎樣叫做觀念論的批評　高滔　文學百題
創造的批評　李辰冬　北平晨報學園八四八期（廿四年八月廿九日）
「創造的批評」　朱光潛　大公報文藝副刊一四七期（廿四年四月十四日）
實用批評　曹葆華　北平晨報詩與批評廿二期，廿三期（廿三年五月三日，十四日）。
批評理論底紛歧　英．瑞恰慈　文學季刊二卷三期
現代美國的文藝批評　李長之　現代五卷六期
英國批評家評論出版問題　胡仲華　文學四卷五期

3.中國歷代之批評界

中國文評流別述略　佩弦　大公報文藝副刊十五期（廿二年十一月十一日）
此篇從橫剖面分中國文評為六大類（一）論比興，（

二）論敎化，（三）論興趣，（四）論淵源，（五）論體性，（六）論字句。

中國文學批評的片斷　毛一波　新時代月刊六卷二期

舊詩的「詩文評」是否也算得文學批評　蘇雪林　文學百題

魏晉六朝文學批評　皇甫顏　文藝月報一卷四期

六朝文藝批評家論　本田成之著　汪馥泉譯　青年界四卷四期

唐史學家的文論及史傳文的批評　羅根澤　學風五卷四期
—唐代文學批評研究初稿第三章—

陸游的文學批評述要　張鑒科　學風五卷五期
內容：（一）引言，（二）尊道復古的文學觀，（三）創作的艱難與艱難的創作，（四）文學與氣節，（五）對於文筆的批評，（六）詩論，（七）詞論。

批評家的李笠翁　黎君亮　矛盾月刊二卷五期

王國維文藝批評著作批判　李長之　文學季刊創刊號
內容：（一）導言—王國維在文藝批評史上的地位，（二）王國維性格，治學的階段，和文藝批評，（三）紅樓夢評論，（四）人間詞話單行及未刊稿，（五）宋之戲曲中的批評意見，（六）王國維及其他文藝批評斷片，（七）總結—我的批判態度。

現代中國所需要的文學批評家　李辰冬　北平晨報學園七六〇號，七六四號（廿三年十二月十一日，廿五日）

現代中國需要的文學家批評　劉西渭　大公報文藝副刊一二八期（廿三年十二月十五日）

—參閱李辰冬先生演詞見於北平晨報學園及廿三年十二月六日華北日報—

論目前中國批評界之淺妄　李長之　現代四卷六期

—我們果眞不需要批評麼—

略舉關於文藝批評的中國書籍　郁達夫　青年界三卷三期

中國文學史批評上卷　朱自清　清華學報九卷四期

郭紹虞著，商務印行

郭紹虞的中國文學批評史　李辰之　大公報文藝副刊一百一五期（廿三年十月廿一日）

讀中國文學批評史　張長弓　文藝月報一卷四期

—郭紹虞著，商務出版

「中國文學批評史」　周木齋　文學四卷一號

羅根澤著，北平人文書店出版

評羅著「中國文學批評史」　振飄　學風五卷四期

北平人文書店出版

評羅根澤的「中國文學批評史」　衆志月刊二卷三期

人文書店出版

4. 文學史與文學批評

文學史方法論　法國蘭松著　范希衡譯　文史創刊號，二號

關於文學史的方法諸問題　川口浩著　穆木天譯　現代三卷二期

文學史之對象任務及方法　蓋爾多拉女士作　陸逸園　新學生一卷四期

科學的文學史之建立　德·瑪爾霍茲著　李長之譯　文學季刊二期
按：此篇係敘述德國歷代文學家之致力于文學史之科學表現底建立者

批評家和文學史家的任務是一樣的嗎　方光燾　文學百題

文學史與文學批評　譚仲超　成都文藝月刊三卷一期
「英國的浪漫主義」之序論

一部文學批評史的作法之商榷　李長之　天津益世報文學副刊二期（廿四年三月十三日）

文學批評家和文學史家　法 Emile Faguet 著　沈鍊之譯　青年界二卷五期
——什麼是偉大的批評家——
本篇從 E. Faguet 著的“L'art de lire”節譯的，原文名“La Lecture des critiques”

七、文學研究法

1. 通論

文學研究初步談　朱曼華　出版週刊七八號

文學之基本的素養及研究法　張資平　國民文學創刊號

文學名著之所以爲文學名著　Arnold Bennett　顧化名譯　文藝月報一卷一期

文藝作品對於我生活的影響　現代六卷一期

我研究文學的歷史過程和我底經驗談　陳勉予　讀書月刊一卷五期

怎樣研究文學　孫席珍　青年界六卷

怎樣研究西洋文學　邱韻鐸　讀書月刊一卷一期

所謂「古典的」——走向文學階梯之重要意義　日大宰施門作　梁國萼譯　國民文學一卷四期

研究文學的方法　趙景深　讀書月刊一卷三期，四期

致文學青年　李則綱　新學生一卷五期

給青年朋友們談文藝的甘苦　朱光潛　中學生五十六號

學文學的人　郁達夫　讀書月刊一卷三期，四期

2. 談讀書

如何讀書　陳彬龢　讀書生活創刊號
怎樣讀書　王雲五　讀書月刊一卷二期
怎樣讀書　徐伯康　讀書顧問季刊二期
爲什麽讀書　胡適之　讀書月刊一卷二期
造成讀書的風氣　鄭一之　北平晨報學園八〇三號（廿四年四月十八日）
研究學問的方法　顧仞千　讀書月刊一卷三，四期
中年人讀書之重要　陳淵泉　讀書季刊一卷一期
青年自學問題　維文　讀書月刊一卷三期
我做筆記的經過　芷芬　中學生四十八號
談讀書　許地山西諦等　北平晨報學園八〇二號（廿四年四月十六日）

談讀書　胡雁　人言一卷十期
談讀書　李絢　人言一卷二十六期
談讀舊書　陳鍊青　人間世廿八期
再談讀書　陶希聖　讀書季刊一卷二號
讀什麼書　陳鐘凡　讀書月刊一卷二期
我的讀書法談　陳耐冲　讀書月刊一卷三，四期
科學的讀書法論　朱介民　讀書月刊一卷五期
讀書能率底增進法　浩川　讀書月刊一卷五期
讀書法通論　維文　讀書月刊一卷一期
讀書經驗談　蔡元培等　讀書季刊一卷二號
讀書三部曲　蕪宇　讀書生活一卷五期
讀書的態度問題　王蒂臣　讀書顧問季刊三期

讀書的藝術　林語堂　讀書月刊一卷六期

讀書方法略談　陶希聖　讀書季刊一卷一期

讀書講座　蔡元培等　讀書季刊一卷一期

讀書運動中的讀書方法和我的讀書經驗　茹春圃　國衡半月刊一卷五期

朱熹的讀書法　邱椿　大道半月刊七期，八期，九期
所述讀書法：（一）居敬持志，（二）循序漸進，（三）熟讀精思，（四）切已體察。

羅斯金論讀書　蘇芹蓀　讀書顧問季刊二期

介紹「文心」　王旬　衆志月刊一卷六期
夏丏尊葉聖陶著，開明版

八、文學家

1.通論

文學者的態度　沈從文　大公報文藝副刊九期（二十二年十月十八日）

文學作家的條件　汪靜之　新文學創刊號

作家的條件李麟　新壘月刊四卷二期

文藝家的生活態度長谷川如是閑著　武達譯　文學二卷二號

文藝家的生活態度長谷川如是閒著　夢鷗譯　文藝月刊七卷三期

文人之解剖　大公報文學副刊二百八十七期（二十二年七月三日）

此篇大抵謂文人之價值在其作品不在其本身，讀者欲對其著作了解欣賞，固不必深研其生平也

文人的生活　游絲　人言一卷十九期

「文人」的面目　西諦　文學評論一卷二期

小說家的職業　法G.Rageot講　李辰冬譯述　北平晨報學園八〇五號（二十四年四月二十三日）

寫作者之路　周錄　新壘月刊四卷一期

做文與做人　語堂　論語半月刊五十七期

告文豪　Max Beerbohm著　何況譯　文藝月刊五卷三期

兩種相反的精神　天狠　新壘月刊四卷一期

論理論家與作家應有兩種不同的態度。

論無名的作家　陳鍊青　人間世卅一期

2. 詩人

詩人底胸襟與命運　黃金波・馬書年　津逮季刊一期

詩人與自然　雲奇　中原文化二期

詩人與獨裁者　曹葆華譯　北平晨報學園六五五號，六五六號（二十三年三月二十六日，二十七日）

譯自 Mary M. Colum 之 Poet and Dictators 載在 Forum 之一月號

我所希望於詩人者　田意　天津益世報文學週刊十期（二十三年五月九日）

爲什麼柏拉圖是詩人之敵？　吳定　天津益世報文學週刊四二期（二十二年九月十六日）

浪漫詩人的愛情色彩　法 F. Gregh 著　徐仲年譯　文藝月刊四卷一期

浪漫派詩人的愛情　法 F. Gregh 著　徐仲年譯　文藝月刊四卷一期

3. 文學家和其他

文學家和數學　鍾敬文　文藝茶話二卷一期

作家與生活　鄔宗鏞　新中國一卷六期

作家與認識　楊深夔　成都文藝月刊一卷五期

作家對于時代社會人情應有觀察和認識

天才與作家　楊深夔　成都文藝月刊一卷六期

文學的天才論　張恊　新壘月刊三卷六期

天才論　王集叢　中華月報一卷十期

譚文學天才　丹陽　紅豆一卷三號

天才與學力　汪靜之　青年界二卷四期

天才與狂人　劉石克　中華月報一卷十期

傳統與個人的才能　T.S. Elliot著　卞之琳譯　學文一卷一期

原文名 Tradition and the Individual Talent'

沒有什麼天才　黎錦明　星火月刊一卷三期

4. 論中國歷代的文人

中國文人生活概觀　魯直　新中國一卷六期

例舉中國歷史上封建時代一般文人之干祿，登龍及

至落魂的事實

文人的賣身哲學　蔡佑民　新中國雜誌一卷四期

內容：（一）圓滑應付面面俱對，（二）寓吹於拍寓拍於吹，（三）搖尾乞憐務達目的，（四）强取豪奪互相標榜，（五）犧牲精神宣傳政策。

賣文小史　培五　中原文化十九期

這篇徵引文心雕龍和其他筆記中關于賣文的起源—唐宋以的文人賣文—文人與賣文—文字之酬謝。

雙玉軒談文人　洪爲法　文藝週報一卷四期

論「文人無行」　王明　國聞週報十二卷十三期

述過去的文人

「文人無行論」研究　培五　中原文化十八期

九、文學與其他之關係

1.文學與人生

人生爲文學的基礎　散飛　文藝戰線二卷十六期，十七期

文藝與人生　梁夢廻　大公報文藝副刊廿五期（二十二年十二月十六日）

生活與文學 樊江　讀書月刊一卷三期，四期

科學文學與人生 曼曼　化石半月刊一卷八，九期合刊

藝術與人生 黃仲錫　文藝茶活二卷一期

從亞諸特推論到文學與人生 柳無忌　南大半月刊八，九期合刊

作品與生活 鄭敏慧　讀書顧問季刊四期

2．文學與時代

文學和時代關係的觀照 湯增歇　中華月報一卷一期

文學與時代 Léon Bertiers 作　冷𨮁譯　萬人雜誌一卷五期

時代與文學 王玉樞　心聲月刊三期

3．文學與社會

文學的生產與社會意義 湯增歇　矛盾月刊二卷一期

文學與社會 山夫　文化月刊一卷二期

社會生活與文學形態之關係　土居光知著　陳陵述意　成都文藝月刊創刊號，二期

藝術上之道德的及社會的任務　居友作　于賡璿譯　星火一卷四期

文學與社會科學　梁實秋　文藝月刊七卷一期

文學與社會科學　吳定譯　天津益世報文學週刊廿六期，廿七期，廿八期（二十二年六月廿日，廿七日；六月十日）

經濟與文藝　石濱知行著　穆陵述意　成都文藝月刊二卷二期

文學與歷史的背景　梁實秋　天津益世報文學副刊廿九期（廿四年九月十八日）

3. 文學與政治

文學與政治——文學底作用——　葉青　世界文學一卷四期

政治與文藝　青野季吉著　張我軍譯　文史創刊號

文學者與政治家　周曙山　藝風二卷四期

國難與文學　侯曜講　郭沛元・翟思文記　南大半月刊三，四期合刊

國難的文學與個人的煩惱　葉松年　現代學生二卷七期

5. 文學與婦女

文藝與婦女　碧雲　女青年月刊十三卷三期

略述歷代文藝作品裏所反映出來的婦女的地位

文學上的新女性　依凡　女青年月刊十三卷三期

婦女研究文藝的途徑　黎夫　女青年月刊十三卷三期

雜譚婦女文學　逸峯　女青年月刊十三卷三期

6. 文學與道德

文學與道德的區別　新玖　文藝戰線二卷四十四期

文藝與道德　郁達夫　青年界三卷五期

7. 文學與性慾

文學上之淫虐狂與受虐狂　洪素野　文藝月刊七卷一期

「文學中的性表現」　劉穆　文學周報八卷二十號

英批評家卡爾味吞著原名 Sex Expression in Literature

怎樣認識性愛的題材　桀犬　現代五卷三期

論美感與肉感　李辰冬　北平晨報學園七五〇號（廿三年十一月九日）

猥褻文字與愛慾文學　秦靜聞　文藝畫報一卷二期

論文學裏的穢語　蓮子　天津益世報文學週刊四二期（廿二年九月十六日）

8.文學與思想

文學與思想　張恊　新壘月刊三卷四期

文學與想像　罕　文藝戰線二卷卅九期

文學與情緒　梅　文藝戰線二卷卅四期

9.文學與藝術

繪畫與文學　豐子愷　文學二卷一號

文學和一般藝術的關係怎樣　蔡元培　文學百題

10文學與科學

文學與科學　許傑　安徽大學月刊一卷二期

文學與活的科學 李文著 高植譯 時事類編三卷八期

文學與科學 V. Kaueri作 向日葵譯 芒種半月刊創刊號

機械的文明與文學 板垣鷹穗著 高璘度譯 時事類編三卷十六期

11文學與哲學和其他

再論文學與哲學 葉青 世界文學一卷四期

戀愛與文學 日・千葉龜雄著 熊壽農譯 正中半月刊二卷八，九期

考證與文藝 吳文祺 文史一卷三期

文學與象徵 葉鼎洛 文藝月報一卷五，六期合刊

自由・規律與文學 徐仲年 朔望半月刊創刊號

文章的放蕩 知堂 大公報文藝五期（廿四年九月八日）

文學與禍害 譚仲超 成都文藝月刊二卷五期

三民主義與文學問題 丁韜 江漢思潮三卷一期

中學生與文學　柳絲　黃鐘五卷五期

佛學與文藝　圓瑛　藝風三卷八期

十、各國文學

1. 通論

文學的世界性　蘇俄Maxim Corky作　蒯斯曛譯　世界文學一卷一期

文學的預兆　伊金譯　大陸雜誌二卷四期

簡述現在各國文學的輪廓和趨勢

世界文學論　日・茅野蕭蕭作　張資平譯　中國文學一卷三，四期合刊

世界文學的展望　葉青　世界文學一卷一期

內容：（一）過去的一瞥，（二）現在的考察，（三）未來的趨勢。

兩年來的文壇概論　紅僧　新壘月刊五卷一期

一年來之世界文學　張資平譯　中華月報二卷一期

論世界文學　Radek著　楊哲譯　清華週刊四十二卷八期

研究世界文學的提綱（一）西洋文學，（二）中國文學。 余慕陶 朔望半月刊創刊號，二期

世界文學名著的介紹——發刊「世界文庫」緣起 鄭振鐸 藝風三卷三期

談談「世界文庫」 劉樹 北平晨報學園八一七號（二十四年五月卅一日）

2. 東方各國文學

盪動在東亞暴風雨時代之新文學 張蕎 化石半月刊一卷二期，三期

A 中國文學

(1) 通論

中國文學的起源 紀廷漢 江漢思潮三卷二期

周易卦爻辭中之歌謠與中國文學起源 惲靈曦 北平晨報學園七六四號，七六五號（廿三年十二月廿五日，廿七日）

中國文學通志 孫德謙 大夏一卷一號，二號，六號，七號

中國文字 陳子展 創作與批評創刊號

中國文學論略 傅佛崖 正中半月刊一卷九期，十期

中國文學之概要　曉東　涇濤六期，七期，八期

中國文學譚叢　林分　衆志月刊第一卷一期至四期連期刊登

文學　鍾靜夫　創作與批評創刊號

—中國文學研究的方法及其實施（評中國文學研究專號）—

文學概論　貽焜　湖南大學期刊五期

文學上時代精神之分析　王琛　湖南大學期刊二卷五期

所例舉均爲中國歷代的文學

文學要略發例　林損　歸納雜誌一期

中國藝文學常識引言　李西溟　學風月刊四卷七期

中國純文學的形態與中國語言文學　魏建功　文學二卷六號

中華民族的宇宙觀與人生觀對於文藝的影響　壽昌　建國月刊十二卷一期

中國國民性與藝術思潮　傅抱石　文化建設一卷十二期

—金省吾之東洋美術論—

中國文學與音樂之關係　朱謙之　文明之路創刊號

中國之文章及其音調　蔣作賓作　吳奔星譯　文化與教育四十四期

本文登在「外交時報」七二二期

中國文學裏的離情別緒 牧剛 細流創刊號
所舉例的多屬詩詞

中國文學中的酒 培五 中原文化十六，十七期合刊

中國非戰文學的研究 白杰 文藝戰線二卷卅六期
內容：（一）中國人的非戰思想，（二）歷來的非戰文學，（三）結尾。

中國文學與政治 胡雲翼 青年四卷四期

三十年來中國文學新資料的發現史略 鄭振鐸 文學二卷六號

今日中國文學的責任 楊振聲 國聞週報十一卷一期

我國國民文學的迴顧與展望 李冰若 國民文學創刊號

研究中國文學者之路 魯克 創作和批評一卷二期

論研究中國文學者之路 李長之 現代五卷三期

新舊文學 陳乃文 光華大學半月刊二卷十期
內容：（一）文學之定義，（二）文學之史略，（三）新舊文學家對於文學改革建議之共同點，（四）新舊文學之優劣。

論文雜記　張守義　金大文學院季刊一卷二期

鳴謙室文譚　徐復　待旦創刊號

(2)歷代文學　各種文體附

中國古代文學中散文韻文之變遷　侯封祥　北強一卷五期

中國韻文概論　孫俍工　國衡一卷九期，十期

韻文的分類：(一)謠諺，(二)箴銘，(三)頌贊，(四)哀弔，(五)祝祭，(六)詩歌，(七)賦騷，(八)連珠，(九)詩餘。

中國歷代韻文的流變　張民言　女師學院季刊一卷三，四期合刊

內容：(一)詩經時代，(二)楚辭時代，(三)辭賦與樂府時代，(四)曹氏父子時代，(五)晉代詩人—陶潛，(六)南北朝時代，(七)詩盛時代，(八)五代與南北時代，(九)元曲時代，(十)傳奇時代，(十一)清朝時代，(十二)最近時代。

荀卿的韻文　張長弓　嶺南學報三卷二期

內容：(一)荀卿的名字及其生卒年代，(二)荀卿身世與其製作，(三)成相篇的分析，(四)賦篇的分析，(五)詩兩首的解釋，(六)成相篇，賦篇，詩篇在文學史上之意義。

老子文學色彩之觀察　余遒成　金大文學院季刊一卷二期

殷商文學史論 曾寶中 厦大周刊十四卷卅五

內容：（一）三種態度，（二）起源諸說的批判，（三）形態—總論，舊籍，甲骨刻辭，尊彝銘文，（四）影響，（五）結論。

先秦文學大綱 楊蔭深編 臻文學一卷五號—上海華通書局發行

西漢文論概述 段凌辰 河南大學學報一卷二期

讀建安文學概論的感想 大勇 中國新書月報二卷九，十期合刊—沈達材著—北平樸社出版—

秦漢六朝思想文藝發展草書 胡秋原 讀書雜誌三卷六期

魏晉南北朝的文學 張玉林 讀書雜誌三卷六期

論建安中曹氏兄弟論文識度之優劣 張樹德 金聲一卷一期

六朝文學概論 施東 國立中央大學半月刊二卷八期

內容：（上篇）（一）導言，（二）六朝文學概念之分析，（三）晉代白話文學之眞象，（四）六朝文學之成因；（下篇）：（一）小引，（二）古文學之趨勢，（三）詩歌化之辭賦文學，（四）白話新文學，（五）聲律在中古文學上之重要。

南北朝文學 趙景深 文史創刊號

唐代文學之鳥瞰—唐代文學概念—發達之過程—作品　纖微　文藝戰線三卷廿五期

唐代早期古文文論　羅根澤　學風五卷八期

唐代文學批評研究初稿　羅根澤　學風五卷二期，三期
內容：（一）詩的格律，與作法，（二）詩與社會及政治。

唐代文學的研究　張顯豐　北强月刊一卷六期

韓愈復古運動的新探索　李嘉言　文學二卷六號
內容：（一）因復古之道所以闢佛以救時敝，（二）因復古之文所以排斥六朝文學以救文敝，（三）佛教與六朝文學之關係，（四）韓愈復古之其他原因。

韓愈志敍目　錢基博　青鶴雜誌三卷五期，六期
光華大學半月刊二卷七期至十期連期刊登
（一）古文淵源篇，（二）韓愈行實錄，（三）韓愈佚事狀，（四）韓友四子傳，（五）韓門弟子記，（六）韓文籀詩集。

韓集詮訂　徐震　文藝叢刊一卷二期

宋代文學　小林甚之助著　李鳳鼎譯　女師學院期刊二卷一期
譯自小林甚之助所編中國文學史要

兩宋詞人與詩人與道學家　陳子展　文學創刊號

古文運動之復興—論宋代古文— 陳子展 青年界四卷四期

遼文學 顧敦鍒 之江學報一卷三期

內容：（一）歷史的背景，（二）文學啓蒙期，（三）文學生長期，（四）文學極盛期，（五）餘論。

遼文學概述 蘇雪林 珞珈月刊創刊號

元明之際的文壇的概觀 郭源新 文學二卷六號

明文學叙目 錢基博 文藝捃華一卷一册

明清文學辨源 徐英 安徽大學月刊二卷六期

歸有光之生平及其文學 馬厚文 光華大學半月刊二卷七期

歸姚以來的古文運動究竟該給以怎樣的評價 金光梓 文學百題

顧亭林先生的文學觀 何貽焜 師大月刊十八期

宋濂與方孝孺之文學理論 高名凱 北平晨報學園八五三號，八五四號（廿四年九月十日，十三日）

明代公安文壇主將袁中郎先生詩文論輯 魏紫銘 北强月刊一卷六期

袁中郎的詩文觀　劉大杰　人間世十三期

什麼叫「公安派」和「竟陵派」他們的作風和影響怎樣　陳子展　文學百題

明代前後七子的復古運動有着怎樣的社會背景　曹聚仁　文學百題

金聖的極徵論　徐懋庸　人間世一期

王世貞的文章觀及其文章　橋本循作・汪馥泉譯　青年界四卷四期

黃梨洲的文學主張　王明　北平晨報學園七七三期（廿四年一月廿二日）

太平天國一代文學述評　程碧冰　文化批判中國民族史研究特輯

七十年來的中國社會與中國文學　余慕陶　橄欖月刊卅六期，卅七期

再談王靜安先生的文學見解　吳文祺　文學季刊創刊號

各種文體

論文學中思想與形式之關係　任維焜　師大月刊十八期

內容：（一）小引，（二）文體的剖析—賦，古文，小品文，白話文，（三）例舉每一時兩個代表作家思想成對比者，（四）結論。

「古文四象」論述評　朱東潤　武大文哲季刊四卷二號
即陰陽剛柔之說

駢文漫話　錢基博　光華大學半月刊二卷五期，六期

駢文研究法　李時　女師學院期刊三卷一期
內容：（一）駢文之作法－起原，屬對，音節，境界，摹擬。

駢文研究法　劉麟生　出版週刊八九號

讀縵雅堂駢體文　金濤　國風半月刊六卷三，四號

清代駢文作家　出版週刊八九號

論文管見　瘦堪　青鶴雜誌一卷十八期，十九期
論駢體與散行

談「古文與八股之關係」　陳子展　人間世廿三期

八股文研究　朱滋華　中法大學月刊七卷一期　文學三卷一號
內容：（一）考試制與八股，（二）釋名，（三）內涵；（四）例子，（五）從散上觀察八股的形成，（六）八股的流變限制及弊害，（七）八股與桐城派的文人，（八）八股與小說家。

什麽是「八股文」和式帖詩　江伯訓　文學百題

桐城文概　孝岳　文學雜誌六期，七期

論桐城派　陳灝一　青鶴雜誌一卷廿期

（3）現代文學　文壇時評附

五四運動與中國文學　高滔　文學二卷六號

內容：（一）五四以前，（二）五四運動，（三）新文學的起來，（四）新興文學諸社團，（五）代表作家。

五四文學運動之歷史的意義　郁達夫・金光梓等　文學創刊號

五四文化運動的檢討　葉青　文化建設一卷八期

白話文學與時代背景　王明　北平晨報學園七〇〇號（二十三年七月六日）

評文學革命與文學專制　易峻　學衡十七九期

內容：（上篇）從文學流變上評白話運動，（下篇）文言白話在文學上之比較觀。

太陽社與蔣光慈　楊邨人　現代三卷四期

曙新期的創造社　張資平　現代三卷二期

關於「沈鐘社」的過去現在及將來 陳翔鶴 現代三卷六期

談談中國文壇的派別 石原 文藝戰線三卷四十期

內容：（一）新月派，（二）文學研究會，（三）論語派，（四）獨立評論派，（五）人言派，（六）民族主義文藝派、（七）文藝茶活派，（八）左家作家聯盟。

黨派文藝的淸算 談生 新壘月刊三卷一期

文藝的反華工禁約運 阿英 文學五卷三號

中國新文學的起來和它的時代背景 阿英 文學五卷一號

十年來之中國文學 趙景深 大夏一卷五期（十週紀念特刊）

十年來之中國文學 周微 光華大學半月刊三卷九，十期

廿年來中國文學運動線 李驊括 中華季刊二卷三期

述自戊戌維新思想影響文學的革新，以至近代語絲創造社的人物和槪況。

廿三年來的中國文化運動及其前途 李旭 文化與敎育四十一，二期合刊

有八大論戰：（一）文白，（二）新舊，（三）科玄，（四）古史的爭戰，（五）新思潮和新生命，（六）文藝，（七）社會史，（八）大衆語。

近代文學的特徵　錢歌川　新中華二卷十九期

中國新文藝運動及其統制政策　賀玉波　前途雜誌二卷八號

中國新文藝運動之經過：（一）白話文的勃興，（二）文學研究會，（三）創造社和革命文學，（四）語絲社，（五）晨報副刊爲藝術的藝術，（六）現代評論社，（七）平淡的新月，（八）一般雜誌社，（九）曇花一現的普羅文藝運動。

中國的新文學運動　隋洛文　理論與創作創刊號

中國現代文學的動向　玉曉舟譯　文化與教育四十五期

本文載日本國際評論社十二月號池田孝氏作

中國文藝的前途　殷作楨　青年與戰爭三卷五期

內容：（一）現時代的分析，（二）帝國主義時代的文藝，（三）中國文藝的諸傾向，（四）中國文藝傾向的社會根據，（五）中國文藝的前途。

中國文學家的使命　張慕霖　新中國雜誌一卷四期

中國文藝家應當如何做　石原　文藝戰線三卷十九期，廿期

現代中國文學概觀　徐哲夫　磐石雜誌一卷一期

內容包括現代文學各方面：（一）範圍，（二）背景，（三）特徵，（四）詩人及其作品，（五）小說家及其作品，（六）戲劇家及其作品。但所論簡單，似近於綱要。

現在中國文學的演進與將來的趨勢 彭雙齡 新文化月刊二期，七，八期合刊連期刊登

述桐城吳汝綸林紓等以至現代諸位作家的著述

現代中國文學運動的趨勢 汪膺聞 正中半月刊一卷一期

內容：（一）從嘗試到吸收，（二）從浪漫到寫實，（三）從新浪漫到新寫實，（四）從階級意識到民族意識。

現代中國新文學的出路 李辰冬 大公報文藝副刊一一九號（廿三年十一月十四日）

開始的文學運動 殷作禎 青年與戰爭廿五期

新文學之出路 宮廷璋 文化與教育四期

新文壇的昨日今日與明日 鄭振鐸講 王俊瑜記 民衆教育季刊一卷三，四期合刊

今後新文藝運動的趨向 喃喃 文藝戰線三卷一期

從文學的時代性上談到中國今日所需要的文學 周智 正中二卷一期

從中國文學的梗概說到目前所需要的文學 羅曼 轆轤季刊創刊號

關于現代中國文學概觀 徐哲夫 磐石雜誌一卷二，三期合刊 —申述張若谷及其著述—

文學叢譚　郇英　幽燕二卷十期

創作界的瞻顧　對于現代中國作品的批評　蕭乾　大公報文藝副刊一百廿三期（廿三年十一月二十八日）

兩年來的文壇概論—廿二，廿三兩年—　紅僧　新壘月刊五卷一期

一年來的文壇糾紛—廿二年—　紅僧　新壘月刊三卷一期

一年來的中國文壇—廿二年—　玲玲　新壘月刊三卷一期

一年來之中國文壇—廿二年—　余慕陶　中華月報二卷一期

一年來的中國文壇—廿三年—　周憬求　文化與教育四十一，二期合刊

一年的回顧—廿三年—　丙　文學三卷六期

一年來的中國出版界—廿三年—　儲安平　讀書顧問季刊四期

一九三三年中國文藝的清算　徐心芹　新中國一卷二期

一九三〇—三四年中國文學的動向　池田孝著　林國材譯　華北月刊三卷一期

一九三四年中國文壇之回顧　南生　華北月刊三卷一期

一九三四年中國文學小記 阿英 文藝電影二期
雜誌年，—歷史小說的新傾向—遊記文學

一年來的中國文藝界 姬清波 衆志月刊三卷一期
內容：（一）概況—小品文之極盛—詩歌與翻譯的活躍—雜誌畫報化—出版的情形，（二）問題—中國現代何以沒有偉大的作品—語文論戰—報告文學之蹶起。

一年來的中國文藝 李長之 民族三卷一期
內容：（一）總考察，（二）廿八種期刊的批判，（三）一年中期刊上十九篇重要的文章的介紹及單行本狀況，（四）一九三四年的文藝論戰及文藝主潮。

一年來的中國文學 張夢麟 新中華三卷一期
內容：（一）小品文之興起，（二）大衆語之論戰。

一年來的中國文壇 周懷求 文化與教育四十一，二期合刊

今年的文壇鳥瞰—中國方面— 羅蓀 生存月刊四卷十二期

廿二年來之中國文學 汪馥泉 王集叢 中華月報二卷一期

略論中國文壇 張露薇 天津益世報文學副刊十三期（廿四年四月廿九日）

中國民族文藝的現在與將來 王旬 進展月刊四卷一，二合期

民族文學與中國　王青圃　文藝月報一卷一期

九一八後民族意識復與與民族文藝運動——給普羅文學的當頭棒喝——　喃喃　文藝戰線三卷二期

近年來國內文壇論戰的介紹與批判　王曉舟　文化教育十九期，廿期

最近兩大工程　姚琪　文學五卷一號
世界文庫，新文學大系

「中國新文學的源流」　冰高　衆志月刊第一卷第一期
周作人著　北平人文書店出版

「中國新文學的源流」　蓮子　天津益世報文學週刊卅二期（二十二年七月八日）

「中國新文學運動史資料」　武漢大學文哲季刊三卷四號
張若英編　光明書局發

「中國新文學運動史」　山石　文學三卷四號
王哲甫著　各書店經售

「中國新文學運動史」　傅紅蓼　千秋半月刊二卷四期
王哲甫著

文壇時評

社談　文學一卷一期至六期連期刊登

文學論壇　文學二卷一期至五卷二期

文藝獨白　現代四卷一期至六卷一期連期刊登

文壇短評　人生與文學一卷一期至四期連期刊登

文藝時評　創作與批評一期至三期連期刊登

前哨　新壘月刊二卷一期至五卷四，五期合刊連期刊登

前哨　華北月刊一卷一期至三卷一期連期刊登

每月座談　文藝月報一期至二卷一期連期刊登

新壘談叢　䜣生　新壘月刊四卷一期至五卷四，五期合刊連期刊登

微言　文飯小品一期至六期連期刊登

論言　星大月刊一卷一期至三期連期刊登

感想，漫談，隨筆　現代三卷一期至六期連期刊登

文壇短評　人生與文學一卷一期，二期

文藝隨筆　侍桁　文藝月刊三卷十一期，五卷一期

中國的「文堆」 羅慕華 北平晨報學園六九六號（二十三年六月廿八日）
文堆卽文壇之杜撰也
內容：（一）阿附，（二）剽竊，（三）鬬爭。

中國目前爲什麼沒有偉大的作品產生 郁達夫 春光一卷三號

爲什麼不能產生偉大的作品 歆生 新壘月刊三卷四期

再論爲什麼不能產生偉大的作品 歆生 新壘月刊三卷六期

談談創作不振的原因 王獨清 文藝大路創刊號

偉大作品之產生——文學遺產的接受 何東輝 清華週刊四十二期九，十期合刊

文學傳統與文學遺產 杜衡 大上海半月刊一卷三期

文學遺產的接受問題 穆齊 文學三卷五期

所謂文學遺產 許明 人言一卷一期

關於「接受文學遺產」 美 讀書生活創刊號

關於「文學遺產」和「大衆語」的間話 胡禮 世界日報彗星卅四期（廿三年十一月七日）

關於文藝底遺產問題 董每戡 楊邨人 大上海半月刊一卷二期

小品文不全是刺 魏猛克 千秋半月刊二卷一期

救救小品文 季羨林 文學評論一卷二期

關於速寫及其他 胡風 文學四卷二期

雜文的風行 豈凡 人言一卷一期

幽默大師的作文妙訣 祝秀俠 千秋半月刊二卷一期

鳥文人——對于幽默派文人的不滿—— 姚雪垠 芒種半月刊三期

文藝統制之理論與實際 殷作楨 前途雜誌二卷八號

文化統制與文藝自由 蕭作霖 前途雜誌二卷八號

由統制文化說到文藝 李麟 新壘月刊三卷四期

文藝的左傾投機主義者 李麟 新壘月刊四卷六期

左翼文學的尾巴主義 菲丁 新壘月刊二卷四期

論公式化的藝術　去病　清華週刊四十三卷九期

談「赤也派」　楊柳　新壘月刊四卷六期

從取締普羅文學說到文學任務　持大　新壘月刊二卷五期

談談文藝的進路　王楚文　華北月刊一卷四期

新文藝動向與青年作家　丁韶　文藝一卷三期

幾個文藝問題中的問題之檢討　天狼　新壘月刊三卷一期

內容：（一）蘇聯文壇創作的新口號，（二）所謂革命的羅曼諦克，（三）大衆文藝的狂想，（四）感情的批評主義，（五）所謂中間派的理論領導。

重壓下的文壇剪影　鉄先　文學新輯第一輯

論文壇上的「惡勢力」　周聰良　大公報文藝副刊一百廿五期（廿三年十二月五日）

一篇關于鄭振鐸先生刀劍集序所論的惡力的討論

論作家間之鴻講　張文正　細流四期

崔曾張黎爭論之公判　紅儕　新壘月刊二卷二期

最近文壇上的「海派」與「京派」　魏龍　文藝戰線三卷一期

自沈從文先生在大公報「文藝副刊」發表攻擊上海的文章，曾掀起南北文人許多爭論，此篇文章是對兩派都有不滿之辭

論「海派」　從文　大公報文藝副刊卅二期（二十三年一月十日）

紳士和流氓　西諦　文學評論一卷一期

藹理斯的時代及其它—文藝時論　胡風　文學四卷三號

名實問題　伯韓　文學三卷五期

今文八弊　語堂　人間世七期，廿八期

現在需要怎樣的文學　登岑　心聲月刊二期

從本位文化說到本位文學　江流　清華週刊四十三卷五期

積極性與其他　陳落　清華週刊四十三卷五期

「作爲生活認識的藝術」與「實用的藝術」　去病　清華週刊四十三卷七，八期合刊

「忠于藝術」　愈　清華週刊四十三卷十期

論所謂「造國新趨勢的描寫文」　高陵　清華週刊四十三卷十期

(4)各地文學

北國新舊文壇消息　小淵　黃鐘一卷十一期

北平文藝界荒涼的起因　然然　文藝戰線二卷廿六期

北平文壇荒涼的原因　華西里　文藝戰線二卷五十期，五十一期

北平文藝界不景氣的原因　蕭然　平明雜誌二卷十六期

一九三三年北平文壇之不景氣　文藝戰線二卷四十八期

天津文化界速寫　中石　讀書生活一卷四期

徐州的文藝界　燕華　橄欖月刊卅四期

青島文壇通訊　黑丁　文化列車八期，九期，十期，十一期

濟南通訊　靈石　當代文學一卷五期
在濟南的作家和所出版的刊物的消息

開封文藝界短訊　水　新壘月刊二卷五期

各地文化通信 讀書月刊一卷六期
南京，濟南，甯波，開封。
上海出版界 悟眞 創作與批評一卷三期
上海文壇速寫 宗孝 創作與批評一卷二期
一九三三上海劇壇的回顧 乃明 文化列車七期
鎮江文學 古明 當代文學一卷四期
甯波文壇花絮 雪華 新壘半月刊一卷九期
最近杭州的文藝界 郭一萍 橄欖月刊卅四期
雞門鴨噪之揚州文壇 露絲 新壘月刊三卷一期
來自廣州的文學消息 歐露羅 當代文學一卷四期
汕頭文藝界之鳥瞰 未名 新壘月刊二卷六期
潮州文概 大公報文學副刊三百零四期（二十二年十月卅日）
一九三三年江西文壇之返顧 余健萍 文化月刊創刊號

南昌文壇概況　鄭繼善　華北月刊一卷三期

南通文壇一瞥　華蘇　新壘月刊一卷十一，十二期合刊

成都文藝界近況　戴明驤　橄欖月刊卅二期，廿四期

蒙古之文學　占儀譯　新蒙古二卷三期，四期

福建婦女文學拾屑　郭毓麟　福建文化卷一卷九期

(5)語文問題

(a)通論

語文問題之總清算　胡懷琛　時代公論三卷四十二期

十五年來所謂白話文運動之總檢討　徐英　國風半月刊五卷十，十一號合刊

文言白話雜論　佩弦　清華週刊四十二卷三，四期合刊

文白之爭　明　大學生言論六，七期合刊

語文雜談　朱自清　人生與文學一卷三期

文言與白話　野光記錄　北平晨報教育界（廿三年十一月十一日，十二日，十三日）系鄭振鐸，陳詮，浦江清，沈從文等在清華大學中國文學討論會講演。

文言白話雜論　佩弦　清華週刊四十二卷三，四期合刊

文言白話及其繁簡　靜珍　新壘月刊四卷一期

白話與文言之關係　章太炎　國風半月刊六卷九，十期

記錢玄同先生關於語文問題談話　夢飛　文化與教育廿七期

模範文言與白話文　燕賓　民鳴週刊十四期至廿期又廿二，廿四，廿五，廿八，卅，卅一，卅二，卅五，卅六，四十三期。

與徐君論白話文言　語堂　論語六十三期

我與文言文　施蟄存　現代五卷五期
——對於所謂「文言復興運動的估價」一文的答辯——

平文言與白話之爭　橫海　建國月刊十二卷一期

文體平議　許聞淵　光華大學半月刊三卷二期
論于文言白話二體之優劣點

工字應中文言白話討論　頌旦　清華週刊四十二卷六期

反「存文會宣言」—「以免謬種流傳貽誤後學」　小詮　青年文化二卷一期

文言白話和大衆語　斐兒　人言一卷廿四期

這一次文言和白話的論戰　南山　中學生四十七號

怎樣考察古文與漢字底存廢問題　如松　研究與批判一卷一期

漢字改革運動概述　郭榮陞　南大半月刊一期

新文化的橋樑—「國字革命」「文體革命」「教育革命」—　李一之　衆志月刊一卷四期

(b)國語

光宣語運史略　黎錦熙　國語週刊一三〇期

內容：(一)王照官話字母的制定和推行，(二)王照官話字母的更名和奮鬬。

民二讀音統一大會始末記　黎錦熙　國語週刊一三三期，一三四期

王照官話字母之脫胎換骨

注音符號公布前之簡字運動　賈尹耕　國語週刊四十四期至四十八期，五十三期至五十五期

國音字母以前的音標運動　羅常培　國語週刊一二一期

關於國音的幾個問題　羅辛田　國語週刊一七二期

教育部國語統一籌備委員會最近六年紀略　黎錦熙　國語週刊一三八期，一三九期，一四一期，一四三期，一四四期，一四八期，一四九期，一五二期（民國十七年至廿三年）

紹述官話字母的書報錄要　黎錦熙　國語週刊一三三期

甚麽是「新國音」　白滌洲　國語週刊廿八期，廿九期，卅期。

官話字母與合聲簡字　恬心　國語週刊卅九期，四十期

國音聲符略說　錢玄同　國語週刊卅七期

國語捲舌韵分化的問題　王玉川　國語週刊四十九期

捲舌韵的研究　蕭迪忱　國語週刊五十一期

評穆著國語發音及文法　伯溶　國語週刊四十二期，四十三期

穆修著　北平文化學社出版

國音常用字彙的說明　國語週刊廿期

(c)大衆語論戰 簡體字和拉丁化附

中國三千年大衆語文學小史 黎錦熙 大公報第四版(二十三年十月十六日,二十日,二十五日。)

原始的大衆語文學只是口頭的—國語統一到大衆語—印刷發明到文學革命。

大衆語文學短論 黎錦熙 文化與教育三十三至三十五期

大衆語文學的「圓融性」 黎錦熙 大公報第四版(廿三年十一月廿日)

—提倡—總結—聲明—

大衆語果有階級性嗎 黎錦熙 文化與教育廿八期

大衆語眞詮 黎錦熙 大公報文藝副刊副刊一百期(廿三年九月八日)

國語週刊一五四期

大衆語要不要「標準語」? 黎錦熙 大公報文藝副刊九十九期(廿三年九月五日)

大衆語到底應當拿哪兒話作標準 紀國宣 國語週刊一六二期(世界日報廿三年十一月三日)

—對樂詞炳先生『大衆語的標準是上海共通話』的商榷—

「大衆語」和「標準國語」 黎錦熙 國語週刊一五四期

大衆語和方言是否矛盾 黎錦熙 大公報文藝副刊九十八期(廿三年九月一日)

「大衆語」和王照勞乃宣　黎錦熙　國語週刊一五三期

關於大衆語問題之檢討　黎錦熙　文化批判一卷四，五期。

內容：（一）大衆語果有『階級性』嗎？（二）大衆語和『方言』是否矛盾？

大衆語文工具論　黎錦熙　文化批評一卷六期

山東民衆教育月刊五卷十號

內容：（一）漢字問題，（二）簡體字，再論大衆語文工具。

大衆語的工具　黎錦熙　國語週刊一五五期至一五九期連期刊登

（一）漢字問題，（二）簡字體，（三）注音符號。

再論大衆語文工具　黎錦熙　文化批判二卷一期

內容：（一）注意符號，（二）國語羅馬字。

簡體字　黎錦熙　大公報第四版（廿三年十月二日，四日）

——大衆語文工具之一——（錢玄同十二年前的提案，胡適之十一年前的意見）

大衆語文學短論　黎錦黎　文化與教育廿期，廿二期，廿三期，廿四期，廿五期

改進現在大衆語文學的三派　黎錦熙　大公報第四版（廿三年十一月十三日）

山東民衆教育月刊五卷十號。

現在大衆語文學的調查和批判　黎錦熙　文化批判二卷二，三期。

建設的大衆語文學 黎錦熙 大公報第四版（廿三年十一月十四日，十六日，十七日，十九日。）師大月刊十四期。

內容：新文學的成功—讀物和辭典—路德和威克利夫（G. R.）

建設大衆語文學的途徑 白頻 清華週刊四十二卷九，十期合刊

建設的大衆語文學—新詩例 黎錦熙 人間世十五期

大衆語文學的建設問題 冥路 東流二期

大衆語文建設之理論與實際 孔另境 新中華二卷十八期

大衆語萬歲 吳稚暉 文學三卷三期

—答曹聚仁討論大衆語問題的一封信—（轉載二十三年八月一日申報自由談）

文學萬歲 傅東華 文學三卷三期

關于吳稚暉先生「大衆語萬歲」的評斷，內容所討論的問題是說我們現在要不要文學？文學是有用還是無用。

大衆語文學解 傅東華 文學三卷三號

內容：（一）一個聲明，（二）幾個要點，（三）語言的底面及文體與意識的關係，（四）文學革命的兩個方式及對白話文學運動的批判，（五）大衆語文學的藝術方面，（六）大衆語文

學的內容，（七）大衆語文學的作者跟讀者。

對於「大衆語文學解」的一點疑問　埜堯　傅東華　文學三卷五期

與傅君東華論大衆語文學　邱楠　華北月刊二卷三期

再論大衆語文學并答傅東華　天狼　新壘月刊四卷五期

內容：（一）題前交代，（二）是不是巧立名目，（三）歐化的排斥與不排斥，（四）收編文言的成分，（五）大衆語的意識，（六）大衆文學的雙包案，（七）提倡及其他。

大衆文學與爲大衆的文學　鄭振鐸　文學季刊創刊號

內容：（一）所謂大衆文學，（二）改良主義的爲大衆的文學（三）舊形式舊文體果然裝載得新題材嗎？（四）借用了舊文體便能深入民間麼？（五）啓蒙運動的進行，（六）「爲大衆的文學」與「大衆文學」。

與鄭振鐸論大衆文學　楊柳　新壘月刊三卷二，三期合刊

大衆語文學論　譚仲超　成都文藝月刊一卷六期

大衆文學與大衆語文學　榮楨　新壘月刊四卷一期

大衆語文學　幽燕　三卷七期

大衆語與文學　高完白　新人週刊一卷五期

大衆語文學的批判　薛季沐　國民文學一卷二期

大衆語論　謝雲翼　現代六卷一期

大衆語簡論　徐懋庸　新中華二卷十八期

大衆語論　陳望道　文學三卷二號　每月小品一卷一期

大衆文藝問題　梁容若　山東民衆教育月刊三卷十一期
所討論大衆文藝的：（一）意義，（二）對象，（三）內容，（四）形式，（五）作者。

大衆語問題　許傑　文學三卷二號

再論大衆語　來儀　北平晨報學園七一八號（二十三年八月十七日）

大衆語幾個小問題的檢討　楊柳　新壘月刊二期

論「文藝大衆化」及其他　曾今可　千秋半月刊二卷八期

所謂「大衆語文學」與白話文學　王明　北平晨報學園七〇六號（二十三年七月廿日）

大衆語與文學　宮廷璋　文化與教育卅三號

雜論問題中的大衆語文學　天狠　新壘月刊四卷二期

大衆語問題　岷　清華週刊四十二卷一期

大衆說在那兒　胡適　大公報文藝副刊一百期（卄三年九月八日）

「大衆語在那兒？」　住白戈　新語林半月刊六期

「大衆語文」在那裏　亞雄　拓荒二卷七期

大衆語什樣提高　孫伏園　藝風二卷十期

大衆語與大衆文化　高覺敷　文學三卷二號

提高大衆文化與大衆語問題　羅蓀　生存月刊四卷十號

民衆教育與大衆語文　鄭一華　北平晨報學園七四六號（卄三年十月卅日）

由所謂大衆語到大衆意識　談生　新壘月刊四卷三，四期
此篇對於大衆語是表反對態度

關于「大衆語」　王悔深　當代文學一卷四期

大衆語和普通話 鄭伯奇　新語林半月刊五期

大衆語與大衆詩歌雜論　詩歌季刊創刊號

大衆語跟作文 —給中學生— 東華　新人週刊一卷一期

從大衆語跟作文說到其他 朱小春　新人週刊一卷三期

怎樣使中學生練習大衆語 尤墨君　新語林半月刊三期

門外文談 華圉　太白半月刊一卷二期

這篇係節錄申報「自由談」所登載的自第六第七起內容是偏重大衆文學：（六）於是文章成爲奇貨了，（七）不識字的作家，（八）怎麼交代？（九）專化呢，普通化呢？（十）不必恐慌，（十一）大衆並不如讀人人所想像的愚蠢，（十二）煞尾。

論大衆語 何容　人間世十二期

內容：（一）什麼是大衆語，（二）現在可以用大衆語寫文章嗎？（三）「大衆語」怎樣建設？（四）大衆語和白話，（五）「大衆語」和國語。

語問問雜記 焦風　太白半月刊一卷六期

從客串到下海 —爲大衆語敬告林語堂先生— 耳耶　太白半月刊一卷四期

爲大衆語敬告林語堂先生 耳耶 文學新輯第一輯

咬文嚼字並不是文學 黎夫 讀書生活一卷二期

大衆語彙分類的試探 翁祖善·壬天予 教育與民衆六卷九期

內容：(一)從大衆語文運動說到俗話，(二)分類的商榷，(三)分類的試探(四)總結。

大衆實用字彙研究 陳人哲 福建民衆教育季刊第一卷第一號

論「拿出貨色來」 綺君 太白半月刊一卷二期

大衆語若使要寫到紙上—有相當的貨色拿出來—那一定要另創種新的符號，則「漢字拉丁化」成爲必要了。

文言白話大衆語論戰之經過及其批判 金絮如 衆志月刊二卷三期

「大衆語」論爭底態度問題 楊文化 文史一卷四號

大衆運動之前昨今 東白 新人週刊一卷六期

大衆語運動批判 蘇汶 現代六卷一期

大衆語運動批評 李建芳 文化建設一卷四期

大衆語運動概觀　聊汀　青年文化一卷二期
內容：（一）引言，（二）大衆語運動的社會背景，（三）大衆語的本質，（四）大衆語建設中幾個問題。

我所認識的大衆語運動的路線　黃學甫　文史一卷四號
內容：（一）小序，（二）大衆語的前史，（三）大衆語的相對性，（四）大衆語與大衆意識，（五）大衆語與文學，（六）大衆語與文言白話之關係，（七）大衆語的語詞和語法，（八）大衆語的統一與不統一，（九）一個直觀的結論。

大衆語文學問題　葉青　研究與批判一卷一期

葉青先生的方法論　讀書生活一卷四期
對葉青先生所作「語文論戰清算」的批判。

一九三四年大衆語論戰回顧　聶紺弩　中華月報三卷一期

對於新語文運動的意見　陳志良　新壘月刊四卷五期
內容：（一）關於大衆語，（二）名稱問題，（三）語言和文字，（四）不能採用的詞語，（五）結論。

語文論戰總清算　葉青　世界文學一卷二期
內容：（一）文言派主張底分析，（二）大衆語派主張底分析，（三）問題底解決方案。

國民語文與文學 談生 新壘月刊四卷二，四期

國民語文與文語統一問題 叚光軍 新壘月刊四卷三，四期合刊

評「語文論戰的現階段」 何頌旦 清華週刊四十二卷三，四期合刊

文逸編著 天馬書店印行。

讀「大衆語文論戰」後 麥馬 涇濤二卷一期

宣浩平輯

簡體字

本會最近三大工作之重要公牘彙錄 黎錦熙等復教育部函 國語週刊一九一期，一九二期

（一）注音漢文字銅模，（二）簡體字，（三）漢字形體檢字法。

注音符號公布前之簡字運動 國語週刊五三期，五四期，五五期

「大衆語」跟「手頭字」 平 清華週刊四十三卷一期

從手頭字談到語文改革 答仇祥璪等 讀書生活一卷十二期

推行簡體字的商榷 潘新漢 正中二卷二期

簡筆字的商榷 聞惕生 正中半月刊一卷三期

簡體字之原則及其推行辦法　黎錦熙　國語週刊二〇五期

簡筆字的自然趨勢　童仲賡　正中半月刊一卷二期

提倡簡字不如直接提倡草書　卞子温　文化與教育五十期

與黎錦黎汪怡論采選簡體字書　錢玄同　文化與教育四十五期

與黎錦熙汪怡論采選簡體字書　黎錦黎　國語週刊一七六期

提倡「俗字」「別字」　温錫田　國語週刊一一八期

關于提倡別字　奇　讀書生活一卷四期

從「別字」說開去　旅隼　芒種半月刊四期

說辨字　曹聚仁　芒種半月刊二期

黎錦熙擬漢字新部首　新中華三卷十四期，十七期

漢字新部首　黎錦熙　凡七系一百廿二部　國語週刊一九八期，一九九期，二〇〇期

漢字新部首總歌訣　黎錦熙　國語週刊一九五期，一九六期

拉丁化

國語羅馬字運動的萌芽期　賈尹耕　國語週刊卅八期
國語羅馬字與普洛文學　傅恒書　國語週刊卅七期
大衆語運動和拉丁化　葉籟士　太白半月刊一卷三期
「中國話寫法拉丁化」　施維　清華週刊四十三卷六期
　　　　　　　　　　　中文拉丁化研究會出版
中文拉丁化運動　培良　北平晨報學園八五五號（廿四年九月十八日）
文字革命與拉丁化　天明　清華週刊四十三卷十一期
由「拉丁化釋義」說起　天明　清華週刊四十三卷七，八期合刊
「拉丁化」釋義　林羲　清華週刊四十三卷五期
拉丁化問題之檢討　陳志良　新壘月刊五卷一期
拉丁化能夠不要聲調嗎　肅迪忱　國語週刊一六三期
　　　　　　　　　　　山東民衆教育月刊五卷十號
中國語書法拉丁化述要　張文正　衆志月刊二卷五，六期合刊

論拉化運動和羅化運動的本質不同　梅迅雨　新語林半月刊六期

(6)文法和修辭

中國文章之字句句法　兒島獻吉郎著　柳道元譯　國民文學一卷二期

中國文法複詞中偏義例續舉　劉盼遂　燕京學報十二期

近代國語文學之訓詁研究示例　黎錦熙　文學季刊創刊號
五代北宋之詞，金元之曲，明清之白話小說，均係運用當時當地之白話語言而創制新作品，本篇各就專書，分別歸納，隨事旁證，得其蘊詁。

國文諸品詞之性質及用法　柳道元譯　國民文學一卷四期，五期
內容：(一)國代名詞之特別用法，(二)倒裝句法與動詞，(三)顚倒與助動詞定詞與副詞，(四)前置詞之功用，(五)後置詞的功用，(六)詞表示時限之方法，(七)疑問文的形式。

國文之主詞及目的詞研究　兒島獻次郎著　柳道元譯　國民文學一卷三期
內容：概說—單主詞—雙主詞—無主詞—無目的詞—提起目的詞—修飾的主詞—修飾的目詞—變則。

文學釋詞　陳朝爵　安徽大學月刊二卷六期，八期
內容：(一)語助詞，(二)象聲詞，(三)指別詞。

語助詞研究 陳定民 中法大學月刊四卷一期

內容：(一)總論，(二)界說，(三)語助詞分類，(四)語助詞之源始及其演變。

略談量詞 何容 國語週刊九十五期(廿二年七月廿二日)

英文叫做Classfier

論特有名詞加數詞 何容 國語週刊一二〇期

疑問句和疑問助詞 豈可 國語週刊一七九期

歇後語的研究 汪錫鵬 文藝月刊七卷二期

我也來談談歇後語 樊縝 太白半月刊二卷十期

倒置語 許蕙芬 北平晨報藝圃(廿二年五月廿二日)

也矣二字的研究 朱君哲 中國文化建設協會山西分會月刊一卷一期

「了」字用法舉例 先六 國語週刊一八七期

國語中「的」字之究研 陳定民 中法大學月刊四卷五期

論語之「之」 沈春暉 師大月刊十四期

—本義亦總綱：(一)代名詞，(二)動詞，(三)介

詞，（四）助詞一

「之」字之詞性　劉銓元　學藝十三卷十號

關于後置介詞「之」「的」　周璋・默之　中學生卅六號

關於「的」的討論　先六　國語週刊九十九期

巴謾解　黎錦熙　文學季刊三期

近代國語文學之訓詁研究示例補遺

廣「巴」　黎錦熙　國語週刊八十八期，九十六期，一〇九期

說「把」　黎錦熙　國語週刊廿七期

關於「把」　蘇惠鏗　勷大師範學院月刊十五期

釋來去　劉復　國語週刊廿四期

釋「兀的」　孫楷第　國語週刊廿一期，廿二期，廿三期

論「將」　黎錦熙　國語週刊卅五期，卅六期

怎樣洗煉白話入文　語堂　人間世十三期

論作文 語堂 人言一卷十八期

說作文 朱湘 文學一卷五號

談談作文的方法 森千 讀書月刊一卷三，四期

論文字的繁簡 吳文祺 文學二卷六號

修辭學之矛盾問題 宮廷璋 師大月刊十三期
修辭標準之選擇，及方式之採用，往往成爲問題，如奇正也，繁簡也，文質也，整齊變也，化也，用典也，夸張也，倒裝也，歇後也，在在可開矛盾之論而終莫能定其是非。

修辭學上之繁簡問題及其例徵 劉錫五 河南大學學報一卷三期

修辭百話 陳思 芒種半月刊創刊號，二期

修辭中數字的用法 李文瀛 北强一卷二期

關於修辭 陳望道 中學生五十六號

關於修學方面的三封信 森千 讀書月刊一卷六期

劉知幾史通之修辭學 宮廷璋 師大月刊十期
內容：(一)修辭之標準，(二)修辭之法門，(

三）用筆，（四）辨體。

達辭篇　總鐵　國風半月刊五卷六，七合期

關於用字　臻郊　中學生四十一號

解釋那些字寫法只小不同，而意義「炫，眩」有別，例如「游，遊」「誤，悞」「曚，濛」等字

論雙聲疊韻與文學　曾星笠　文學雜誌一期

句讀和段落　丏尊　中學生五十七號

—文章偶話—

論標點　章克標　人言周刊一卷四七期

劉復的「中國文法講話」　趙景深　靑年界六卷三期

「比較文法」序　黎錦熙　師大月刊六期

比較文法系黎先生所著，由北平著者書店出版

訂正新著「國語文法序」　黎錦熙　師大月刊六期

章士釗先生之中等國文典　劉銓元　學藝十二卷五號

致章士釗先生函

「高等國文法」刊誤　劉銓元　學藝雜誌十三卷六號，七號

「高等國文法」楊遇夫著

(7)國文教授法

中學國文教學之檢討 姚穀成 大夏一卷九號

國文教學的經驗談 常任俠 讀書季刊三期

中學生國文程度的討論 顧詩靈・大岳 中學生五十六號

中學作文之命及批改 周鼎華 大上海教育二卷七期

中學生與國文 徐慶譽 新學生一卷五期

關於國文教學上的幾個問題 丁易 文化與教育五十九期

與劉文典教授論國文試題書 陳寅恪 學衡七十九期

(8)文學史

中國文學史綱 羅君實 學術季刊一卷二期

文學史的材料與方法 旣舒 天津益世報文學週刊四十期（二十二年九月六日）

中國文學史輪廓引論 李華卿 讀書雜誌三卷六期

中國古代文學史論　丁迪豪　讀書雜誌三卷六期

中國古代文學史論的商榷　陳君憲　矛盾二卷三期

中國古代文學史上之諸問題—張長弓（兼質插圖本中國文學史作者）　文藝月報一卷一期

內容：（一）上古詩歌存廢問題，（二）諸子的文學成分，（三）先秦韻文的發達，（四）荀卿在文學史的價值，（五）周秦間歌謠篇數考。

編著中國文學史的改進問題　沛清　國聞週報十一卷十四期

胡適著白話文學史上卷　梁叔儀　圖書評論一卷九期　新月書店印行

鄭振鐸著插圖本「中國文學史」　吳世昌　圖書評論二卷七期　附論變文發生時代與詞的起源

評鄭著「中國文學史」　吳世昌　新月月刊四卷六期

所批評的：（一）正確性，（二）史料的取捨，（三）不傳及非名作入史，（四）意義不明，（五）考證太簡略，（六）其他。

鄭振鐸先生來函　新月四卷七期　關吳君文學史批評的答覆

鄭賓于著「中國文學流變史」　羅根澤　圖書評論二卷十期　上海北新書局印行

錢基博著「現代中國文學史」 圖書評論二卷十期 上海世界書局發行

評錢基博「現代中國文學史」 胡先驌 青鶴二卷四期

評錢基博現代中國文學史 胡先驌 大公報文學副刊三百零八期（二十二年十一月廿七日）

「現代中國文學史」 武漢大學文哲季刊三卷一號 錢基博著上海世界書局發行

評錢基博之「現代中國學文史」 王旬 衆志月刊二卷一期

評顧實「中國文學史大綱」 津逮季刊一期 商務出版

評趙景深「中國文學小史」 品如 津逮季刊二期 光華書局出版

「中國文學史稿」序 郭紹虞 文藝月報一卷五，六期合刊 張長弓作 開明書店印行

（9）專著

山海經古史考 鄭慕雍 勵學一卷二期

蔡中郎集版本源流考 于迺騫 河南圖書館館刊第一册

任昉文章緣起注 蘭襟 女師學院期刊一卷二期 任昉南朝梁之博昌人，「文章緣起」一書係昉所撰

校刊文體明辨序　羅根澤　民大中國文學系叢刊一卷一期

文選書目　曹喧　女師學院期刊二卷二期

文選類例正失　徐英　安徽大學月刊二卷五期

文選問題小論　陳君憲　矛盾月刊二卷四期

文選類例正失　徐英　德言一期

文選札記　屑冰　文學雜志五期

論子虛賦

胡克家文選攷異叙例　曹喧　女師學院期刊三卷二期

克家江西鄱陽人，字果泉，乾隆四十五年進士，官至江蘇巡撫以歿．選有「文選攷異」一書共十卷

陸機文賦論　荷魄　中國文學二期

輯晉大尉劉琨集序　溫廷敬　國立中山大學文史學研究所月刊三卷三期

文心雕龍分析之研究　陳冠一　北平半月刊八期，九期

「文筆式」甄微　羅根譯　國立中山大學文史學研究所月刊三卷三期

內容：（一）文鏡祕府論文筆十病得失出於文筆考考證，

（二）文筆式的著作年代，（三）文筆分別及文筆十病。

蕭選姚纂曾鈔在文學上之分析 陳冠一 北平半月刊一期，二期，三期

經史百家刊誤 馬定 北平晨報藝圃（廿三年一月卅，卅一日；二月二，三，十，十二，十三，十九，廿，廿一，廿三，廿七，廿八日；三月三，五，六，九，十四，十六，廿，卅一日；四月三，四，十三，廿日；五月一日）

古文辭類纂與經史百家雜鈔序目異同考 王聯曾 中法大學月刊四卷三期

許嘯天標註：經史百家雜鈔 徐慶平 羣學社發行 讀書顧問季刊二期

讀板橋集 韋同女士 進展月刊二卷一期，二期

關于他注卒及作品的介紹

王國維靜菴文集 長之 大公報文藝副刊廿七期（廿二年十二月廿三日）

B.日本文學

日本學文史略 仰山譯 文史一卷四期

這篇是蘇聯大百科全書底日本歷史中的文學史的部分，

譯者從早川二郎底譯本日本歷史裏面重譯來。

日本明治文學中之自然主義——理論的淵源及其發展—— 傅仲濤 文學季刊三期

日本文壇的輪廓　煥平　東流創刊號

日本文學之比較的考察　德Dr Walter Donat著　傅仲濤譯　國聞週報十一卷四十五期

近代日本文學和偉大作品　張夢麟　中國新論一卷五期

最近卅年日本文藝界之回顧　陳丹崖　中央時事週報三卷二五期，二六期

一九二八年的日本文學界　謝六逸　文學周報八卷一號

一年來之日本文壇—一九三三—　森堡　中華月報二卷一期

日本文藝界的一九三四年　白羽　世界文學一卷三期

一九三四年日本之文藝界　姚寶賢　日本評論六卷一期

一九三四年日本創作界的回顧　諸華　現代文學創刊號

一九三四年日本的創作界　賈之　現代文學一期

一九三四年日本文壇之概觀　傅仲濤　國聞週報十二卷六期

一年來日本創作界　杉山平助作　孤鴻譯　新創造二卷一期

談談日本文學 周作人 青年界六卷三號

閒話日本文學 周作人 國聞週報十一卷卅八期
本文爲梁綎武譯日本改造雜誌所載周先生旅舍之一夕談話

論日本文學 周作人 華北月刊二卷二期

日本新興文學概觀 錢歌川 現代學生三卷二期
(一)普羅文學派，(二)新興藝術派。

本年度日本新興文學一瞥 馬田和夫 現象創刊號
記者節譯日本讀書新聞

普羅列塔利亞文學的再出發 日本房雄著 王季陸譯 幽燕二卷二期，三期

蕪村及其俳句 高明 文藝風景一卷二期

「東京散策記」 知堂 人間世廿七期
日人永井荷風所著散文集

日本文壇拾零 曾今可 文藝一卷二期

C.埃及和朝鮮

古代高麗的詩人及其作品 吳奔星譯 文化與教育五十二期，五十三期

朝鮮文藝運動小史　朝鮮・鄭學哲著　俞逅譯　現代三卷五期
內容：（一）史的回顧，（二）現階段的諸情勢。

朝鮮文藝的最近狀況　金光洲　文藝電影一卷四期

略評幾篇朝鮮的新興文學　何殷作　萬人雜誌二卷二期

埃及的阿剌伯文學發展的一瞥　法 Elian J. Finbert　馬宗融譯　文學季刊四卷

3. 歐美各國

A. 通論

「西洋文學概論」　文蒲　天津益世報文學週刊四三期（廿二年九月廿三日）
吉江喬松著高明譯」現代書局出版

佛教本生經與西洋古文學　戴微茲著　崔垂言譯　北強一卷第一期至第二期
「本生經」中有許多古代故事，寓言和神話，在宣揚教義的注疏裏面，蘊藏着許多和西洋文學相似之處。

南北歐文藝復興作品的比較　張資平譯　國民文學一卷三期
內容：（一）北歐文藝復興，（二）意大利與德國，（三）德國美術。

歐洲文藝復興和方言文學的關係　陳衡哲　文學百題

略述表現騎士風度的中世紀文學 茅盾 文學百題

十八世紀歐洲文學裏的趙氏孤兒 陳受頤 嶺南學報一卷一期

大戰後的歐洲文學精神 美Samuel Putnam 董秋芳譯 當代文學一卷一期

本篇是「歐羅巴旅團」The European Caravan 一書的總論

大戰後南北歐文學怎樣 徐霞村 胡仲持 文學百題

第一次世界大戰時歐洲之文學家及其作品概述 許允中 黃鐘四卷六期

略舉德，法，英，意，俄幾國的代表作家

現代歐美文學概觀 何東輝 清華週刊四十二卷九，十期合刊

內容：（一）引言，（二）自然主義—未來主義—新現實主義，（三）高蹈主義—象徵主義—新象徵主義。

最近歐美文學的動向 澄濟 中學生五十六號

歐洲文學的新趨勢 周懷求譯 文化與教育廿八期，廿九期

一九三四年的英美文學 巴里 人言週刊一卷四七期

現代作家與將來之歐洲 德·曰托萊爾著　施蟄存譯　文藝風景一卷二期

一種蔑視理智的殘暴的政治勢力，正在一天一天地澎漲着，在這篇中我們可看出一個爲文化爭取自由的作家，正在大聲疾呼以挽回這危險時代。

一個値得拿生命來供獻的信仰 英·詹姆生女史著　陳希漢譯　現代五卷五期

這篇譯自倫敦出版的「兩星期評論」，作者Storm Jameson，是英國當代的並無政治主張的女作家，她本着單純的藝術家的良心，在本文裏，主要要討論了德國政府對文藝界的處置，可見一般人，用怎樣的態度，表示他們獨立的人格。

B.希臘

希臘文中所見到的定命論是怎樣的 洪深　文學百題

希臘文學之源流 高滔　中山文化教育館季刊二卷三號

內容：（一）導言，（二）神話與詩歌，（三）悲劇，（四）喜劇。

近代希臘文學 羅念生　青年界六卷五期

最近的希臘文學 趙景深　現代學生二卷十號

現代希臘文學概觀 千葉龜雄著　武陵譯　文藝月刊四卷六期

C.英國

英國十六十七世紀文學中之契丹人 張沅長 武漢文學文哲季刊二卷三期

英國文學思潮 高昌南 讀書顧問創刊號
內容：（一）藝文復興以前英國的文學，（二）文藝復興，（三）清教主義，（四）唯覺主義，（五）古典主義，（六）浪漫主義，（七）眞理主義，（八）唯美主義，（九）結論。

英國文學中之武士觀念 歐卓志教授講 余夷吾·胡文治講 中華季刊三卷一期

十八世紀的英國文學 W. Long著 譚文山譯 安徽大學月刊二卷八期

十九世紀英國文學的特質 粟原基著 榮甲譯 中原文化十，十一期合刊

世紀末的英國藝術運動 費鑑照 文藝月刊四卷五期

大戰後的英愛文學 董秋芳 天津益世報文學週刊四十九期（廿四年二月廿日）
—英格蘭和愛爾蘭文學—

大戰後的英國文學略怎樣 顧仲彝 文學百題

戰後英國文學 林白 清華週刊四十三卷十一期

戰後英國文壇的主導精神　王雲橋　現代文學創刊號

英國文壇的新領袖　李建新　新時代月刊五卷三期

毛漢，彼士特萊，麥克萊，赫西黎，康林，歇丁，丹恩，慕根諸人

英國民衆文學的品　蠢舟　行建月刊四卷三期

歷史小說—應時之作及其他—偵探小說—科學小說

今代英國文學鳥瞰　費鑑照　文藝月刊五卷一期

現代英國文學之趨勢　于佑虞　文藝月報一卷三期

最近的愛爾蘭文壇　蕭灑　新中華一卷十五期

英國文學喬治主義及現在主義　張資平　朔望半月刊五號

喬治五世時代的英國文學　仲持　文學五卷一號

近廿五年來英國文學

廿五年來的英國文學　法·莫盧華著　李辰冬譯　北平晨報學報八二九號（廿四年七月八日）

英國文學界兩塲筆墨官司　趙景深　文學週刊八卷六號

（一）白禮齊士不配做桂冠詩人，（二）羅意士重估天路歷程。

英國文學中之國民愛國精神　梁實秋　再生一卷三號

英國最近幾部文學名著　其東述　世界文學一卷二期

一部英文學的參考書　瑩　武大文哲季刊四卷一號

"The Oxford Companion to English Literature" Compiled and edited by Sir Paul Howey Oxford University Press（牛津大學出版部印行）

英國文學史大綱序　林疑今　人間世廿六期

英文成語研究　趙增厚　師大月刊十八期

內容關于成語的：（一）意義，（二）性質，（三）源流，（四）所表現的英國人，（五）在標準英語中的地位及其對文學寫作的貢獻。

寫在「勞綸思書集」之前　郭沛元　南大半月刊八，九期合刊

利斯威的三本書　新月四卷六期

（一）英詩之新評衡—倫敦查許文德士出版，（二）大衆的文明與少數的文化—劍橋少數書局出版（三）勞崙斯仝上

皮普士未刊稿的發見　仲持　文學四卷六期

（Samuel Pepys在英美稱爲日記王，有未刊的日記兩種最近是被發現的。

英國文壇逸話　繡琴　天津益世報文學週刊卅四期，卅五期，卅六期，四十二期（廿二年七月廿二日，廿九日；八月五日；九月，十六日）

D.美國

美國文學界的新趨勢　朮之　行建月刊四卷四期

美國文學之現狀　雲譯　中央時事週報四卷五期

美國文學的現代性　楊維銓　新中華一卷十四期

美國文學的普羅運動　U. F. C Iverton著　楊瑞麐譯　北平晨報學五一四號，五一五號，五一六號（廿二年五月三十日，六月一日，二日，五日）

現代美國的文學批評　美福司透作　唐旭之譯　青年界七卷四期

現代美國文藝雜話　可玉，居雪等　現代五卷六期

現代拉丁美洲的文學　堀口九萬一著　適夷譯　青年界二卷五期　拉丁美洲，是包括墨西哥以南，中美及南美十九國的總名

美國文學的普羅運動 D. F. Calverton 著 楊瑞麟譯 北平晨報學園五一四號至五一七號（廿二年五月卅日，六月一日，二日，五日）

美國同路人的問題 美 Granrlle Hicko 著 郭根譯 刁斗一卷三期
同路人一方面受了布爾喬亞審習的影響，一方面又同情於普羅階級，在其所作小說詩歌與戲劇，可看出這兩者衝突。

美國新文壇近訊 念 文藝電影一期

美國文壇近事 畢樹棠 文學五卷二號
（一）美國作家大會的舉行，（二）普列茲獎金的宣佈

黑人文學在美國 允懷 世界文學一卷四期

E. 蘇俄

不安的時代與不安的文學 昇曙夢著 唐突譯 清華週刊四十三卷三期
這篇得自日本「文藝」三月號記十九世末，到廿世記初頭的幾十年間俄國文壇概況

大戰前俄國文學上的特殊思想 孟十還 文學百題

俄國文學之昨夕 馬纓 清華週刊四十三卷五期

十五年來的蘇聯文學 起應　文學一卷三號

十五年來蘇聯圖書出版事業的發展 蘇聯國民經中央審計局　時事類編一卷五期

內容：（一）圖書出版的發展，（二）民族文字讀書的發展，（三）圖書的性質，（四）書籍的內容，（五）圖書出版的地域區別。

蘇聯文壇鳥瞰 蘇俄評論七卷二期

蘇俄的文藝批評 C. Lelinsky作　立昂譯　北平晨報學園七四八號，七四九號（廿三年十一月六日，八日）

蘇聯文學的現狀 流石　現代文學創刊號

蘇聯民族文學鳥瞰 德明　文化批判一卷六期

一九三四年八月十五日蘇聯招集爲全國作家同盟第一次大會，在會上蘇聯境內各共和國各民族的代表，對於文學活動的姿態，文化戰線內的鬭爭，文藝政策的實施等，都有詳明之報告，此篇卽摘要譯述。

蘇聯之文學概觀 岡譯秀虎著　柏林譯　中華月報一卷五期

蘇聯文藝底新動向 蘇菲亞　清華週刊四十卷三，四期合刊

內容：（一）藝術的一般趨勢，（二）史的發展，（三）活躍的文壇。

蘇聯文藝運動的新方向 裴丹 申報月刊二卷十號

新俄文壇最近的趨勢 劉穆 文學周報蘇俄小說專號(八卷十四至十八號)

最近聯蘇的文學 Lidin著 蘅靜女士譯 讀書雜誌三卷五期

最近蘇俄文學之轉變 立之 蘇俄評論四卷五期

最近蘇聯的文藝政策 鄭桂泉譯 蘇俄評論五卷二期

向着革命的藝術邁進 古久列著 向均譯 朔望半月刊廿一期

蘇聯文學現狀與創作方法之問題 吉波亭著 徐翔譯 讀書雜誌三卷六期

蘇俄文壇的新藝術運動 淩璧如 新中華一卷五期

論蘇聯的文學 高爾基講 張仲實譯 時事類編二卷廿五期，廿六期，廿七期

本年八月十七日，全蘇聯作家舉行大會於莫斯科，出席代表達千餘人。這篇是高爾基的報告，譯自蘇聯「文藝新聞」一九三四年八月十九日。

世界文學前哨的蘇聯文學 裴立昂譯 世界論壇一卷十七期，十九期

一九三四年的蘇俄文壇和劇壇　任白濤　現代六卷二期

蘇俄文壇的片斷　毛一波　文藝茶座一卷一期

俄國文學中的西伯利亞　C. A. 曼寧著　江兼霞譯　文藝畫報三期

蘇俄的文學基金制度　耿濟之　文學五卷一號

蘇聯各共和國文化建設之進步　—文化會議之發表之統計—　中國新書月報二卷九期，十期合刊

蘇聯作家第一次大會　孟華譯　世界日報慧星十三期（廿三年十月十七日）

蘇聯作家大會日記　流石　現代文學創刊號

從第一次全蘇聯作家大會說到今後新興文學之動向　明九　世界日報彗星（廿三年十一月七日）

蘇聯作家大會高爾基報告書之內容　薛維垣　時事月報十一卷五期

文學的一種新形式　M. Simkhovich作　子芳譯　清華週刊四十二卷三，四期合刊

蘇俄現由高爾基發起，着手創製文學的「蘇聯工廠史」，這是需要新的方法，而成新的形式的。

文藝的集體創作　殷瑜　北平晨報學園八七〇號（廿四年十月廿一日）

文藝的集體創作是蘇俄文藝的一種新傾向

高爾基與綏拉菲莫維支底大論戰 林雅英譯 理論與創作創刊號

蘇聯的藝術文學國立出版所，組織了一個討論會，專門討論潘菲洛夫的名著布洛斯基；高氏和綏氏因意見不同起了劇烈的論戰

高爾基與綏拉菲莫維支的大論戰 方天奕譯 中華月報二卷六期，七期 —關於小說「貧農組合」的問題—

高爾基與蘇俄文學 那辛諾夫著 立昂譯 北平晨報學園七四四號，七四五號（廿三年十月廿五日，廿六日）

原文載 Voks Illustrated Almanac nos. 7-8, 1934: Literature of the Peoples of the Ussr.

高爾基軼著的搜集 仲持 文學四卷六期

蘇俄的文學博物館 仲持 文學五卷二號

樸列汗諾甫批評 蘇聯阿里希莫甫 臧其人譯 文學新輯第一輯 —關於希丘金底著書「兩個批評家」「樸列汗諾甫，別列維爾貝甫」—

以諷刺進攻 蘇聯米契爾珂爾佐夫 進華譯 文學新輯第一輯

「新俄文學中的男女」 舒玫 清華週刊四十三卷二期 美國庫尼茲著 周啓應譯 現代書局出版

F. 法國

中世紀的法國文學　王了一　天津益世報文學副刊十六期，十七期（廿四年六月十九日，廿六日）

古今之爭　周紹侯　天津益世報文學週刊四四期（二十二年十月七日）
「古今之爭」是法國文學批評史上很有聲有色的一幕論戰，是在古典主義文學全盛時代布窪羅貝耳（Boisrobert）們突然主張反抗古典文學的論調。

法國十九世紀的現實主義的文學運動　李建吾　申報月刊三卷十二號

法國民族文藝概論　鄖魯遜　建國月刊十二卷一期

大戰後的法蘭西文學　André Berge作　董秋芳譯　文學評論一卷二期
本篇係戰後法蘭西文學的「導言」，作者貝爾格是近今法蘭西有名批評家，他雖不是個馬克思主義底批評家，可是也不否認社會勢力之足以影響文學。

一九三三年的法國文壇　徐仲年　中華月報二卷二期

文學與思想生活之在法蘭西　羅莫辰譯　中法大學月刊三卷四，五期合刊

近代法蘭西文學大綱　應普漢　圖書評論一卷八期
黃仲蘇編　中華書局發行

今日之法國文學　Paul Nizan著　雲夢譯　清華週刊四十三卷十期

現代法國文學底轉機　小松清著　張果譯　時事類編二卷廿四期
譯自日本「行動」一九三四年八月號

現代法國文學與大戰 嚴大椿 文藝月刊六卷五，六期合刊
內容：（一）在大戰時死亡的作家，（二）大戰文學，（三）為戰爭所影響的文學。

最近法國文藝界之動向 呂文甲 申報月刊四卷三號

現代法蘭西文學拾零 秋芳 文學評論一卷二期
內包含三篇短文，是現代法國文學浪潮中比較重要的浪花；（一）大大派的作詩方法—肇始於一九一六，（二）創造派的詩—溯源自一九一二，（三）無意識之破產—在一九二八法國文學走上社會革命之路。

法國文學年表 洪素野 文藝月刊六卷一期
表中各書概係自一八〇〇—一九〇〇，百年間法國名作，次要者多摒棄

法國通信 戴望舒 現代三卷二期
—關於文藝界的反法西斯諦運動—

一九三三年的法國文壇 蒂若 中法大學月刊五卷五期
—附：一九三三年各項重要文學獎金

法國文壇消息 葉子 文藝一卷二期

論近代法國幽默文學 米勒著 包乾元著 文化批判二卷六期

法國的文藝雜誌　馬宗融　文學三卷一號

G. 德國文學

原始時代之德國文學　張資平　青年與戰爭四卷九期

中國純文學對德國文學的影響　陳詮　武大文哲季刊三卷二號，三號，四卷一號

大戰後的德國文學大略怎樣　吳朗西　文學百題

由自然主義至新浪漫主義轉換期之德國文學　張資平　青年與戰爭四卷六期

「狂飆與突進」　楊丙辰　文藝月刊四卷二期

德國國民文學概觀　林芬譯　華北月刊二卷四，五，六期合刊（十二月號）

德國文學序說　山岸光宣著　張資平譯　青年與戰爭四卷八期

德國文學最近問題　靜遠　現代文學創刊號

最近德國文學上的新問題　大山定一著　茲九譯　時事類篇三卷五期　譯自日本文藝二卷十月號

今日的德國文壇—德國梨梨・珂貝著　在易譯　文學三卷四號　—一九三四年五月間在希特勒統治下之文壇—

現代德國文學的趨勢 皇滋華斯作 胡國治譯 中國文學一卷三，四期合刊

當代德國文學觀 胡國治譯 中國新論，一卷六期

德意志文學聖地威瑪爾 百里譯述 中國新書月報二卷九，十期合刊

德國作家歌德，席勒爾，赫德，威蘭，及音樂家李斯特，哲學家尼采，劇曲作家威爾登堡等，都有留點特殊的遺跡在該處。

論文集「廿年間」第三版序文 蒲力汗諾夫著 高翔摘譯 成都文藝月刊二卷一期

「一九〇二年級」及其任務 小默譯 文學三卷四號

「德國國家社會主義文藝批評家對於該書所代表的文壇的意見」

此篇對德國青年作家格采塞（Ernst Gleases）所著的長篇小說「一九〇二年級」的批評，由牠可以窺見現在德國的新的文藝政策與文壇趨勢一斑。

當代德國文學概觀 P.B. Wadsworth 作 胡國治譯 中國新論一卷六期

H.意大利

意大利文學的趨勢 秋宇 中國文學一卷二期

內容：（一）世界大戰時的意大利文學，（二）戰後意大利的文學，（三）古典之探求，（四）大衆文學

意大利文壇的現狀　曹奕　行建月刊四卷一期
歐洲文學與戰爭｜戰後的文學｜古典的探求｜大衆文學｜幽默作家及其他

現代意大利文學　詒孫　現代文學創刊號

現代意大利文學的一瞥　詒蓀　現代文學一期

法西斯主義與意大利文學　鄭桂泉　清華週刊四十卷九期

法西斯蒂政治建立前後的意大利文學　白樺譯　黃鐘一卷廿七期

I　其他各國

晚近斯堪地納維亞文學概觀　羅大剛譯　清華週刊卅九卷五，六期
略述北歐瑞典，挪威，丹麥的文學

萊忒維亞的文學　Artus Baumanis　奧尼譯　文藝週報一卷四期

最近的優哥斯拉維亞文學　Louis Adonic作　趙景深譯　青年界四卷二期

戰後的挪威文學　毛如升　橄欖月刊卅三期

現代瑞士文學　適夷譯　青年界二卷四期

大戰後的西班牙文學 J. Casson作 董秋芳譯 文學評論一卷一期
本篇譯自「歐洲旅行團」The European Caravan第一册。

比利時的法拉蒙文學運動 李辰冬 天津益世報文學副刊六期（廿四年四月十日）

比利士的文學 Maur Jaunotte作 魯彥譯 文藝月刊四卷五期，六期
內容：（一）關於比利士的法語，（二）中世紀，（三）從文藝復興到十九世紀初，（四）從一八一五到一八三〇年，（五）從一八三〇年到一八八〇年，（六）「La Jeune Belgique」，（七）尾語。

匈牙利文學 吳康 國立中山大學文史學研究所月刊一卷五期

歐戰對於荷蘭文學之影響 J. Huanties著 藍文海譯 中國語文學叢刊創刊號

現代荷蘭文學 荷蘭J.哈恩鐵斯作 芬君譯 譯文一卷四期

最近芬蘭文學 鄭桂泉 北平晨報學園五三八號（二十二年七月十日）

波蘭文學的動力 波蘭Dr. S. Pelliske著 明華譯 讀書顧問季刊三期

英文的弱小民族文學史之類 馮夷 文學二卷六號
介紹幾本英文寫的弱小民族文學史

阿比西尼亞的文藝 成皿譯 北平晨報學園八六九號（廿四年十月廿九日）

十一、大衆文學

1.通論

大衆文藝釋名　郁達夫　大衆文藝一卷

大衆文學　錢歌川　新中華二卷七期

大衆文藝展望　千葉龜雄著　劉孤鴻譯　新創造一卷二期

大衆文學的建設之路　許幸之　新語林半月刊四期

大衆文學與純文學　張夢麟　新中華二卷七期

大衆語文學與民衆讀物　俞異君　山東民衆教育月刊六卷七期

民衆文學概觀　李曜林　民衆教育學報創刊號　內容：（一）誰是民衆，（二）甚麼是文學，（三）甚麼是民衆文學，（四）民衆文學的前途。

文學與民衆　李曜林　民衆教育學報一卷三期

論文藝與羣衆　張露薇　現代六卷一期　高爾基短篇「在輪船上」導言

大衆藝術論的發凡 謙弟 萬人雜誌一卷六期

民衆與藝術 葉克熑 民衆教育研究創刊號

所謂「大衆藝術論的發凡」的評判 沐塲 萬人雜誌二卷一期

通俗文學解剖 侍桁 中山文化敎育館季刊創刊號

論大衆文學 李麟 新壘月刊四卷一期

萬人文學運動的任務 李陶況 萬人雜誌一卷五期

內容：（一）一個時代的要求，（二）萬人文藝大衆化的諸問題，（三）到藝術集團主義之路，（四）現階段應有的綱領，（五）前途的展望。

平民文學通俗文學民衆文學 鍾道維 民衆教育研究一卷二期

民俗文學與民族主義的文學 上游 黃鐘五卷五期

民衆藝術教育的實施 崔彭壽 山東民衆教育月刊三卷四期

三民文學 田倘 黃鐘五卷七期

（一）民族主義文學，（二）民衆文學，（三）民俗文學。

農民文藝問題 徐公美 文藝半月一卷一期

農民文學簡論　蘇由慈　文化批判一卷二期

農民文藝問題　徐公美　文藝半月刊一卷一期

農民文學用字的研究　孫伏園　矛盾月刊二卷五期

新興文學與形式　橋本英吉著　子美譯　生存月刊四卷三號

大衆小說論　湯增敭　朔望半月刊五號，七號

中國民間文學論　王楚文　華北月刊三卷一期

民衆文學的分類　王錫鵬　黃鐘六卷五期
(一)故事，(二)歌謠，(三)唱本

民衆讀物的研究　樊月培　山東民衆教育月刊五卷十號

改良民衆讀物芻議　吳奔星　正中半月刊二卷六，七期

通俗文學和讀者趣味　方均　新小說一卷四期

通俗和媚俗　樂游　新小說一卷三期

通俗的和藝術的　平　新小說一卷三期

通俗讀物的介紹與批評　尧一　建國月刊十二卷一期

平民讀物的編輯試讀與校訂　孫伏園　國聞週報十一卷一期

民間故事書目　葉德均　青年界二卷五期

民衆詞彙的研究　周其辰　教育與民衆六卷二期，三期

詞典的需要與民衆詞典的產生　蕭迪忱　山東民衆教育月刊三卷十一期

從「民衆錯字」想到通俗說文　吳魯星　山東民衆教育月刊三卷七期

從諺語的搜集談到口頭語的語彙　陳以德　太白半月刊二卷二期

民間作品與小放牛　林庚　國聞週報十一卷卌一期
小放牛又名杏花村，是北方流傳甚廣的一齣戲

民俗園地　藝風三卷二期至五期，八期，九期
關于民間傳說和歌謠的收集

連環歷史圖畫　曹聚仁　芒種半月刊創刊號，二期
三國志演義，甄皇后

2. 歌謠　各地歌謠附

歌謠形式的研究　汪錫鵬　文藝月刊六卷五，六期合刊
從兩千三百多首的江蘇歌謠中所找出七種普通格式，

（一）時間序，（二）數目序，（三）興體式，（四）問答體，（五）重沓式，（六）歪詩體，（七）聯鎖式。

歌謠在民衆文學的地位　何一鴻　民衆教育季刊一卷二期

民間歌謠研究的序幕　王潮新　民衆教育學一卷二期

周易卦爻辭中之歌謠與中國文學起源　惲靈曦　北平晨報學園七六四號，七六五號（廿三年十二月廿五日，廿七日）

中國歌謠的研究　方天游　民衆教育季刊一卷一期，二期

中國歌謠的問題　劉大洲　磐石雜誌一卷四期　內容：關于歌謠的範圍—態度—對民衆的作用—形式—與詩之關係—利弊

從民間歌謠中探討我國之民族性　張周勛　前途三卷九期

從民歌中探討家庭與婚姻的情況　張周勳　師大月刊十八期

從民間歌謠中去窺探民衆生活的疾苦　裘慶媛　浙江民衆教育三卷二，三期合刊

歌謠中的「婆媳」和「姑嫂」問題　齊東野　天津益世報語林（廿四年六月廿八日）

由「拿出貨色來看」談到民間歌謠及方言問題 吳奔星 文化與教育廿九期

各地民歌

清代歌謠的採集 葉德均 青年界六卷四期
比較重要的：（一）吳淇編的粵風續九，（二）梁紹王的粵歌，（三）鄭旭旦輯的天籟集等

介紹一部百年前的俗歌集 敬文 藝風三卷二期

「粵風」之地理的考察 梁嗣炳 文學二卷六號
「粵風」係桂平及其鄰近的歌謠選集

氣象歌謠的研究 宋鍾岳 浙江大學文理學院會刊三期

民間歌謠廿四首 第一民教館 浙江民衆教育三卷八期

河北歌謠之研究 辛農 津逮季刊三期
內容：（一）歌謠之發生及其價值，（二）農村生活問題。

現在大衆語文學的調查和評判 黎錦熙 人間世十四期
關于北平俗曲的探討

「北平俗曲略」 李長之 國聞週報十一卷五期
李家瑞編 國立中央研究院歷史語言研究所發行

李家瑞編「北平俗曲略」　李嘉言　圖書評論二卷十期

北夏農諺的研究　王順　教育與民衆七卷一期

「農諺和農歌」之介紹　王點潔　中國新書月報二卷九，十期合刊　國立北平大學農學院出版

從歌謠中研究江蘇方言的異同　錢小柏　太白半月刊一卷八期

吳江民歌二則　春渠　浙江民衆教育三卷一期

閩謠遙解　劉弜　社會學界二卷

福州歌謠　愛斯齡等　福建文化三卷十七期

從福州歌謠中找出福建原始文化之社會制度形式　張增齡　福建文化三卷十七期

歌謠　張錫祜等　福建文化一卷二期　（一）一個福州諷人歌謠，（二）呆命嫁老尪.

閩南歌謠麟瓜　沈騏　福建文化二卷十三期

漳浦的歌謠　蔡朝陽　福建文化一卷四期

湖南歌謠和廣西歌謠的流通　黃芝岡　太白半月刊一卷二期　—土語文學到大衆語文學的實證之一—

博白民間情歌研究 王祥珩 平明雜誌二卷八期

蕭山民歌一束 曹撰一 浙江民衆教育二卷十期

江口情歌 管思九 丁仲皋 大夏一卷六號

本地的歌謠與農諺 王家井試驗家校 浙江民衆教育二卷八期

西康情歌 信隆譯 康藏前鋒二卷七期

「歌謠與婦女」 家雁 清華週刊四十一卷三，四期合刊
劉經菴編 商務印行

介紹一首咏山人的山歌 阿英 太白半月刊二卷四期
馮夢龍輯的山歌

一部版搖民歌集的發見 吳彥文 教育旬刊一卷四號

「三郎二姐」 伯韓 太白半月刊二卷七期
一種湖本的唱本

「山民牧唱」序 西班牙B·巴羅合作 張祿如譯 譯文一卷二期
擬「講故事」體

比利士佛蘭德人的民歌 Jeawue Van Bockel 魯彥譯 文藝月刊三卷十二期

馬來情歌雜談 木訥 鷺華創刊號

3. 民衆的戲劇和小說

民衆的戲劇　鍾道維　民衆教育研究創刊號

民衆戲劇困難問題商榷　史炎　浙江民衆教育三卷一期

談民衆戲劇　王西彥　北平晨報劇刊一五〇期（二十二年十一月十九日）

戲劇大衆化的問題　馬肇延　劇學月刊三卷四期
內容：（一）前言，（二）戲劇與大衆化的關係，（三）戲劇大衆化的意義，（四）戲劇大衆的實際問題，（五）結論。

戲劇與民衆教育　爲容　山東民衆教育月刊三卷四期

戲劇的走進農村問題　姚禹言　舞台與銀幕發動號

羣衆歌誦劇之理論與實際　胡紹軒　—我們所需要的戲劇—　輪底文藝創刊號

鄉村民衆戲劇與鄉村　施宣華　浙江民衆教育二卷十期

由組織民衆劇社說起　林頌樫　民衆教育研究一卷二期

教育戲劇運動發端　閻折梧・趙波隱　山東民衆教育月刊五卷七期

農村戲劇與農村教育 熊佛西 北平晨報劇刊一四五期（二十二年十月十五日）

關於農村戲劇 汪錫鵬 矛盾月刊二卷四期

實驗中的農村戲劇的內容與形式 楊村彬 北平晨報一八八期，一九○期（二十三年八月十二日，廿六日）

農民劇之研究 閻哲吾 天津益世報戲劇與電影五八期，五九期，六十期（二十二年十二月廿日，廿七日，二十三日；一月三日）

內容：（一）農村破產說起，（二）農民劇的意義，（三）中國農民劇的特質，（四）農民劇場的興起，（五）中國農村演劇的實況，（六）中國農民話劇的萌芽，（七）農民劇的內容，（八）農民劇的表演，（九）農民劇的創作，（十）農民劇的改良。

農村劇場底舞台 飯塚友一郎著 張鳴琦節譯 北平晨報劇刊二四七期，二四八期（二四年九月廿九日，十月六日）

農村劇場底三目的 飯塚友一郎作 張鳴琦節譯 北平晨報劇刊二四三期（廿四年九月一日）

農民露天劇場的建築 陳治策 北平晨報劇刊一八七期（廿三年八月五日）

定縣農村露天演劇 孫伏園 藝風三卷一期

熊佛西的劇本喇叭的演出

定縣農民劇的實驗 熊佛西講 趙冠華記 山東民衆教育月刊六卷三期

定縣農村戲劇 北平晨報劇刊一九六期（廿三年十月七日）

定縣最近公演的「鳥國」　楊村彬　北平晨報劇刊二二三期（廿四年四月十四日）

—又是一篇露天村劇實驗的報告—

關於改編後的「喇叭」的演出法　楊村彬　北平晨報劇刊一九七期（廿三年十月十四日）

—首次實驗露天劇場的程式報告—

「農民與話劇」　鄭一之　北平晨報劇刊二〇四期，二二四期，二二五期（廿四年四月七日，廿一日，廿八日）

話劇下鄉　陳治策　北平晨劇一七三期（廿三年四月廿九日）

本館話劇社的過去和現在　效曾　浙江民衆育二卷五期

通俗小說形式問題　華尙文　新小說一卷四期

通俗小說和民話　樂游　新小說一卷四期

與通俗小說論集　任鈞選譯　新小說二卷一期

最近日本文壇，關於通俗文學的議論非常熱鬧，這裏譯自日文學雜誌新潮七月號裏片岡，武田，森山的三篇論文。

文學論文索引三編

中編　文學分論

一、詩歌

1.通論

什麼是詩　張沛霖譯　文藝月刊一卷四期，五，六期合刊
詩的三種成分：（一）形式，（二）材料或章旨，（三）神氣，（四）詩的定義。

詩的名稱及其性質　郝思曼著　羅蕤譯　學文一卷四期

詩的界說　曹葆華譯　北平晨報詩與批評四九期，五十期（廿四年三月十四日，廿八日）

詩的界說　止戈　文藝戰線二卷廿五期
此篇將西洋文人詩家的界說畧舉一二但略而不詳

詩歌底樣式　日・外山卯三郎　孫俍工　中國文學二卷一期
譯自外山卯三郎底純譯詩歌論

詩歌往那裏去　美・巴伯特・陶逸志著　施蟄存譯　現代五卷二期

詩辯　于賽虞　文藝月報一卷一期
作者之意以詩雖不必死守規律，但在甲字和音韵上必求其和諧。

詩人論詩　詩篇四期
集外國文學家對于詩的見解

純詩　漆逎容　北平晨報詩與批評廿五期，廿六期，廿七期（二十三年六月一日，十二日，廿二日）
譯 J.M. Murry 之 Pure Poetry

純詩論　R. D. Jameson 著　朱寶琛譯　青年文化一卷一期，二期
這篇所述乃歐洲文藝批評史對于純詩的討論，有三種的批評學派，理性派與神秘派

論純詩　曹葆華　北平晨報詩與批評五號，六號（二十二年十一月十三日，二十二日）

談詩　H. Von Hofmannsthal 著　陳占元譯　大公報文藝副刊一六二期（廿四年七月廿八日）

談詩　梁宗岱　人間世十五期，十七期，十九期

談詩　徐舒　人間世十五期

談詩　陶然　中學生四十八號

關於「談詩」　L. S. Harris 著　默棠節譯　清華週刊四十卷六期

論詩　江寄萍　人間世三期

論詩 Leigh Hunt著 朱維基譯 詩篇一期，二期，三期

論詩 志疑 北平晨報詩與批評三十九期（二十三年十一月二日）
譯自T. S. Ebot: Selected Ersays

論詩 陳敬容 北平晨報詩與批評一號，二號，三號（二十二年十月二十日，十二日，二十三日）
此篇題為Poetry是基爾白莫爾銳（Gilbert Murray）論文裏最末一篇莫氏這本論文集叫作「詩中的古典傳統」（The Classical Tradition in Poetry）

論詩 漆迺容 北平晨報詩與批評廿七期（廿三年六月廿二日）
譯Paul Valery之adonis

論詩 曦薇 文藝戰線三卷二期，三期

論現代詩 R.D. Charques著 默棠譯 清華週刊四十二卷六期
本文譯自「現代文學與社會革命」（Contemporary Literature and Social Revolution）中論現代詩之一章

「現代詩論序」 曹葆華 北平晨報詩與批評卅三期（二十三年八月廿三日）

現代詩歌之背景 曹葆華 北平晨報詩與批評十六號至十九號（二十三年三月二日，十二日，二十二日；四月二日）
譯J. A. Richards之A Background for Contempory Poetry

論詩底價值 J.A. Richards著 曹葆華譯 北平晨報詩與批評十三號（廿三年二月二日）

西洋詩與東洋詩　—文學上之青年性與老年性的問題　萩原朔太郎　魏晉譯　詩歌季刊創刊號

含有哲學思潮的兩個詩派　曹宏　文化月刊一卷二期

關於詩歌前途的幾個問題　羅慕華　當代文學一卷二期

詩底研究　英・安諾德　曹葆華譯　文學季刊二卷一期

詩的研究　郁英　幽燕三卷六期

「詩的藝術」述略　程淑　天津益世報文學週刊卅四期（廿二年七月廿二日）

「詩的藝術」即羅馬詩人霍來士所作，（Horace的Ars Poetica）原文甚短計四百七十六行，為信札的體裁，內容多關于詩與戲劇的討論。

詩底領域　日・竹友藻風作　孫俍工譯　中國文學一卷三，四期合刊

詩的主觀與客觀　光潛　人間世十五期

詩的寫實主義　北鷗　文史一卷四期

詩人的平面觀　豐子愷　文學季刊創刊號

詩之目的　挪威 B. Bjornson 作　斯曛譯　世界文學一卷一期

詩之理解　伍蠡甫　現代六卷二期

詩的經驗　I.A. Richards著　曹葆華譯　北平晨報詩與批評十號，十一號（二十三年一月一日，十二日）

詩的法典　Edmund Wilson著　曹葆華譯　文學一卷一卷三期

此文原名 The Canons of Poetry, 載 Atlantic Monthly, April 1934, Vol. 153, No.4

詩的藝術論　英·卜拉德賽著　王澍濕譯　北國月刊一卷三期，四期

詩中底四種意義　鮑和　北平晨報詩與批評三號，四號　（二十二年十月二十三日；十一月二日）

此篇將詩中一切意義分為四種即意思，情感，語調，用意等原文是在慈恰慈先生（Mr. I.A. Richards）底實際文評（Practical Criticsm）

詩中底因襲與革命　曹葆華　北平晨報學園五六五號，五六九至五七三號，又五七五號（廿二年八月卅一日；九月七日，八日；十四日，十五日，十九日）

J.S. 厄丁忒的詩論　韋克棪　清華週刊四十三卷九期

卡萊爾論詩的眞實　杜衡　文飯小品創刊號

論傳達　曹葆華　北平晨報詩與批評四一期，四二期（廿三年十一月廿二日；十二月四日）

譯自 John Sparrow 之 Obscurity and Communication

讀詩偶得—情感和眞實　振甫　中學生卅四號

詩壇報導　袁勃　詩歌季刊創刊號

詩與散文　竹友藻風作　張資平譯　朔望半月刊九號，十號

2. 詩歌的起源和演化

詩歌的起源　陳子展　中國文學一卷六期

論詩歌的起源　謝善繼　中國文學二卷二期

詩底演化　Edmund Wilson 著　曹葆華譯　北平晨報詩與批評四三期，四四期（廿三年十二月十四日，廿一日）

詩的演變　J. L. Lowes 著　鮑和譯　北平晨報詩與批評四二期（廿三年十二月四日）

詩的四個時代　梁實秋　天津益世報文學副刊一期（廿四年三月六日）
轉述英詩人皮考克於一八二〇年在「奧利爾文藝叢刊」所論「詩的四個時代」

詩之四階段　英 T.L. Peacock　伍蠡甫　曹允懷譯　世界文學一卷六期

現代詩底演變　曹葆華　北平晨報詩與批評五二期（廿四年四月廿五日）譯自 The Saturday Review of Literature

現代詩歌底趨勢 曹葆華 北平晨報詩與批評五三期（廿四年五月九日）

詩的將來 吳定 天津益世報文學週刊卅五期（二十二年七月廿九日）

3.詩之作法和韵律

詩的作法及其它 讀書生活一卷六期

論作詩 劉如水 新壘月刊二卷四期
—文心集之五—

用什麼方法去寫詩 胡楣 新詩歌四期

我怎樣寫詩 馬耶闊夫斯基著 梅雨譯 時事類編三卷十期
譯自美國「現代雜誌」一九三三年九月號，這是一篇關于詩的藝術及創作的論文，是作者詩的創作實際過程。

詩的用字 朱湘遺著 青年界五卷二期

詩句中的倒置 宏告 北平晨報詩與批評二期（二十二年十月十二日）

關于詩中文字的運用 曹葆華 北平晨報詩與批評十四號（二十三年二月十二日）
譯 J.A. Richards 之 The Command of Life

詩之題材論　陳嗣音　文藝一卷二期

論詩的題材　傅東華　文學三卷六期

讀了亞諾爾特詩集序後的一些雜感

詩歌和韵律　馬書年　津逮季刊一期

詩之音韵的功用　劉福齡　津逮季刊三期

詩的韻律　林庚　文飯小品三期

詩的藝術與魏嵩　養晦　中法大學月刊六卷一期

—論詩與聲諧—

4. 詩與其他

詩與語言　吳世昌　文學季刊創刊號

讀吳世昌君的「詩與語音」篇　劉半農　文學季刊二期

「詩與語音」篇的聲明和討論　吳世昌　北平晨報學園七四三號（廿三年十月十九日）

詩與宣傳　霽秋　北平晨報詩與批評十四號，十五號（二十三年二月十二日，二十二日）

譯T.S. Eliot之Poetry and Propoganda（此篇論題則取自懷悌黑 Whitehead之科學與近代世界，第一百廿八頁）

論詩與批評 J. M. Murry 著 鍾斌譯 北平晨報學園五五六號（二十二年八月十七日）

序曹譯「科學與詩」葉公超 北平晨報詩與批評卅期（廿三年七月廿三日）

5. 各體詩論

世界史詩談 編者 紅豆世界史詩專號（周年紀念刊）
附世界史詩作者和所產生時地的表

敘事詩戲劇與小說 朱寶璨譯 青年文化二卷一期，二期

無韻體 羅念生 文藝雜誌一卷三期

論散文詩 孫仰周 青年文化一卷五，六期合刊

詩與自由詩 林庚 現代六卷一期

什麼是「自由詩」傅東華 文學百題

雙行體 羅念生 文藝雜誌一卷四期

談十四行詩 程淑 天津益世報文學週刊卅一期（二十二年七月一日）

談商籟體 劉榮恩 天津益世報文學週刊六期（二十三年四月十一日）

詩中的象徵主義 寄　北平晨報詩與批評十二號，十三號（二十三年一月二十二日；二月二日）

譯自夏芝（W.B. Yeats）之「善惡的觀念」

象徵主義 梁宗岱　文學季刊二期

舉許多中外詩的傑作名句爲例

象徵派作家 葆華　北平晨報詩與批評五四期至五六期（廿四年五月廿三日；六月十三日，廿七日）

後期印象派的畫與象徵派的詩 高震百　天津益世報文學週刊卅九期（二十二年九月二日）

未來派的詩 高明　現代五卷三期

內容：（一）什麼是未來派的詩，（二）未來派自由語之產生，（三）什麼是未來派的自由語，（四）未來派自由語之方向。

超現實主義的詩與繪畫 曾鳴　藝風三卷十期

6. 中國詩歌

A 舊詩

（1）概論 歷代詩叙略附

中國詩歌源流考略　龔化龍　珈珞月刊二卷四期
內容：（一）前言，（二）詩的意義，（三）詩的流源，（四）四言詩之來蹤與去跡，（五）五七言詩的正變，（六）近代詩界的革命運動，（七）後話。

中國詩歌在歷史上之變遷　章璠筆記　國風半月刊二卷七期

中國詩詞曲之輕重律　大公報文學副刊二百九十二期（二十二年八月七日）
王光祈編　中華書局出版

中國文學史上一個謎　林庚　國聞週刊十二卷十五期
—中國為什麼沒有史詩—

中國詩言數的鳥瞰　少游　文藝戰線二卷卅七，八期合刊
述至一言至九言及雜言詩的起源

中國詩歌中之雙聲疊韵　郭紹虞　文學二卷六號

通信　鸞譯　北平晨報詩與批評廿八期（二十三年七月二日）
—論詩歌中的疊句—

中國詩歌中所見的禮教與愛情　雲奇　中原文化十，十一期合刊

從詩詞方面研究中國的人生典型　牟宗三　行建月刊五卷二期，三期
要目：（一）詩經中的人生典型，（二）古典主義的人生典式，（三）傷感主義的人生典型，（四）結論。

從幾首古詩裏面看到的中國女性　心月　磐石雜誌一卷一期

詩體論 萬漢誠　中華季刊一卷四期

詩厄篇 邵祖平　制言半月刊二期

詩的歌與誦 俞平伯　清華學報九卷三期

詩中的用詞—錢畊莘　藝風二卷二期　浙江省立民衆教育館民衆學會第一次會員茶話會話稿—

詩譚三則 黃漢　學風四卷一期　內容：（一）道德觀念之謬誤，（二）典與韵，（三）平淡與生僻。

無聊齋談詩 程淩書　大學生言論八期

談詩 郁達夫　現代六卷一期

談詩 朱湘遺著　文學二卷一號　內容：（一）中文，（二）詩人生活。

論詩管見 瘦堪　青鶴二卷十八期，十九期

對詩的管見 魏建功　河南大學文學院季刊二期　內容：（一）詩的定義，（二）詩的效用，（三）詩的分

類，（四）詩的質量，（五）淺略評舊詩，（六）略論新詩，（七）新詩的標準。

詩詞叢談　干因　北平晨報藝圃（廿三年十二月五日，七日，十日，十一日）

國文教學研究用前代詩詞作教材的我見　鍾敬文　新學生一卷二期

歷代詩敘略

漢志詩賦略廣疏　叚凌辰　河南大學學報一卷一期

論建安期的詩　沛清　國聞週報十二卷十八期

鍾嶸之漢魏以來詩派　沙少海　珞珈月刊一卷四期

中國文學批評史上之永明聲病說　郭紹虞　天津益世報文學副刊二期（廿四年三月十三日，廿日）

內容：（一）聲病說之由來（二）永明體的特點與聲病說的內容，（三）關於韵的四聲，（四）關於和的八病，（五）論平頭上尾，（六）論蠭腰鶴膝（七）論大韵小韵旁紐正紐，（八）永明體與律體。

唐人詩歌中所表現的民族精神　白華　建國月刊十二卷六期

唐詩影響現代詩之個人詩派與民族詩派　楊啓高　新文化月刊一期，二，三期合刊

天寶以前的唐人邊塞詩　陳玨　黃鐘四卷六期

論唐代的邊塞詩　賀昌羣　文學二卷六號

西崐詩派述評　程千帆　文藝月刊七卷六期

西崑酬唱集諸詩人年譜合編　鄭雯居　歸納雜誌二期

論西崐體與梅歐以下詩體　張樹德　金聲一卷一期

類書與詩　聞一多　大公報文藝副刊五十二期（二十三年三月廿四日）

宋詩與唐詩　孫望　青年界六卷一期

讀書雜誌　小蘇　拓荒二卷一期
—西崑體之源流考—

清季宋詩運動　陳桂芳　中國文學二期

晚清的詩界革命　蒲風　文藝半月刊一卷一期

近體詩溯源　謝善繼　前途雜誌二卷九號，十二號
本篇所分析各體（一）五七律，（二）五七絕，（三）長律，（四）唐詩的總分析。

近代詩論略 陳石遺講·丁舜年記 無錫國專季刊廿二年五月號

光宣詩壇點將錄 汪國垣 青鶴雜誌三卷二期至七期連期刊登

同光詩體 楊熊士遺著 光華大學半月刊二卷八期，九期，十期

同光體者閩鄭孝胥等所創詩體，不墨守盛唐，出入南北宋標舉梅，王，黃，陳以爲宗尚，爲道光以來一大宗也，此篇歷舉近人之詩人及其詩。

2.專論

a 詩經

詩經以前的中國詩歌 陳廷憲 矛盾月刊三卷一期

詩經在古代的價值 茅樂楠 厦大週刊十四卷十九期

詩經在中國文學上的地位 吳烈 國民文學一卷三期

內容：(一)詩經的淵源，(二)詩經與周代社會的關係，(三)詩經對于後來文學的影響。

詩經底史的研究 萬曼 文史一卷二號，三號

內容：(一)封建制度下的神官詩歌，(二)周民族的史詩，(三)諷刺詩的漸起。

詩經的鳥瞰　儲皖峯　浙江大學文理學院會刊四期
內容：采詩說起於漢人—詩序係東漢衛宏所作—詩經時代的起訖—詩經產生的地域—詩經的體製

詩三百篇的分析　紀廷藻　正中半月刊二卷一期

詩經的體類　姜亮夫　青年界四卷四期
—古代文學史論之一—

詩經章句與韻例之研究　向映富　金聲一卷一期

詩經作者繪略　高芒　清華週刊四十卷十期

詩經之倫理觀　陳柱　大夏一卷七號

論三百篇之篇名　張壽林　女師學院期刊三卷二期

詩三百篇之詩的意義及其與樂之關係　張西堂　師大月刊十四期

詩三百篇與長短句　陳友琴　青年界四卷四期

疊字與詩經　袁湘槐　出版週刊八九號
附詩經疊字表

詩三百篇『言』字新解　吳世昌　燕京學報十三期

三百篇聯綿字研究　張壽林　燕京學報十三期

匡齋尺牘　聞一多　學文一卷一期，三期
係關于詩經講解的通信：（一）芣苢，（二）狼跋與周公。

國風辭格舉　徵鳳　珈珞月刊二卷四期
關于材料上，意境上，章句上的辭格舉例

詩國風「周南」「召南」攷　魯肅　民大中國文學系叢刊一卷一期
內容：（一）周南召南非國，（二）周南召南為樂章之總名，（三）南為樂器。

周南新探　張壽林　民大中國文學系叢刊一卷一期
篇內對于關雎，葛覃，卷耳三篇詩新的解析。

卷耳　聞一多　大公報文藝九期（廿四年九月十五日）

釋豳風　郭鏤冰　文藝月報一卷五，六期合刊

讀詩札記　素心　珈珞月刊二卷四期
所記及的：（一）邶風新臺，（二）鄘風牆有茨，（三）鄭風出其東門，（四）秦風車鄰。

鄘載馳札記　平伯　文史創刊號

一篇詩邶風靜女的總賬　葉德祿　輔仁廣東同學會年刊二期

讀江晉三詩經韻讀札記　曆冰　文學雜志三期

讀詩隨筆　中心　大學生言論四期

（一）三百篇，（二）工部。

詩經語譯序　陳子展　文學三卷二號

譯七月流火　辛父　人間世廿一期

論詩經語譯　黃亟藥　勷大師範學院月刊十五期

b 樂府與五七言

何謂樂府及樂的起源　羅根澤　安徽大學月刊二卷一期

內容：（一）樂府名稱及樂府起原，（二）樂府興起的原因，（三）樂府的種類，（四）樂府聲調及樂府命題。

樂府源流　黃穆如　津逮刊季二期，三期

樂府古辭考　吳彗星　中國文學二期

內容：（一）序論—樂府的起源和分類，（二）古辭彙考—分社會，征戰，愛情，頹廢，道德，神仙，景物，歷史八類。

樂府的故事與作者　羅根澤　師大月刊六期

樂府清商三調討論 黃節 朱自清 清華週刊卅九卷八期

論樂府 朱謙之 國立中山大學文史學研究所月刊一卷三期

論漢代樂府 趙景深 新文學創刊號

兩漢樂府的新分類 章楨 光華大學半月刊二卷三期

分爲兩類：（一）貴族歌曲—祭祀曲，宴饗曲，行軍樂及舞曲等，（二）平民歌曲—相和曲，雜曲及雜歌謠等。

漢代樂府校釋 王越 國立中山大學文史學研究所月刊一卷四期，五期

漢代樂府釋音 王越 國立中山大學文史學研究所月刊二卷一期，二期

南北朝的新樂府 黃澤浦 廈大週刊十三卷十期至十三期連期刊登

所論新樂府的：（一）產生的時代背景，（二）與漢魏樂的差異，（三）種類（四）內容及其反映的人民生活，（五）特質（六）影響。

六朝樂府中的雙關語 兵瓊笙 青年界六卷四期

什麼是「古詩」什麼是「律詩」？五七言詩的起源是怎樣的？ 宋文瀚 文學百題

五言詩發生之研究 戴靜山 浙江大學文理學院會刊四期
青年界四卷四期

四言詩與七言詩　林庚　大公報文藝副刊一五八期（廿四年六月卅日）

七言詩發生時期考　王益川　學藝雜誌十三卷五號
內容：（一）緒言，（二）招魂大招大風瓠子爲騷體，（三）燕歌行爲七言詩成言後的作品，（四）結論

七言詩的興起說　張長弓　文藝月報一卷五，六期合刊

絕句的研究　向榮　中華月報一卷三期，二卷一期

C 古詩十九首和其他

古詩十九首解　陳柱　學術世界一卷一期

古詩十九首的探討　史奇生　文藝戰線三卷卅二期　青鶴三卷四期

古詩十九首講話　錢基博　光華大學半月刊三卷四期
此篇以古詩十九首所抒寫可分爲三種：（一）懷春，（二）傷離，（三）悲窮

月午樓古詩十九首詳解（轉載）　饒學斌　光華大學半月刊三卷四期
此篇以古詩十九首作者殆漢末黨錮諸君子之遂竄于邊北者，十九首乃出一人一時之筆，其總旨係遺讒被棄，憐同志，而遙深戀闕者之辭也。

茸芷繚衡室古詩札記 平伯 中學生五十六號
古詩十九首之解析

擬古詩的源流及其藝術 馮杞靖 申報月刊四卷一期

孔雀東南飛年代考下篇 王越 國立中山大學文史學研究所月刊一卷三期

柏梁詩考僞及其擬託時代之推測 王棨曾 大夏一卷九號

書昭君怨曠思維歌後 丁諦 人間世卅期

秦婦吟補注 黃仲琴 國立中山大學文史學研究所月刊一卷五期

讀連昌宮詞質疑 陳寅恪 清華學報八卷二期

龔自珍漢朝儒生行本事考 張蔭麟 燕京學報十三期

與陳寅恪論儒生行書 張蔭麟 燕京學報十五期

張蔭麟龔自珍漢朝儒生行本事考辨正 溫廷敬 國立中山大學文史學研究所月刊二卷五期

讀龔定菴詩書後 溫廷敬 國立中山大學文史學研究所月刊二卷五期
龔定菴漢朝儒生行本事考

竹枝詞研究 馬稚青 津逮季刊二期，三期
內容：（一）序引，（二）竹枝詞之起源，（三）竹枝歌之命名，（四）竹枝歌之體製，（五）歌者與作者，（六）竹枝詞之文學價值，（七）竹枝與風土，（八）橘枝詞與楊柳枝，（九）山歌及櫂歌，（一〇）餘論。

（d）歷代詩集的評析

守玄閣讀詩平　陳柱尊　大夏一卷一期
論曹子建詩

陶淵明詩：其特色其來源及其本質　沛清　國聞週報十一卷十九期

陶淵明集　錢基博講　黎祥燊記　光華十學半月刊三卷三期

論陶淵明詩　張人駿　無錫國專季刊廿二年五月號

讀陶淵明集箋注後略談　李雲峯　心聲月刊三期

讀陶雲汀陶靖節詩集注札記　詹冰　文學雜志四期

論陶白詩　李冰若　國民文學一卷三期
內容：（一）陶潛的平生與其時代，（二）陶潛的思想與陶詩的風格，（三）陶詩的批評及其影響，（四）白居易的生平及思想，（五）白居易的詩歌及特色，（六）白詩的批評及影響。

阮嗣宗詠懷詩箋序　星笠　文學雜志五期

阮籍及其詠懷詩 惲靈曦 北平晨報學園七〇八號，七〇九號（二十三年七月廿六日，廿七日）

內容：（一）時代的背景，（二）阮籍的生平，（三）詠懷詩，（四）結論。

鮑明遠蠡測 王正履 無錫國專季刊廿二年五月號

內容：（一）鮑明遠詩與當時之風氣，（二）鮑明遠詩與漢魏古詩之關係，（三）鮑明遠詩與梁陳宮體詩之關係，（四）鮑明遠詩之特徵。

謝靈運詩研究 許文雨 國風半月刊二卷十一期

邊塞詩人岑參 孫仰周 青年文化二卷二期

所論多關岑參的邊塞詩

孟郊詩 陳桂尊講 丁舜年記 無錫國專季刊廿二年五月號

歷代東野詩評 李士翹 北平晨報藝圃（二十三年四月廿七日，五月二，四，五日）

杜詩漫譚 吳烈 國民文學一卷二期

此篇僅就杜詩中與唐代內亂有關係者介紹數例

杜甫詩中的唐代社會 耕南 珞珈月刊一卷六期

箋杜工部秦州元集詩二十首 高耀林 金大文學院季刊一卷二期

讀杜劄記 邵祖平 學藝雜誌十二卷二號

李天生論杜詩律　陳友琴　青年四卷四期

杜詩船字之意義　陳友琴　青年四卷四期
四川人說衣紐叫船

大衆化的白居易詩　馬子華　光華大學半月刊二卷七期

元微之遣悲懷詩之原題及其次序　陳寅恪　清華學報十卷三期

白樂天的婦女文學　李蘊華　青年文化一卷五，六期合刊

白居易詩與唐代宮市　陳友琴　青年界四卷四期
白之賣炭翁卽爲當時宮市制度而作，所謂『宮市』賣人直數千物，多以紅紫染故衣縉尺寸裂而給之。

韓詩札記　曆冰　文學雜誌六期

讀温飛卿詩集書後　温廷敬　國立中山大學史學研究所月刊三卷一期

絕詩淺釋　陳友琴　青年界八卷三號

詩多義舉例　朱佩弦　中學生五十六號
所選舉四首：（一）古詩十九首之一（二）陶淵明飲酒，（三）杜甫「秋興」（四）黃魯直「登快閣」

東坡樂府綜論　龍沐勛　詞學季刊二卷三號

論詩短札　汪辟疆　文藝月刊四卷二期
多關宛陵詩的評論

談黃山谷詩　張汝舟　學風三卷四期
內容：（一）何謂意境，（二）何謂點鐵成金，（三）何謂沈鬱頓挫。

山谷詩測　曹致垚　女師學院期刊三卷二期

錢唐汪水雲的詩詞　郁達夫　人間世十五期
汪大有字元量號水雲，南宋人恭帝及后被執入燕水雲從之，後放歸，乃浪跡匡廬彭蠡間，其詩詞十餘年前有正書局曾照宋詩鈔底本，排印一本「水雲石門詩鈔」，但現在已絕版。

沈德潛明清詩別裁書後　徐英　安徽大學月刊二卷五期

鄭板橋與陸放翁的詩　唐國樑　磐石雜誌二卷三期

讀檀園集　施蟄存　人間世十五期
檀園集係明人李流芳著，這篇引錄李流芳，詩論的幾節

吳梅村與吳三桂—關于圓圓曲的批評—　黃魯珍　國聞週報十二卷十九期

王士禛詩論述略　朱東潤　武漢文學文哲季刊三卷三號
士禛字詒上，號阮亭別號漁洋山人，生于崇禎七年卒

于康熙五年。

王漁洋　風痕　紅豆一卷五號
——中國象徵主義者——

論漁洋絕句　黃金波　津逮季刊一期

張船山詩　陸公大　人間世卅四期

黃遵憲與詩界革命　徐松林　輔仁廣東同學會半年刊二卷一期

詩的隱與顯　光潛　人間世一期
關於王靜安的「人間詞話」的幾點意見

吳芳古新體詩評　宮廷璋　師大月刊十八期

讀「變風變雅樓待焚詩稿」二集　錢萼孫　學藝十二卷八號
陳柱尊先生的詩集

論黃季剛先生的詩　微生　國聞週報十二卷卅期
近代詩分六大派：（一）湖湘派，（二）閩贛派，
（三）河北派，（四）江左派，（五）嶺南派，（六）西蜀派
季剛先生是湖北蘄春人應入湖湘派

中國的國歌　張若谷　文化建設二卷一期

介紹兩首描寫首間疾苦詩　江寄萍　國聞週報十一卷廿六期

俗語入詩的先例 陳友琴 青年界四卷四期

詩句對語 佛航 北平晨報藝圃（廿四年六月八日），例取古詩讀錯一字，另引一句以解之，

陸侃如馮沅君合著的中國詩史 圖書評論一卷十二期 上海大江書鋪印行

姚梅伯的『今樂府選』 鄭西諦 清華週刊卅九卷八期

評葉長青「詩品集釋」 孝吉 文學雜志五期

平水詩韵的分析 趙景深 文藝大路創刊號

（3）詩話

今傳是樓詩話（續） 逸塘 國聞週報十卷廿三期，廿五期，廿七期；十一卷十一期；十二卷卅八期，四十期

杏山草堂詩話 曾曮宇 國聞週報十一卷一，二，三，七，九，十，十三，十四、十五，十九，廿一，廿五，卅，卅一，卅六，卅八，卅九，四十二，四十五，四十七，五十期；十二卷十八，廿期

石遺室詩話續編 陳衍撰 青鶴二卷一期至廿三期間期刊登

合肥詩話續集 楊運知 學風五卷六，七期

題園詩話　陳融撰　青鶴三卷十，十二，十五，十七，十九，廿，廿一，廿二，廿三期

尊瓠室詩話　陳詩　青鶴三卷十，十一，十三，十四，十七，廿期

夢苕盦詩話　萼孫　中央時事週報三卷一至五十期連期刊登

養晦齋詩話　一葉　行健月刊三卷四，五，六期；六卷四期

多評近人之詩

潛齋詩話　史幼安　待旦創刊號

自然室詩詞雜話　馮振　學術世界一卷一期

今人詩話　高疆　人間世八期

關于近代文人俞平伯，郁達夫，林語堂等所作舊詩的記載

詠壇新語　翟永坤　文藝月刊七卷六期

臺詩話鈔　臺灣王松著　建國月刊十二卷一期

松台灣之遺民，生當甲午之役，清廷割台灣與日本亂雜之與異族之殘虐，皆於詩話中述之

香宋詩鐘話　趙熙　青鶴三卷十七期，十八期，十九期

仿漢書下酒法格，上得詩鐘小册，因依題刻署，如當筵擊鉢者然此體一名折枝

俺的詩話 余健秋 文化月刊一卷二期

幽默的詩話 胡銜適 論語半月刊廿五期，卅期，卅三期，四十八期

詩境 夷白 茫種半月刊四期

滄浪詩話參証 朱東 武大文哲季刊二卷四期

詩話叢話 郭紹虞 文學一卷二號

古人詩句之鈔襲 丁易 北平晨報藝圃（廿四年七月卅一日）

天和閣聯話 慎 北平晨報藝圃（廿三年三月卅日；四月六，九，十一，十七，廿一，廿五，卅日；五月二，十一，十四，廿六日；六月十九日；七月廿，廿三，廿四，廿五日；十月五，六，八，十，廿二日；十一月十，十三，十九，廿一，廿三，卅日；十二月四，十四日；廿四年，三月八，九，十五，十六日；廿四年五月廿七，廿九日；八月十五，十九日；九月九，十七，廿四，廿五，卅日；十月一，九，十八，廿三日。

幽默聯話 胡銜適 論語半月刊十七期，十八期，廿一期，廿三期，廿四期，廿八期。

幽默的聯話補 趙聲閎 論語半月刊卅期，卅四期，卅五期

紫光閣楹聯榜額彙鈔　河北第一博物院畫報五七期至六四期連期刊登，又六六，六七，六九，七二，七五，七八，七九期

閣在北平中海淸乾隆廿四平定伊犂回部高宗嘉羣臣之功，葺新紫光閣賜宴其中，閣上圖功臣像大學士一等忠勇傅恒等十五人，有御製像贊；三海開放後此遂後爲庋藏什物之用

壘字聯　甲亘　北平晨報藝圃（廿四年八月十九日）

B 新詩

1. 概論

中國詩壇與日本詩壇　日本荻原朔太郎・魏晋譯　世界文學一卷二號

談談古代韻文和現在新詩　華鐘彥　女師學院期刊創刊號

內容：（一）古代詩歌是否無韵，（二）現在詩歌應否無韵。

五四到現在的中國詩壇鳥瞰　蒲風　詩歌季刊創刊號，一卷二期（附五四到現在中國詩壇表）

中國的新詩與詩人　金勞　新時代月刊五卷四期

詩壇並不沉寂　浩文　人言一卷一期

新詩歌　柯庚　創作與批評創刊號

新詩問答　人間世十五期

選詩雜記　佩弦　大公報文藝五期（廿四年九月八日）

新詩的演進　大公報小公園（廿四年七月廿日）

新詩之變遷及其趨勢　芮麟　讀書月刊一卷六期

新詩歌運動底目標　楊䚡瀾　新詩歌四期

新詩之變遷及其趨勢　芮麟　讀書月刊一卷六期

論新詩　臧克家　文學三卷一號

論新詩的前途　李長之　天津益世報文學副刊五期（廿四年四月三日）

爲新詩辯護　柳無忌　文藝雜誌一卷四期

論「現代派」詩　孫作雲　清華週刊四十三卷一期

內容：（一）中國新詩的演變三階段，（二）現代派詩的特點，（三）現代派詩作者，（四）現代派之成因及其流弊。

有律現代詩　林夢幻　新時代月刊五卷四期
論詩的滅亡及其他　金克木　文飯小品二期
荒蕪時期的中國詩壇　王平陵　讀書顧問創刊號
甘苦　林庚　文飯小品五期
　談新詩
一年來的中國詩壇　尤幸　讀書顧問季刊四期
談散文詩　朱維基　人言週刊二卷二期
　批評林憾作的「廿三，雙十」的散文詩登于人間世十五期
散文詩問題答朱維基先生　林憾　人言週刊二卷六期
談中國「象徵派」詩　羅墓華　北平晨報學園七〇五號（二十三年七月十九日）
評象徵派的詩　于賡心　華北月刊一卷四期
　對於中國象徵派詩的不滿

2. 批評

劉復詩歌三種　趙景深　人間世十期
　揚鞭集中卷—瓦釜集—國外民歌譯
劉大白的詩　趙景深　文藝茶話二卷九期

徐志摩的詩　英　南風八卷一期

論徐志摩的詩　沈從文　現代學生二卷二號

論徐志摩的詩　王平陵　創作與批評一卷二期

論朱湘的詩　雪林女士　青年界五卷二期

朱湘的識詩　黎錦明　文藝電影一卷三期

朱湘的石門集　趙景深　人間世十五期

由商務出版的詩集

瑋德的詩　孫毓棠　北平晨報瑋德紀念專刊（廿四年六月十日）

論聞一多的詩　蘇雪林　現代四卷三期

拾名論詩　拾名　新時代月刊五卷四期

內容：（一）論修改，（二）「死水」的動詞。

論李金髮的詩　蘇雪林　現代三卷三期

王獨清及其他詩歌　穆木天　現代五卷一期

楊騷的詩　蒲風　當代文學一卷四期

楊騷共有三本詩集：（一）受難者短曲，（二）心曲，（三）

春的感傷。

論邵冠華的詩　平川　讀書月刊一卷六期
「毀滅與夏夜」登新文藝一卷三號

邵冠華的詩　趙景深　青年界四卷五期

論侯汝華的詩　劉心　橄欖月刊卅四期

「望舒草」序　杜衡　現代三卷四期

「望舒草」　語　大公報文學副刊三百零七期（二十二年十一月廿日）
由現代書局出版

「望舒草」　馮　北平晨報詩與批評四號（二十二十一月二日）

「望舒草」論　苓薯　中國文學一卷六期

評「望舒草」　程心芬　衆志月刊第一卷第一期

再評「望舒草」因論新詩的音律問題　程千帆　文藝月報一卷四期

煙斗詩人和「望舒草」　江離　青年界七卷五期

評曹著「落日頌」　中書君　新月月刊四卷六期

許曹葆華的「落日頌」 春霖 清華週刊四十卷三，四期合刊

讀曹葆華的「寄詩魂」 文藝戰線二卷四十四期 震東書局出版

「烙印」 實秋 臧克家著 新月書店代售 天津益世報文學週刊卅九期（二十二年九月二日）

「烙印」 李辰冬 北平晨報學園七五四號（廿三年十一月廿三日）

一個青年詩人的「烙印」 茅盾 文學一卷五號

臧克家的「烙印」 老舍 文學一卷五號

由現代中國的詩壇談到「烙印」 齊東野 臧克家作 黎志月刊三卷二期

中國新詩歌往那裏去——評臧克家的「罪惡的黑手」，柳倩的「生命的微痕」及亞平的「都市的冬」。 林煥平 文藝月刊一卷一期

「罪惡的黑手」 李可宗 臧克家著 生活書店出版 清華週刊四十三卷一期

「罪惡的黑手」序 臧克家 一本詩集的自序 水星一卷一期

林庚的「夜」 穆木天 開明書店代售 現代五卷一期

林庚的詩集：夜　長之　大公報文藝副刊十期（二十二年十月廿五日）

詩人與「夜」　子蕃　文學三卷五期
「夜」林庚著開明書店，「茫茫夜」蒲風著各書店代售。

「春野與窗」　長之　天津益世報文學副刊九期（廿四年五月一日）
林庚著詩集　北平文學評論社版

從「夜宴」中所見到的　李試寒　華北月刊三卷一期
「夜宴」李長之作的詩集

介紹「夜宴」詩集　馬文珍　天津益世報文學副刊六期（廿四年四月十日）
「夜宴」李長之的詩集　開明代售

「畫眉集」序　趙景深　新時代月刊五卷二期

讀一心的「畫眉」　孫佳訊　新時代月刊五卷六期

「夢家詩集」與「鐵馬集」　穆木天　現代四卷六期
陳夢家著　開明書店代售

評劉崧塘的「淚滴」　燕子　文藝戰線二卷卅九期

「獅吼集」　方德琸　大公報文學副刊三百零七期（二十二年十一月廿日）
王平陵作關于戰爭詩集　南京書店發行

談「兩顆星」　邵冠華　新時代月刊五卷四期
曾今可詩集

不要再幸福了不要再哀歌了　李徽　新壘月刊三卷一期
——對於何德明君「幸福的哀歌」之批評

孫毓棠的海盜船 定增詩集 讀書顧問季刊二期 北平立達書局經售

詩評 吳惠風 幽燕四期 —「橄欖味底戀情」評—

「東流」上的詩歌 馬綽 詩歌季刊一卷二期

「詠珞珈山」及其作者 嚴明 文藝一卷三期 「詠珞珈山」是登在「文藝」二，三期的詩

7. 外國詩歌

A. 印度和日本

天竺榮華 梁之盤 紅豆世界史詩專號（周年紀念刊） —印度史詩雙璧譚—

「拉馬耶」那與陳巡檢梅嶺失妻記」 林培志 文學二卷六號

中國詩壇與日本詩壇 日本荻原朔太郎 魏晉譯 世界文學一卷二號

日本詩壇近況 石榆 詩歌季刊創刊號 內容：（一）普羅詩派的躍進，（二）現實詩派的現狀，（三）無政府系詩人

B. 希臘和羅馬

古希臘玉屑　小泉八雲　朱賓璟譯　刁斗一卷二期
關于希臘詩人提奧克立塔等牧歌之譯述

亞里士多德的詩學　吳定　天津益世報文學週刊卅九期（廿二年九月二日）

「伊利亞特」和「奧德賽」　茅盾　中學生四十七號，四十八號
係荷馬所作的兩部長篇史詩

茅盾先生論「伊利亞特」和「奧德賽」　羅喉　大公報文藝副刊一百〇一期（廿三年九月十二日）

「伊利亞特」和「奧德賽」的討論　茅盾　羅喉　中學生四十九號

「伊利亞特」和「奧德賽」的討論　羅喉　大公報文藝副刊一百廿七期（廿三年十二月十二日）
—答茅盾先生—

「野天堂」—蒲伯作　墨摩士譯　紅豆世界史詩專號（周年紀念刊）
—希臘的史詩爲荷馬所著—

「伊尼易」—墓莎　紅豆世界史詩專號（周年紀念刊）
—羅馬史詩—

C.意大利

「神曲」—矛盾　中學生五十五號，五十六號
這全體百曲都凡一萬四千行分爲「地獄」「淨界」「天堂」三部。

矛盾先生的神曲 水天同 人生與文學一卷四期

「神曲」 黎烈文 太白半月刊一卷八期

但丁神曲 嚴既澄譯 大公報文學副刊三百期（二十二年十月二日）

但丁神曲 孫毓棠譯 大公報文學副刊二九五號，三百號（廿二年八月廿八日，十月二日）

在但丁「神曲」中表現的倫理觀 石克 中華月報一卷五期

D.法國

法郎士論法國古代民歌 趙少侯譯 刁斗一卷四期

法國中世紀之抒情詩 吳康 國立中山大學文史學研究所月刊一卷三期

法蘭西中世紀諷刺詩及教訓詩 吳康 國立中山大學文史學研究所月刊一卷四期

羅蘭之歌 陳演暉 紅豆世界史詩專號（周年紀念刊）—法國史詩—

「巴俚曲」與跋 朱湘 青年界四卷五期 『巴俚曲』是ballade的譯名，牠是法國中古時代的一種詩體。

羅郎歌　李辰冬　大公報文藝廿九期（廿四年十月廿一日）
法國十一二世紀時盛行的一種「功勳歌」

拉芳丹納的寓言詩　徐仲年　文藝叢刊一卷二期

繆塞的幾篇傑作　侯佩尹　讀書顧問季刊三期
詩人Alfred de Musset生于1810

波杜黎爾與其「惡之華」　石克　中華月報一卷五期
「惡之華」乃其詩人C. Baudelaire之詩集

「惡之花」零拾　卞之琳譯　新月月刊四卷六期

馬拉爾美的詩　詩葩　橄欖月刊卅五期

E. 英國

英國詩人與國家思想　張鐵潭　人生與文學一卷二期
所論僅限于十九世紀前的幾個浪漫詩人，拜倫雪萊等。

英國的厭世詩派　廚川白村作．東聲譯　文藝月刊四卷六期

勃洛克以後的英國詩歌　L. A. G.期待期著　侍桁譯　時事類編三卷二期
譯自英國十九世紀雜誌一九三四年十月

歐戰與英國詩人　曦霞　天津益世報文學週刊廿四期（二十三年八月十五日）

近代英國詩歌 胡立家 南大半月刊八，九期合刊
略述英國詩壇卅年來發展之概況。

近代英國詩歌 葆華 北平晨報詩與批評廿九期，卅期（二十三年七月十二日，廿三日，八月二日）

譯自 Herbert Read 之 Phases of English Poetry.

現代英國詩鳥瞰 海燕 天津益世報文學週刊廿四期（二十三年八月十五日）

現代英國詩歌 馬驥 北平晨報詩與批評四五期（廿四年一月十七日，卅一日）

現代蘇格蘭的詩 Edwin Muir 著 宋默庵譯 刁斗一卷三期

廿世紀之英國詩歌 霍自庭 海天創刊號
內容：（一）序論，（二）前世紀以來活動的詩人，（三）愛德華朝代活動的詩人，（四）所謂佐治詩派的詩人。

貝奥烏爾夫之盤 ─英國史詩─ 紅豆世界史詩專號（周年紀念刊）

米爾頓的「失樂園」之研究 程淑 天津益世報文學週刊卅七期，卅八期（廿二年八月十二日，十九日）
內容：（一）失樂園的歷史，（二）失樂園的題材之處置，（三）米爾頓的宇宙觀。

關於「失樂園」的翻譯 ─答梁實秋的批評─ 傅東華 文學一卷五號

評傳譯半部「失樂園」詩篇一期

荒村賦中所含之經濟的及道德的意義 樹成 海天創刊號 (荒村賦係奧利佛，高斯密綏) G. Goldsmith 所作，是十八世紀有名詩歌之一

丁尼孫詩之特點 袁式之 珞珈月刊一卷六期

葉芝的詩 陳麟瑞 天津益世報文學週刊卅一期，卅二期（廿三年十月三日，十日）

柯立奇的詩 柳無忌 文藝月刊六卷五，六期合刊 內容：（一）柯氏的時代及其所受影響，（二）柯氏的詩，（三）柯氏寫詩的技術他對於詩的信條。

約翰曼司非爾的作品觀 俞大絪女士 讀書顧問季刊二期 曼司非爾是英國現代桂冠詩人

霍斯曼的詩 立家 天津益世報文學週刊廿五期（廿三年八月廿二日）

英國現代詩傑諾易士 俞大絪 文藝月刊六卷三期

談勞倫斯的詩 南星 文飯小品五期

哀略底特詩 宏告 北平晨報詩與批評廿八期，廿九期（廿三年七月二日，十二日）

譯 J.A. Richards: The Poetry of T. S. Ellst

愛略忒的詩 清華學報九卷二期

英國詩歌選譯 艾蒂等譯 南大半月刊八，九期合刊

丘瑞曲選譯的「英文情詩選」 毛如升 圖書評論二卷十一期
上海光華書局發行

梁遇春譯註的「英國詩歌選」 毛如升 大公報圖書副刊八十二期（廿四年六月六日）
上海北新書局出版

F.美國

美國詩壇的復興 張露薇 文藝月刊五卷六期

現代美國詩壇概觀 邵洵美 現代五卷六期
內容：鄉村詩－城市詩－抒情詩－意像派詩

自由詩發源地的美國詩壇 勝已 天津益世報文學週刊廿四期（廿三年八月十五日）

美洲黑人的詩歌 龍纖紅 現代學生三卷三號

G.俄國

近代俄國詩歌 喬治塞派龍克作 洪基譯 北平晨報學園六八六號，六八七號，六八八號（廿三年六月五日，七日，八日）

本文載 The University of California Chronice

「義葛出征記」—俄國史詩— 默無 紅豆世界史詩專號（周年紀念刊）

屠格揑夫的新散文詩 法 Andre Mazon 作 燕士譯 中法大學月刊五卷四期

屠格涅夫的新散文詩 于道元 文學季刊三期

屠格涅夫未發表的散文詩 黃源譯 文學一卷二號

蘇俄的詩和小說 郭沛元 人生與文學一卷四期

蘇俄詩壇逸話 戴望舒 文飯小品二期至五期連期刊登

革命期俄國詩人逸聞 俄·高力里著 戴望舒譯 文藝風景一卷二期

內容：（一）詩選舉，（二）薩洪姆語。

H.德國和其他

埿伯隆根歌—德國史詩— 中堅 紅豆世界史詩專號（周年紀念刊）

海涅的政治詩 艾思奇 中華月報二卷七期

近代德國大詩人薛德林早期的研究　季羨林　文學評論一卷二期

西德詩－無急　紅豆世界史詩專號（周年紀念刊）

－西班牙史詩－

伽利華那　何世明　紅豆世界史詩專號（周年紀念刊）

－芬蘭史詩－

芬蘭大叙事詩卡列跋拉百年紀念　仲持　文學五卷二號

德博士，集了幾千年無數民間歌謠，用統一的形式寫出大叙事詩。「卡列跋拉」是十九世紀芬蘭詩人耶樂

伊蘭的詩壇　仲持　文學五卷五期

二、楚辭與賦

1. 楚辭

王逸楚辭章句識誤　劉永濟　武大文哲季刊二卷三期，四期

楚辭溯源　李家雁　清華週刊卅九卷十一期，十二期

楚辭考　兒島獻吉著　李春坪譯　民族三卷三期

內容：（一）楚辭之眞僞，（二）屈原之性格，（三）離騷的特質，段落，脈絡，造句法和押韻法，（四）九歌，（五）九章。

楚地名考　錢穆　清華學報九卷三期
內容：（一）引言，（二）略論楚辭疆域源流，（三）屈原年歷，（四）屈原放居漢北考，（五）楚辭洞庭在江北說，（六）楚辭湘澧沅諸水均在江北說，（七）宋玉賦巫山高唐在南陽說，（八）再論湘澧沅諸水，（九）釋九江，鄂渚，汨羅，（一〇）屈原本在懷王入秦以前說。

楚辭連語釋例　駱紹賓　湖南大學期刊八期
附楚辭雙聲疊韻字譜

楚辭九歌底舞曲的結構　青木正兒原著　胡浩川譯　青年界四卷四期

楚辭九章悲回風篇的眞僞　徐恆之　學風三卷五期

讀楚辭　李驎、括　中華季刊二卷二期

屈原作品之眞僞及其時代的一個窺測　李長之　文學評論一卷一期
內容：（一）導言—態度和方法，（二）範圍—現在所謂屈原作品之三種，（三）論不必定爲屈原之作品，（四）論必非屈原所作之作品及其短長，（五）論必爲屈原所作之作品的時代：分三節—（a）身世的大略和創作時期劃分，（b）前期作品之時地的考察，（c）後期作品之時地的考察。

屈原研究　周而復　光華大學半月刊三卷八期
內容：（一）略談楚辭，（二）屈原的有無，（三）屈原傳，（四）屈原的作品，（五）屈原的思想影響。

屈子發微　陳歡宸　歸納雜誌一期

屈原　冀紹儒　青年文化二卷一期

屈原廿五篇第一身代名詞釋例　張兆鳳　勵學一卷二期
吾，余，朕，我，予用法之變化

箋屈六論　劉永濟　武大文哲季刊四卷二號
內容：（一）正名定義，（二）篇章疑信，（三）屈子學風，（四）屈子時事，（五）屈賦論文，（六）屈賦讀法。

論楚辭之三九　汪炳焜　光華大學半月刊二卷一期
三九即三九歌，九章，九辯此篇之內容：（一）釋名，（二）作者，（三）內涵，（四）藝術，（五）餘言。

九歌的作者和時代　楊觀震　中華季刊一卷一期

「九歌」的演變　楊觀震　中華季刊一卷二期
內容：（一）神話的「九歌」，（二）民歌的「九歌」。

九歌的探討　王璠　安徽大學月刊一卷六期
內容：（一）九歌的作者－為民間歌謠由屈原潤色的，（二）九歌中的神－自然神，人格神

九歌通箋　劉永濟　武漢大學文哲季刊四卷一號
內容：（一）解題，（二）正字，（三）審音，（四）通

訓，（五）評文。附九歌賓主同諸家異同表

天問釋天　聞一多　清華學報九卷四期

天問通箋　劉永濟　武漢大學文哲季刊三卷二號，三號，四號

離騷辨名　楊觀震　中華季刊一卷四期

離騷章義　衞仲璠　學風五卷五期

離騷講話　錢基博　青鶴雜誌三卷二期，三期　光華大學半月刊三卷一期，二期

離騷本義　徐英　安徽大學二卷四期

讀騷雜誌　聞一多　天津益世報文學副刊五期（廿四年四月三日）

離騷「后辛葅醢」解　游國恩　文史叢刊一期

女嬃傳說疑　徐維善　心力雜誌十期，十一期，十二期

屈子作騷時代考　王遽常　大夏〝一〞卷一號

讀騷我見　藹其　文學雜誌六期，七期

九辯通箋 劉永濟 文哲季刊四卷四期

橘頌的時代 丁廸豪 進展月刊二卷一期

高神女傳說之分析 聞一多 清華學報十卷四期

內容：（一）侯人詩釋義，（二）侯人詩與高唐賦，（三）釋隮，（四）虹與美人，（五）曹衛與楚，（六）高唐與高陽，（七）高唐女與塗山氏，（八）雲夢與桑林，（九）結論。

2. 賦

「賦」到底是什麼？是詩還是散文 曹聚仁 文學百題

曹子建痛賦感甄文 譚正璧 青年界八卷二號

關於洛神賦背景的探討，蓋曹植因夢甄后作感甄賦，後明帝見之改爲洛神賦。

漢志詩賦略廣疏 段凌辰 河南大學學報一卷一期

漢賦研究 朱傑勤 國立中山大學文史學研究所月刊三卷一期

—漢代文學史之一篇—

漢賦篇 王氣鐘 學風五卷八期

內容：（一）漢賦之解剖，（二）漢賦之背景，（三）作家。

漢賦韻箋　層冰　文學雜誌三期

論漢代的辭賦　沛青　國聞週刊十一卷八期
——辭賦產生之社會根源的分析與說明——

司馬相如與漢賦　晨衡　齊大季刊二期

選賦釋音　陳方　女師學院期刊二卷二期
選取班孟堅兩都賦二首

漢賦與六朝辭賦的形成及其特色　王璠　學風四卷二期

文賦注　唐大圓　德言一期

哀江南賦箋　高步瀛　師大月刊十四期，十八期

三、詞

1. 通論

詞的起源　胡翼雲　現代學生二卷七期

詞學的起源時間考　華連圃　北強月刊二卷一期
這篇考定詞是起於梁朝的

「詞」是怎樣發生和發展　盧冀野　文學百題

詞的發展　李素　民族三卷九期，十期

詞在中國文學史上的地位　張振珮　學風四卷八期
詞起源於詩經，樂府，長短句諸說及詩餘說的說明和批判—詞的特質—芽萌—詞體確立行晚唐—盛行於五代—詞的發生及繁衍原因—詞在中國文壇所發生的影響

論樂工之詞變而爲文學家之詞　鄭師許　大陸雜誌二卷五期

由詩到詞發展的經路　陳子展　讀書雜誌三卷七期

兩宋詞風轉變論　龍沐勛　詞學季刊二卷一期
內容：（一）引論，（二）南唐詞風在北宋之滋長，（三）教坊新曲促進慢詞之發展，（四）曲子律之解放與詞體之日尊，（五）大晟府之建立與典型詞派之構成，（六）南宋國勢之衰微與豪放詞派之發展，（七）文士製曲與典雅詞派之昌盛，（八）結論。

北宋詞論　張尊五　無錫國專刊廿二年五月號

宋詞史話　周嘉琪　刁斗一卷三期
內容：（一）何謂詞，（二）詞的起源，（三）宋詞的前引—唐五代詞，（四）宋詞概觀，（五）北宋的詞人和詞，（六）南宋的詞人和詞。

詞學引論　華鐘彥　女師學院期刊一卷二期
內容：（一）詞的體例，（二）研究詞的態度，（三）研究

詞的書籍。

詞通（續）　失名　詞學季刊一卷二號，三號，四號
內容：論韵—論律

詞比（續）　陳銳遺著　詞學季刊一卷二號
內容：韻協—律調

詞曲文辨　盧前　詞學季刊一卷二號

詞的研究法　劉麟生　出版週刊一一二號

研究詞學之商榷　龍沐勛　詞學季刊一卷四號
治詞學所注意的：（一）聲調之學，（二）批評之學，（三）目錄之學。

怎樣讀詞　憾盧　人間世廿期

選詞標準論　龍沐勛　詞學季刊一卷二號

詞之作法　吳梅　出版週刊一一二號

論作曲　平伯　人間世二期

詞律質疑　龍沐勛　詞學季刊一卷三號
內容：（一）北宋詞但言樂句無四聲之說；（二）四聲清濁

與音譜關係，（三）近代詞人以四聲清濁當詞律不盡可信，（四）結論。

詞律箋榷　徐棫遺書　詞學季刊二卷二號，三號，四號

詞之矩律　林大椿　出版周刊一一二號

「詞律研究」序　劉復　國語週刊六七期

詞通　失名　論律　詞學季刊一卷三號

令詞引論　盧前　詞學季刊二卷一號

談詞　憾廬　人間世十二期，十四期，十六期

秋天談詞　白杰　文藝戰線二卷卅三期

上陳柱尊導師論詩詞書　蕭莫寒　大夏一卷七號

答學生蕭莫寒論詩詞書　陳柱　大夏一卷七號

鄭大鶴先生論詞手簡　葉恭綽輯　詞學季刊一卷三號
鄭叔問先生（文焯）號大鶴山人，高密人

大鶴山人論詞遺札　龍沐勛　詞學季刊二卷四期

復潘生元憲論詞爲詩餘書　徐英　安徽大學月刊一卷六期

與邵伯絅論詞用四聲書　姚華茫父遺著　詞學季刊二卷一號

「詞的解放」之我見　張資平　新時代月刊四卷三期

論『詞的解放運動』　李詞傭　新時代月刊五卷一期

2.歷代的詞集的研究

溫飛卿詞的用字　鄒嘯　青年界六卷一期

浣花詞與陽春詞　吳烈　國民文學創刊號　浣花詞作者韋莊，陽春詞作者馮延巳

浣花詞中的離情別緒　粱漢生　勷師範學院月刊十二期

馮韋詞相似之點　鄒嘯　青年界六卷一期

論花間集確有五百首　鄒嘯　青年界六卷一期

論花間集不僅穠麗一體　鄒嘯　青年界六卷一期

李後主亡國詩詞辨證　弓英德　勵學一卷二期

關於李後主的詞　王延杰　正中半月刊二卷一期，五期

讀李後主詞書後　韓書文　津逮季刊一期

論宋代七家詞　武酉山　金大文學院季刊一卷二期

周邦彥，姜堯章，王碧山，史梅溪，吳夢村，張玉田，

周草窗

宋女詞人及其他　張雲史　教育生活二卷五期至十期逐期刊登

論晏殊詞之庸俗　鄒嘯　青年界六卷二期

歐陽修憶江南詞的考證及其變遷　儲皖峯　現代學生二卷八號

淮海詞之研究　楊樹棠　津逮季刊二期

淮海詞的作者秦觀，字少游，號太虛

論秦觀詞之感傷　鄒嘯　青年界六卷一期

蘇門四學士詞　龍沐勛　文學二卷六號

——秦觀，黃庭堅，晁補之，張耒——

辛稼軒的愛國詞　劉壽松　國聞週報十一卷四十三期

愛國詞人辛棄疾作品之研究　林德占　待旦創刊號

稼軒長短句小箋 沈曾植 詞學季刊一卷二號

跋稼軒集外 梁啓超 詞學季刊一卷二號
所謂集外者，謂信州十二卷本「稼軒長短句」所未收也。

清眞詞叙論 龍沐勛 詞學季刊二卷四期

從張三影談起 洪爲法 青年界四卷五期

論賀方回詞質胡適之先生 龍沐勛 中國語文學叢刊創刊號

姜白石詞的風度 鄒嘯 青年界六卷一期
姜夔字堯章，鄱陽人

白石道歌曲考證 夏承燾 之江學報一卷二期

白石道人歌曲疏證 陳思 詞學季刊一卷三號

白石歌曲旁譜辨 夏承燾 燕京學報十二期
內容：（一）宋代詞譜，（二）諸家平議，（三）音節存疑，（四）旁譜表。

白石歌曲旁譜辨校法 夏承燾 詞學季刊一卷三號

白石道人歌曲斠律 夏承燾 燕京學報十六期

陳東塾先生手譜白石道人歌曲　詞學季刊一卷二號

重考唐蘭「白石歌曲旁譜考」　夏承燾　東方雜誌三十一卷七號
唐氏原文載東方雜志二十八卷二十號

姜白石詞編年　鄒嘯　青年界六卷一期

姜夔詞作年考　蘇鴻瑀　厦大週刊十四卷二十八期

姜石帚非姜白石辨　夏承燾　楊鐵夫　詞學季刊一卷四號

姜夔自度曲其摹擬者　鄒嘯　青年界六卷一期

陳大聲評記輯　盧前　詞學季刊二卷四期

文芸閣雲起軒詞與吳趼人小說　陳友琴　文章創刊號

人間詞中人的人間　奐軍　厦大週刊十四卷四期
—讀王靜安先生人間詞後—

王國維人間詞話與胡適詞選　任訪秋　中法大學月刊七卷三期

讀彊邨詞　萬雲駿　光華大學半月刊三卷五期

彊邨本事詞　龍沐勛　詞學季刊一卷三號

紫陽眞人詞校補　楊易霖　詞學季刊二卷一期

劉子庚先生的「詞學」　查猛濟　詞學季刊一卷三期

蕙風詞史　趙尊嶽　詞學季刊一卷四號

粵詞雅　潘飛聲遺著　詞學季刊一卷四號，二卷一號

讀「落花」　曾今可的詞集　温志良女士　新時代月刊四卷四，五期合刊

「花爾樓詞草」序　王瑞璐　詞學季刊二卷四期

「聽潮音館詞」自序　蔡寶善　詞學季刊二卷四期

3. 雜考

菩薩蠻調考正　華鐘彥　女師學院期刊二卷一期

詞調變名考　李維　清華週刊四十一卷三，四期合刊

內容：（一）犯，（二）轉聲，（三）轉調，（四）攤破添字，（五）減字，捉拍，偷聲，（六）摘編。

詞調的來歷與佛教經唱　霍世林　清華週刊四十一卷三，四期合刊

詞調來源與佛教舞曲　田子貞　人間世廿三期

論詞亦有泛聲　鄭騫　青年界六卷一期

詞中叠字　丁易　北平晨報藝圃（廿四年七月廿六日）

論詞中「愁」的描寫　李田意　南大半月刊十八期

一昧貧齊讀書筆記之五一

兩宋詞人時代先後小錄　陳銳　詞學季刊一卷三號

全宋詞初編目錄　唐圭璋　詞學季刊一卷三號，四號

四庫全書宋人集部補詞　唐圭璋　詞學季刊一卷四號

永樂大典所收宋元人詞補輯　周泳先　詞學季刊二卷四期

宋十三家詞輯　周泳先　詞學季刊二卷四期

宋詞互見考　唐圭璋　詞學季刊二卷四期

石刻宋詞　唐圭璋輯　詞學季刊一卷二號

詞集提要（續）　趙尊嶽　詞學季刊一卷二號；二卷三號

惜陰堂彙刊明詞提要　趙尊嶽　詞學季刊一卷三號；二卷一號

詞籍考辨　夏承燾　之江學報一卷一期

頤堂讀書記　鄒承銓　國立北平圖書館館刊八卷一號
錄毛斧季手校六十家詞之題跋款識

大鶴山人詞集跋尾　鄭文焯撰　龍沐勛輯　詞學季刊一卷三號；二卷三號

叢書中關於詞學書目索引　陳芸德　廣州大學圖書館季刊一卷三期

詞壇消息　大公報文學副刊三百零四期（二十二年十月卅日）

詞壇消息　詞學季刊一卷二號至二卷一號連期刊登

4. 詞話

大鶴山人詞話　龍沐勛輯　詞學季刊一卷三號
評東坡樂府

忍古樓詞話　夏敬觀　詞學季刊一卷二期至二卷四號連期刊登

忍寒廬零拾　詞學季刊一卷二號，三號

兩華盦詞話　錢斐仲　詞學季刊二卷四期

聽鵑榭詞話 武酉山 待旦創刊號

雜碎詞話 干因 北平晨報藝圃（廿三年十月三日，五日，六日，八日，九日，十日）

詞瀋 蜀丞 細流四期 —沈括以霓裳爲道調法曲辨

旅譚 汪瑔 詞學季刊一卷二號

樓窗雜記 汪兆鏞 詞學季刊一卷二號

無相庵斷殘錄 施蟄存 文飯小品三期 內容：（一）關於王諸荼，（二）秋水軒詩詞。

讀詞雜記 巴壺夫 學風四卷九期

學詞偶記 晉基 幽燕五，六期合刊

讀詞偶得 俞平伯 中學生四十三號，四十六號，五十號 南唐後主詞五首，周邦彥詞四首

讀詞偶得 平伯 人間世十期，十一期 周邦彥詞一首

讀詞雜記 楊易霖 詞學季刊二卷四期

讀詞小紀 張龍炎 金聲一卷一期

論詞話　謝之勃　無錫國專季刊廿二年五月號

詞品五則　高文　金聲一卷一期

近代詞人逸事　張爾田　學季刊二卷四期
蔣庵譚，大鶴山人，況夔笙，沈寐叟等逸事

四、戲曲

1. 戲劇通論

原始戲劇的演進及其與宗教的關係　田禽　北平晨報劇刊二四六期（廿四年九月廿二日）

戲劇短論　愚餘　文化月刊一卷二期
內容：（一）戲劇之意義，（二）戲劇與人生之關係，（三）戲劇與民族復興運動之關係，（四）戲劇理論上之必要性質。

戲劇簡論　土田杏村著．俞溥譯　劇學月刊二卷九期
內容：（一）戲劇的世界，（二）社會劇與詩劇，（三）悲劇與喜劇，（四）動的舞台，（五）時間性與空間性，（六）戲劇的構想，（七）演員，（八）歌舞伎劇與能樂，（九）戲劇社會，（十）電影。

戲劇小論　姚伯萬　讀書季刊一卷一期

舞台講座 曾度：天津益世報戲劇與電影四五期（二十二年九月十三日）內容：（一）戲劇定義，（二）戲劇的演進

戲劇的點滴 守飜 劇學月刊二卷四期，五期

戲劇的本質 唐穆之 文藝月報一卷一期

戲劇之時代的評價 力伽 天津益世報戲劇與電影四六期（二十二年九月廿日）

戲劇藝術之徵象 林松年 劇學月刊二卷五期

戲劇藝術的特殊性 諾維茲基著 高里譯 現代文學一期

新的舞台藝術 向培良 矛盾月刊二卷六期

綜合藝術的演劇 藤井眞澄著 甄乃力譯 北平晨報劇刊一三二期，一三三期，一三四期（二十二年七月十六日，二十三日，卅日）

戲劇的慣例 Hubell and Beaty著 亦華覺人譯 北平晨報劇刊一三六期，一三七期（二十二年八月十三日，二十日）

戲劇的佈局 亦華覺人譯述 北平晨報劇刊一四二期至一四七期連期刊登（二十二年九月二十四日，十月一日，八日，十五日，二十二日，二十九日）

談戲劇之理論與實踐 洪深 申報月刊四卷三期

戲劇對於社會教育的功用　紀廷藻　江漢思潮三卷一期
戲劇與社會　熊佛西　社會學界二卷
戲劇與教育　胡漢華　江漢思潮三卷一期
演劇與教育　念渠　北平晨報劇刊一七九期（二十三年六月十日）
戲劇運動的基本策略　唐槐秋　中國文學一卷二期
戲劇運動之實踐的幾個問題　端鈞　天津益世報戲劇與電影五四期（二十二年十一月廿二日）
思想劇的使命　伯符　新中華三卷十四期
戲劇和小說的異同　佟靜因　劇學月刊三卷二期
敘事詩戲劇與小說　朱寶琛譯　青年文化二卷一期，二期
音韵之起源與戲劇之關係　泊生　劇學月刊二卷四期
劇情的演進　秣陵生　劇學月刊二卷六期
戲劇的情境　馬彥祥　文藝月刊七卷三期

談談戲劇的內容 朱松生 藝風月刊一卷五期

戲劇的美學 法國沙塞著 顏申村譯 舞台藝術二期

戲劇應以趣味爲中心 熊佛西 戲劇與文藝一卷十二期

資本主義第三期劇運的正確性 曼虹 天津益世報戲與電影，四六期（二十二年九月廿日）

普羅列塔利亞戲劇論 廖翰庠 戲劇與文藝一卷十二期

唯物史觀的戲劇論 高滔 劇學月刊二卷七，八期合刊
戲劇的重要性—戲劇流變史的考察—戲劇運動的前路—民衆劇問題之研究

關於戲劇的寫實主義問題 楊哲譯 青年文化一卷五，六期合刊

戲劇革新論 李朴園 舞台藝術創刊號

近代戲曲與離婚問題 張夢麟 新中華二卷十四期
敍述在近代中所表現離婚問題的戲劇

近代演劇的革命 川路柳虹著 趙世銘譯 萬人雜誌二卷一期

近代劇的形式 張季純 北平晨報劇刊二三三期（廿四年六月廿三日）

和唐槐秋君「戲劇二元性」　成之　文化列車四期

劇場裏連環性底三一致　劉尚達　北平晨報劇刊二二八期，二二九期（廿四年五月十九日，廿六日，六月二日，

克服演劇的沙性　念渠　北平晨報劇刊一八一期，一八二期（二十三年六月廿四日，七月一日）

所謂「沙性」就是無論演劇或做其他研究工作，不曾團結一起爲了演劇運動而努力，在全演劇運動中劇團不能持久作戰使演劇運動永遠沒有一個堅定的基礎

舞台與銀幕　楊村彬　北平晨報劇刊一六七期，一六八期，（二十三年三月十八日，二十五日）

評「什麼是『戲劇的方法』」　張繼純　北平晨報劇刊一二一期，一二二期（二十二年四月三十日，五月七日）

2．各種戲劇　傀儡戲附

戲曲的種類　藤井眞澄著　甄乃力譯　北平晨報劇刊一二一期（二十二年五月七日）

略述現代戲劇的種類及各類之技術上的要點　宋春舫　文學百題

歌舞的姑事和它的音樂　可華譯　現代學生二卷十期

序曲—歌舞產生於宗教—生活的藝術—初期的歌舞—羅馬的幫助—教會的影響—法蘭西歌舞之產生—英國的蒙面歌舞—衰落和復興

西洋歌劇的變遷 修靜因 劇學月刊三卷三期，八期
希臘的悲劇—希臘的喜劇—歌劇的潛伏時期—歌劇的初期—近代的西洋歌劇—現代各國樂劇概況—聲樂與歌劇—樂器的進化—西洋歌劇的表演和編製—結論

義大利歌劇和他國歌劇的關係—西洋歌劇的變遷之二—附歐洲歌劇界的傑才—葛呂克（Clark）及莫札特（Mozart） 修靜因 劇學月刊三卷四期

話劇與歌劇 陳豫源 北平晨報劇刊二四七期（廿四年九月廿九日）

悲劇論 尼伽 天津益世報戲劇與電影四八，四九期（廿二年十月四日）
內容：（一）悲劇中的衝突，（二）悲劇中的英雄。

悲劇與全部的眞實 Aldous Huxley 著 可宋譯 清華週刊卅九卷十一，十二期合刊

悲壯與悲劇 陳之佛 創作與批評一卷三期

悲劇幽默與人生 宗白華 中國文學創刊號

伯赫爾之悲劇觀念 陳銓 珞珈月刊一卷五期

笑與喜劇 朱光潛 文學季刊二期
—文藝心理學之一章—

迦茵與士丁作品中的笑劇元素 陳銓 清華學報十卷二期
內容：（一）笑劇元的定義，（二）笑劇

作家迦茵奧士丁在英國文學中的地位，(三)迦茵奧士丁作品中性格的笑戲元素。

默劇　陳治策　北平晨報劇刊一八二期(廿三年七月一日)

默劇與戲劇　歐文作　崇林譯　天津益世報卅六期，卅七期(廿二年七月十二日，十九日)

默劇的原理　馬修司著　陳治策著　北平晨報劇刊一八五期(廿三年七月廿二日)

關于寫作詩劇　葉流　舞台與銀幕發動號

「獨角劇」的初步研究　佟靜因　劇學月刊三卷六期

附崑曲獨角戲劇本—秦婦吟，皮簧獨角戲劇本—秦羅敷

獨幕劇研究　周鐵之　現代學生二卷八號

東方傀戲儡　Helen Haimau Toseph著　佟靜因試譯　劇學月刊二卷十二期

最近新的舞台藝術傀儡戲　琳璋　天津益世報戲戲與電影五五期(廿二年十一月廿九日)

這是數年前美國人唐沙爾氏，因收集各地玩偶發現一個舊傀儡，自經數年的研究，造一種較高大的傀儡，很靈巧由表演者搬弄，可以自由活動；最近好萊塢失業演員，已開始組織這種傀儡戲。

中國傀儡劇考 佟晶心 劇學月刊三卷十期
內容：(一)序言，(二)傀儡是什麼？(三)古代傀儡的痕跡，(四)中國時代的傳說，(五)傀儡和節令，(六)傀儡與古代的機械文明，(七)傀儡的迷信，(八)關於傀儡的佳話，(九)北平的傀儡，(十)傀儡的製法，(十一)傀儡的演出，(十二)結論。

傀儡戲小史 李家瑞 文學季刊四期
略述中國傀儡戲的起源自漢六朝以至清代

3. 寫劇

寫劇徵言(續) 歐文作 石實譯 天津益世報戲劇與電影三〇期，卅一期(廿二年六月七日，十四日)

「寫劇原理」讀後 歐陽光 北平晨報劇刊一五五期，一五七期，一五九期，一六〇期，一六一期，一六四期，一六五期(廿二年十二月廿四日，廿三年一月七日，二十一日，二十八日，二月四日，廿五日，三月四日)

作劇的新藝術 Clayton Hamilton著 仰山譯 清華週刊四十三卷四期

練習寫劇 張季純 北平晨報劇刊一六三期(廿三年二月十八日。

編劇術 李朴園 黃鐘一卷卅五期

戲劇中的幾種技巧 田禽 北平晨報劇刊二四四期(廿四年九月八日。)

戲劇試作 李健吾講　石子記　北平晨報第六版（廿四年八月廿五日）

論戲劇創作 袁昌英　文哲季刊三卷二期

給志在作劇的青年們 Hamilton作　仲光譯　天津益世報戲劇與電影五六期（廿二年十二月六日）

論劇本與劇作家 高爾基作　哲夫譯　文藝電影一卷四期

舞台話與文學作品 即絮　舞台與銀幕發動號

怎樣作戲劇的筆記 碧星　中學生四十八號

4. 演劇 關于舞臺化裝和佈景附

戲曲論與演技學 袁殊　矛盾月刊五，六期合刊（戲劇專號）

何謂演劇 日・藤井眞澄著　胡天譯　文藝月刊七卷二期

內容：（一）演劇是時代精神的表現，（二）演劇的材料。

演劇底社會的效用 張鳴琦譯　舞台藝術創刊號

猶理斯，柏甫「演劇社會學」底解說 張鳴琦譯　舞台藝術創刊號

演技研究 袁叢美　文藝電影一卷三期

演劇的本能 甄乃力譯 北平晨報劇刊一六九期，一七〇期（廿三年四月
一日八日）

戲劇表演術 閻析吾 戲劇與電影卅期，卅一期（廿二年六月七日，十四日）
內容：（一）什麼是表演術，（二）人類表情的觀察，（
三）面部的表情，（四）上肢的表情，（五）軀幹的表情，（六）
下肢的表情，（七）表情的訓練，（八）不良表情的糾正。

表演藝術A.B.C. 美Henry Irving作 胡春冰 矛盾月刊二卷四期

表演藝術之實習 Henry Irving作 胡春冰譯 矛盾月刊五，六期合刊（戲劇專號）

表演術與寫實 戈格蘭著 佛杰偶英譯 陳治策重譯 北平晨報劇刊一三二期（二十二年七月十六日）

戲劇演出及其他 熊佛西講 華熙記 北平晨報第六版（廿四年八月四日）

怎樣排演古典劇 蘇聯A.泰洛夫作 味茗譯 譯文一卷二期

戲劇發音的訓練及其保養法 閻哲吾 矛盾月刊五，六期合刊．
內容：（一）戲劇與發音，（二）音性論，（
三）音性的訓練，（四）發音機關的基本訓練，（五）發音的保養
法。

我對於舞台語音的學習 閻哲吾 文藝月刊七卷二期
內容：（一）「南蠻子」的話，（二）南方音的
校正，（三）感嘆詞，語尾助詞的注音，（四）山東方言的學習，
（四）「八」聲字的抄記

身體表情與面部表情　包時　文藝電影二期

論動作　吳士星　北平晨報劇刊一八〇期（二十三年六月十七日）
內容：（一）「動作」的重要，（二）內心和外形，（三）應如何才稱為好戲。

話劇導演管窺　程硯秋　劉守鶴　劇學月刊二卷七，八期合刊，十期

話劇的導演　包時　現代演劇二期

導演幹些什麼事　陳治策　北平晨報劇刊一三九期（二十二年九月三日）

導演與劇本　杜穎陶　劇學月刊四卷三期

導演與演員　E. Lewis．陳瘦竹譯　文藝月刊七卷六期

演員修養術　李朴園　黃鐘一卷卅八期

演員是二重性的　戈格蘭著　陳治策譯　北平晨報劇刊一四七期（二十二年十月二十九日）

演員須知一打　豫源　北平晨報劇刊二一二期（廿四年一月廿七日）

我們怎樣能夠成為一個話劇的演員　木土　第一線一卷一期

論演員 章泯 文藝電影一期

使成優秀的演員是什麼 歐文作 崇林譯 天津益世報戲劇與電影卅八期，卅九期（廿二年七月廿六日，八月二日）

譯自 The Listener Vol. 9 No 229 (29 March 1933)

怎樣作個話劇演員 魏喃歌 劇學月刊二卷九期

歹角 陳豫源 北平晨報劇刊二三三期（廿四年六月廿三日）

戲劇中的角色，其行爲個性屬於醜惡的。

提示 陳治策 北平晨報劇刊一六二期（廿三年三月十一日）

「提示人」是在戲劇公演時在臺下給演員與後台工作人員以提示

化裝 陳治策 北平晨報劇刊一三○期，一三一期（廿二年七月二日，九日）

舞臺化裝論 馬鑒延 劇學月刊三卷七期

內容：關於化裝的歷史，功用，修養，用品和方法的敘述。

舞臺服裝論 馬鑒延 劇學月刊三卷九期，十期

內容：緒言—服裝的顏色—織物的染色和裝璜—服裝和燈光的關係—服裝的材料—怎樣計劃賽會的服裝—埃及，亞述，希臘及羅馬人各種服裝。

舞臺裝飾概論 杜穎陶 劇學月刊四卷二期

舞臺化裝概論 日·外山卯三郎作 夏萊譯 茅盾月刊二卷四期

內容：（一）前言，（二）舞臺化裝術的歷史，（三）

舞台化裝的本質，（四）性格的表現。

舞臺化裝與銀幕化裝　袁牧之　矛盾月刊五，六期合刊（戲劇專號）

上舞臺與上銀幕　伊人　舞台與銀幕發動號

布景底設計及其功能　S. Selden作　張鳴琦譯　舞台藝術二期

內容：（一）演劇底統一的理論，（二）演劇中底動作底要素，（三）布景還動作的環境，（四）環境的功能—置放動作，增强動作，裝扮動作。

談布景　傅敬嘉　人言一卷十一期

舞台裝飾　張鳴琦講　鐵筌記　北平晨報第六版（廿四年八月十一日）

舞台上的自然界　陳豫原　北平晨報劇刊二〇二期（廿三年十一月十八日）

舞臺光初講　焦菊隱　劇學月刊二卷七，八期合刊

引言—沿革—效用—電—光—色—影

舞台上燈光與月光設施　杜穎陶　劇學月刊四卷一期

小型舞台底燈光裝置　趙越　舞台藝術二期

幕　陳治策　北平晨報劇刊一四九期，一五〇期（廿二年十一月十二日，十九日）

內容：（一）幕是什麼？（二）什麼時候開始用幕，（三）幕有什麼用處。

演劇圖照　現代演劇創刊號，二期

關于演劇時演員的化裝，舞台的布置，光線的設備，後台的組織和導演等的敘述。

戲劇演出的組織系統及其效能　趙越　北平晨報劇刊二二七，二二八，二三一，二三二期（廿四年五月十二日，十九日；六月九日，十六日）

演出事務的經營技術　羅庚　北平晨報劇刊一八五期至一八八期（廿三年七月廿二日，廿九日，八月五日，十二日）

小劇院公演預算　Frank H. Williams 作　陳治策譯　戲劇與文藝一卷十二期

劇場會計　豫源　北平晨報劇刊二一六期（廿四年二月廿四日）

戲劇團體規約　張季純　北平晨報劇刊二五一期（廿四年十日廿七日）

西劇中演之譯名問題　徐凌霄　劇學月刊二卷六期

演劇零訊　現代演劇二期

（一）鍾虛先生對新佈景的發明，（二）復旦劇社十年的經過。

職業劇團　陳治策　北平晨報劇刊二二六期（廿四年五月五日）

5. 劇場　各國劇場狀況附

戲院的審訊　歐文作　崇林譯　天津益世報戲劇與電影四一期（廿二年八月十六日）

原文名"Inquest on the Theatre by St. John Ervine"這一篇對于戲院考察而判決，以爲現在戲院之不如電影之興旺，是要把戲院的建築擴大，增加改良的表演，使恢復激刺的活力。

劇場與地點　亦華覺人譯述　北平晨報劇刊一五一期，一五二期（二十二年十一月二十六日，十二月三日）

新興劇場的來源　端素女士(A. Russell)講　佟靜因筆記　劇學月刊二卷十一期

談劇場秩序　源　北平晨報劇刊一七五期（二十三年五月十三日）

近代劇場的幾個惡劣趨勢　戈登格雷作　如琳譯　萬人雜誌一卷六期

近代劇台的圖畫性　Clayton Hamton著　仰山譯　清華週刊四十三卷七，八期合刊

小劇場的組織　顧仲彝　讀書顧問創刊號

小劇場運動的起源　顧仲彝　矛盾月刊五，六期合刊

這小劇場運動是，因爲當時有許多青年作家所寫劇本，

不能在商業化的劇場演出，就由一班愛好戲劇文藝的人，提倡自己開辦劇場演戲。

小劇場問題 楚橋譯 北平晨報一三八期，一四〇期，一四一期（二十二年八月二十七日，九月十日，十七日）

小型舞台的基本建築物 趙越 北平晨報劇刊二一七期（廿四年三月三日）

中國戲劇運動的中心問題 馬彥祥 天津益世報戲劇與電影四七期（二十二年九月廿七日）

舞台的建築和裝置是戲劇運動的中心問題

各國的劇場

元代演劇的舞台 衛聚賢 中國語文學叢刊創刊號 在山西萬泉縣內

蘇聯劇場問題 盧那卡爾斯基作 黎夫譯 天津益世報戲劇與電影六一期（二十三年一月十日）

——社會主義現實主義的文學與劇場——

蘇俄的新戲院 Valerian Stepanov 著 大公報藝術週刊四期（廿三年十月廿八日）

新俄劇場 Valerian Stepanov 作 盧家譯 北平晨報劇刊二〇二期（廿四年三月廿四日）

蘇聯劇院的偉大成功 具棐 讀書生活創刊號 第二次國際音樂大會終結了

蘇聯普羅文化劇塲運塲　英 Huntly Carter 作　趙如琳譯　萬人雜誌二卷三期

蘇俄的普羅文化劇塲　Huntly Carter 作　趙如琳譯　天津益世報戲劇與電影五四期（廿二年十一月廿二日）

蘇俄的左派劇塲有一部份是由工人自己領導的，他們尋求自我表現，力行志願的服務，以革除職業主義，這種分派首要的機關是普羅文化劇塲。

蘇俄革命後的莫斯科藝術劇院　王木之譯　舞台藝術創刊號

蘇俄的兩個戲院　P.A. Markov 著　木之節譯　大公報小公園（廿四年五月廿日，卅一日），

（一）莫斯科革命劇院，（二）列寧格勒戲劇院。

蘇聯的兒童劇院　Huntly Carter 作　蘇芹蓀　文藝月刊四卷五期

莫斯科的劇院　J. 期萬林瓦爾德作　君展譯述　舞台藝術二期
─過去與現在

法蘭西的異國劇塲　許佑　矛盾月刊五，六期合刊（戲劇專號）

巴黎劇塲　歐陽予倩　東方雜誌卅一卷廿號
樂舞塲─古典劇─小歌劇─法國目下的新劇運動！巴黎的商業劇塲─法國的左翼劇團

巴黎劇院之一瞥　程硯秋　劇學月刊三卷七期

6.戲劇批評

戲劇批評論　向培良　大上海月刊一卷二期，三期

戲劇批評講話　馬肇延　劇學月刊四卷一期

戲劇批評諸原理　潘子農　矛盾月刊五，六期合刊

再論戲劇批評　熊佛西　當代文學一卷二期

7.影戲

A概論

電影藝術的基本問題　高璘度　中山文化教育館季刊二卷三號
內容：（一）電影斷片編輯，（二）編輯理論展望，（三）編輯技術與編輯藝術，（四）編輯諸原則。

電影藝術的基本原理　方之中　生存月刊四卷四號

電影在現代藝術居怎樣的地位？它和文學有怎樣的關係　洪深　文學百題

電影概論　殷作楨　青年與戰爭四卷六期至九期連期刊登
內容：（一）電影的本質，（二）電影的編製，（三）電影的演出。

電影藝術的新動向　方之中　朔望半月刊十六期

影劇在社會教育上之功能　萬籟天　劇學月刊二卷五期

電影Montage的三次元論　井伊亞夫作　方之中　齊平譯　矛盾月刊三卷二期

電影淺說　谷劍塵　矛盾月刊三卷二期

電影發達史　成之　科學的中國五卷四期

活動電影　王佐濤　中央時事週報三卷二期，三期，四期
略述影片的攝製和放映的梗概

三色展開影壇的新時代　Andrew R. Boone 作　盧家譯　北平晨報劇刊二三五期，二三六期（廿四年七月七日，十四日）

從製作到開映　毛秋白　新學生一卷二期，四期

影片的取材問題　孔非　北平晨報劇刊二三〇期（廿四年六月二日）

劇本與導演論　普特符金著　司徒慧敏譯　現代演劇創刊號

「電影戲劇表演術」人生與文學一卷二期 洪深著 生活書店出版

銀幕上的奇蹟析疑 毛秋白 新中華三卷二期

銀幕上的景色與詩料 劉吶鷗 文藝週報創刊號

怎樣看電影 張彭春 黃燕生 南大半月刊十九，廿期合刊

論喜劇電影 凌鶴 生存月刊四卷十號

B.電影與其他

電影與漫畫—評「王先生的秘密」 予水 北平晨報劇刊二三六期（廿四年七月十四日）

文學與電影—評美影片「閨怨」述詩人白郎寧夫婦的情史 邵洵美 人言週刊一卷卅八期

關於文藝影片 唐納 生存月刊四卷九號

電影的文藝性 新民 新中華三卷十五期

電影與政治 問耘 新中華三卷十二期

電影與兒童 曉萍 文藝月刊五卷四期

現代電影與有產階級　日本宕崎・昶作　魯迅譯　萌芽月刊一卷三期

C.有聲電影

有聲電影　嶽生　中學生卅五號

有聲電影　孔賜安　青年界六卷二期

有聲電影的原理　芝軒　江漢思潮三卷一期

有聲電影劇本作法　佟靜因　劇學月刊四卷二期

有聲電影淺說　西諦　通俗文化一卷十期

「有聲電影的無限可能性」　來因哈特作　陰陽生譯　北平晨報劇刊一九六期（廿三年十月七日，十四日）

論有聲電影　靜因　—劇本作法之一—　劇學月刊三卷十二期

D.中國電影

中國電影藝術的演進　木牛　舞臺與銀幕發動號

中國電影事業之新動向　吳承達　大衆知識創刊號

中國電影的概況　曹雪松　新時代月刊五卷五期

中國之電影教育運動　陳大白　山東民衆教育月刊四卷三期

中國影評運動的諸問題　萍華　文藝電影一卷三期

中央頒發電影檢委會組織大綱　衆志月刊第一卷第二期

中央召開電影談話會　衆志月刊第一卷第二期

國產影片的評價　蔣振　中央時事週報三卷二六期

搖籃期的中國電影教育　宗亮東　文化與教育五十四期

一年來之中國電影運動　方之中　—廿二年—　中華月報二卷一期

一九三三年的中國電影　洪深　文學二卷一號

一九三四年中國電影藝術展望　萬殊　青年與戰爭廿五期

一年來的中國電影　魏銘　新中華三卷一期

一年來的中國電影　王夢鷗　讀書顧問季刊四期

E.外國電影 日，英，美，俄

日本的電影教育　崔叔青　山東民衆教育月刊五卷四期

歐美電影的異同　小倉　新中華三卷十七期

英國影業　Oliver Bolduvln作　憶薇譯　北平晨報劇刊一四七期（二十二年十月二十九日）

一九三四年美國文藝電影檢討　舒湮　文藝電影一卷三期

美國電影藝術的動向　韋彧　世界知識一卷一號

盧那恰爾斯基論蘇聯電影　中華月刊二卷三期

蘇俄之電影事業　趙公皎譯　行建月刊四卷四期

俄羅斯的電影事業　石質譯　天津益世報戲劇與電影四〇期（二十二年八月九日）

譯自Twelve Studies in Soviet Russia 1933

內容：（一）蘇維埃的電影觀，（二）電影的計劃，（三）演員的待遇，（四）製影廠的組織，（五）對於外國影片的態度（六）展望。

蘇俄底電影　乃力　北平晨報劇刊一五二期，一五三期（二十二年十二月三日，十日）

十五年來蘇聯的電影　少崗　新中華三卷六期

十五年來的蘇聯電影　敏之　中國文化建設協會山西分會月刊一卷一期

蘇聯電影的考察　董每戡　生存月刊四卷七號

蘇聯影片在國際展覽會上的榮譽　貝葉　讀書生活一卷二期

最近蘇俄電影界之動向　若木　文化列車三期

兒童電影在蘇俄　曉萍　文藝月刊五卷六期

銀座情報　現代演劇創刊號
關于各國電影和導演家，演員的印象記載

F.影評

中國

介紹朋星新片「鐵板紅淚錄」　柏斯　天津益世報戲劇與電影四二期（二十二年八月廿三日）

「暴雨梨花」　劉江　北平晨報劇刊一七六期，一七七期（二十三年五月廿日，廿七日）

觀罷陳燕燕的「母性之光」後　燕子　文藝戰線二卷廿八期

評陳玉梅的「生機」華西里　文藝戰線二卷卅，卅一期

「狂流」概評　憶薇　北平晨報劇刊一二期（二十二年六月十八日）

失敗了的「海外鵑魂」豫　北平晨報劇刊一三六期（二十二年八月十三日）

論「逃亡」凌鶴　讀書生活一卷十二期

評「破浪」燕子　文藝戰線二卷四十九期

「良宵」孔非　化平晨報劇刊一七九期（二十三年六月十日）

—表現了中國影片技巧的拙笨—

評徐來的「殘春」燕子　文藝戰線三卷四，五期

「春蠶」羅庚　北平晨報劇刊一八三期（二十三年七月八日）

—小說，電影，戲劇之交流—

觀龍艾霞表演的「現代一女性」後　燕子　文藝戰線二卷卅七，八期合刊

「脂粉市場」概評　憶薇　北平晨報劇刊一四一期（二十二年九月十七日）

評胡蝶的「鹽潮」燕子　文藝戰線三卷六期

評「女兒經」周彥　北平晨報劇刊二一一期（廿四年一月廿日）

從「姊妹花」漫談到國產影片的左右前后 楊村彬 北平晨報劇刊一七四期（二十三年五月六日）

從「姊妹花」說到中國電影的前途 沈蓴 舞臺與銀幕發動號

桃李刼與再生花 莫維通 文化建設一卷四期

評胡蝶「三姊妹」 華西里 文藝戰線三卷卅期

「漁光曲」 羅庚 北平晨報劇刊一八二期（二十三年七月一日）

由「漁光曲」的思想精神論其藝術的失敗和成功 吳士星 北平晨報劇刊一八三期，一八四期，一八五期（二十三年七月八日，十五日，廿二日）

觀「漁光曲」以後 吳恕元 舞臺與銀幕發動號

評王人美的「漁光曲」 燕子 文藝戰線三卷十五期

從孟姜女說到「漁光曲」 羊棗 太白半月刊一卷三期

評「香雪海」 豫源 北平晨報劇刊一九七期，一九八期（廿三年十月十四日，廿一日）

「香雪海」 劉江 北平晨報劇刊一九八期（廿三年十月廿一日）

評阮玲玉的「小玩意」　華西里　文藝戰線二卷卅三期

「歸來」　茉莉　北平晨報劇刊一六〇期（二十三年一月廿八日）

「新女性」論　陵鶴　讀書生活一卷八期

「新女性」彙評　大公報本市附刊（廿四年三月廿七日至四月一日）

苦言抄—關於「神女」與「桃李劫」—　魏育　文藝電影一期

評「國風」　孔非　北平晨報劇刊二三一期（廿四年六月九日）

中國有希望的幾個銀幕人　秋濤　讀書顧問創刊號

影人，劇人，劇作者　現代演劇創刊號　關于編劇和明星的訪問記

外國

愛森斯坦和他的影片　萍華　俄國片　文藝影一卷四期

評「生路」—「生路」是俄國影片—　蘆家　北平晨報劇刊一六期（廿三年二月四日）

評「金山」　燕子　文藝戰線二卷廿七期

評「那格那」燕子　文藝戰線二卷廿五期

評「羅官春色」燕子　文藝戰線二卷四十八期

觀罷「賴婚」後　文藝戰線二卷四十七期

「愛斯基摩」蘆家　北平晨報劇刊一八六期（廿三年七月廿九日）

「大飯店」豫源　北平晨報劇刊一五九期（廿三年一月廿一日）

「天涯總相逢」的批評　華西里　文藝戰線二卷廿九期

評賈波的「尋子遇仙記」燕子　文藝戰線二卷卌四期

8.中國戲劇

A通論

中國戲曲的過去和將來　宗志黃　安徽大學月刊一卷三期

中國戲劇之演進與趨勢　蘆非　舞台與銀幕發動號

中國舞台進展的觀察　雪儂　劇學月刊三卷十二期

戲劇的起源　薛超　劇學月刊四卷三期

中國戲劇　王泊生　劇學月刊二卷六期

以科學方法整理國劇之我見　徐慕雲　讀書季刊一卷二期

論中國戲劇的前路　劉念渠　舞台藝術二期

「威權者」與「國劇前途」　徐凌霄　劇學月刊四卷三期

中國將永沒有歌劇　黃芝岡　太白半月刊二卷五期

中國戲劇之演變與新歌劇之創造　王泊生　舞台藝術創刊號

新歌劇創造的廻憶　王泊生　天津益世報戲劇與電影五一，五二，五三期（廿二年十一月一日，八日，十五日）

由王泊生「新歌劇之創造說」到中國戲劇的出路　鑫洛　北平晨報劇刊二二四期至二二七期（廿四年四月廿一日，廿八日；五月五日，十一日）

改進中國樂劇與鑼鼓之存廢　穎陶　劇學月刊三卷十期

對於今後戲劇界的希望　暖朱　劇學月刊四卷一期

單純—藝術原理與國劇之四— 劉澹雲 大公報劇壇(廿四年七月三日)

層漸—藝術原理與國劇之五— 劉澹雲 大公報劇壇(廿四年八月十四日)

B. 舊戲

(1)概論 歷代的戲曲，樂舞和百戲附

戲曲淺釋 姜亮夫 青年界五卷三期

內容：(一)戲曲的來源，(二)戲劇的體類，(三)戲劇的聲韵與宮調，(四)賓白落詩與科介，(五)脚色，(六)南北曲之異。

談談中國的舊劇 耶雲馨 民衆教育季刊一卷二期

舊劇的藝術價值 趙心華 北平晨報國劇週刊一號(廿三年十月四日)

舊劇的藝術組織 白玉 北平晨報國劇週刊五十二號(廿四年十月十日)

舊劇之產生及其反封建的色彩 馬肇延 劇學月刊三卷五期 係指皮簧劇而言

舊戲中爲什麼產生了「象徵主義」 張庚 文藝電影一期

論舊劇的美 張鳴琦 北平晨報劇刊二三五期(廿四年七月七日)

舊劇的現在和將來　晦　北平晨報國劇週刊二號（廿三年十月十八日）

舊劇的眞正缺點所在　銅食　北平晨報國劇週刊三號（廿三年十月廿五日）

舊劇舞臺上的劣點　心華　北平晨報國劇週刊六號（廿三年十一月十五日）

京劇之面面觀　趙越　北平晨報國劇週刊五十二號，五十三號（廿四年十月十日，十七日）

讀「京劇之面面觀」後　古直　北平晨報國劇週刊五十四號（廿四年十月廿四日）

在歐化的狂熱中一談我國舊劇之價値　馬肇延　劇學月刊三卷二期

從德國的「血浴」說到舊戲裏的「英雄」　凌霄漢閣　劇學月刊三卷七期

送梅郎赴蘇俄　黃芝岡　太白半月刊二卷三期

說明中國戲是在鑼鼓聲中，做工，臉譜和臺辭象徵的表演出來，代替西洋舞臺佈景和燈光的設備

歷代的戲曲，樂舞和百戲

中國戲曲源流考　谷劍塵　矛盾月刊五，六期合刊（戲劇專號）

內容：概言－原始之歌舞與神舞－角觝百戲時代－唐之梨園敎坊－宋代之戲曲－金代之雜劇及其他－元代之雜劇－明代之南曲－崑曲之來源及其缺點－皮黃戲之來源－雜劇之一斑－宮劇－

中國戲劇史的論廓　岑家梧　現代史學二卷三期
可分爲五個時期：（一）歌謠－殷商前，（二）歌舞－商周至隋唐，（三）彈詞－宋遼金，（四）傀儡式戲劇－金至元，（五）戲劇－明清至現在。

中國近代戲曲史　榮　劇學月刊二、卷六期
鄭震編譯　北新書局出版

「中國戲劇研究」　趙景深　人間世五期
英文本原名 Studies in the Chinese Drama 作者 Kate Buss. 美國波士頓四海出版

「中國戲劇概論」　劇學月刊三卷九期
盧冀野編著　世界書局印行

「唐宋大曲考」拾遺　李素英　文學二卷六號

宋元之南戲　宋志黃　安徽大學月刊二卷一期
附宋元之南戲互見於各家曲錄之名稱比較表

宋元雜劇演出考　治燮離　舞台藝術創刊號

元人散曲　趙景深　中國文學二卷一期

元人散曲俳體廣例　趙景深　青年界四卷四期

散曲的歷史觀　趙萬里　文學二卷六號

曲文之研究　王玉章述　教授與作家一卷一期
內容：（一）隻曲之文，（二）散曲之文，（三）戲曲之文。

散曲書目　盧前　河南圖書館館刊第一册

「元明散曲小史」　凡　大公報圖書劇刊八十二期（廿四年六月六日）

「元明散曲小史」　長之　天津益世報文學副刊十期（廿四年五月八日）
梁主眞著　商務版

「劇曲」和「散曲」有怎樣的區別　盧冀野　文學百題

元曲時代先後考　趙景深　現代五卷四期

元劇叢談　傅漢光　心聲月刊三期

元雜劇通論　曲路　中國文學二期
內容：（一）淵源，（二）發達的原因及其體製，（三）元劇五大家，（四）藝術。

元明以來雜劇總錄序　西諦　文學季刊二期

元明以來雜劇總錄 西諦 文學季刊四期

論元劇之佈局 徐裕昆 光華大學半月刊二卷五期

內容：（一）取材於歷史者，（二）叙述文人韻事者，（三）民間事實之寫實者，（四）取材于神仙者。

略述明代戲曲運動的概況 趙景深 文學百題

明清戲曲掇拾 廉君 北平晨報藝圃（廿三年十一月五，六，八，十二，十三，十四，十六日）

今劇與古院本 聊 大公報歌壇名作選錄（廿四年二月十五日）

雜劇要件 王玉章 中國語文學叢刊創刊號

「雜劇」和「傳奇」有怎樣的區別 徐調孚 文學百題

雜劇與傳奇 張笑俠 北平晨報國劇週刊廿七號（廿四年四月十八日）

雜劇與二黃戲之比較 江寄萍 天津益世報戲劇與電影五二期，五三期（廿二年十一月八日，十五日）

內容：（一）伍員吹簫與鼎盛春秋，（二）秋胡戲妻與桑園會，（三）昊天塔與洪羊洞，（四）隔江鬬智與回荊州，（五）陳州糶米與斷太后，（六）抱粧盒與狸猫換太子，（七）叮叮噹噹盆兒鬼與奇寃報，（八）連環計與鳳儀亭，（九）寶劍記與林冲夜奔，（

十）狂鼓吏與擊鼓罵曹。

南戲傳奇之發展及其社會背景　陳子展　青年界三卷四期

崑曲宮譜之研究　方問溪　北平晨報國劇週刊廿七期，廿八期，廿九期（廿四年四月十八日，廿五日，五月二日）

今日崑曲衰微之原因　景源　北平晨報國劇週刊廿八期（廿四年四月廿五日）

崑曲衰微的趨勢　楊天籟　北平晨報國劇週刊七號（廿三年十一月廿二日）

崑曲衰微之趨勢　方問溪　北平晨報國劇週刊卅一號（廿四年五月十六日）

二黃來源考　穎陶　劇學月刊三卷八期

皮黃文學研究　徐凌霄　劇學月刊三卷八期，九期

案頭人與場上人　凌霄漢閣　劇學月刊三卷三期

內容：（一）崑曲之魏梁說到亂彈之皮簧，（二）唐代詩人與伶工之互相倚重，（三）詩人之詩，若唱做皮簧，則如何？（四）陳彥衡與譚鑫培，（五）末附皮簧文學研究大綱。

皮簧劇盛行之原因　馬彥神　天津益世報戲劇與電影卅三期（廿二年六月廿八日）

內容：（一）自然之趨勢，（二）當局之提倡，（三）文人之鼓吹，（四）民衆之要求。

皮簧戲應怎樣的賞鑑 星月 北平晨報國劇週刊五十一期（廿四年十月三日）

曹心泉談二黃今昔 雪儂 劇學月刊三卷七期

皮簧唱工概論 溶江 北平晨報藝圃（廿四年一月卅一日）

談皮簧的唱腔 西露 北平晨報國劇週刊十一號（廿三年十二月廿日）

皮簧劇本之變遷 馬彥祥 天津益世報戲劇與電影四〇期（二十二年八月九日）

皮簧業之前路 溶江 北平晨報國劇週刊十號（廿三年十二月十三日）

皮簧劇中的婦女問題 予水 北平晨報劇刊三三二期（廿四年六月十六日）

皮簧劇本作者草目 傅惜華 大公報劇壇（廿四年四月九，十一，十四，十五，十六，十七，十八，十九，廿一，廿九日；五月一，二，六，七，九，十，十四，十七，廿三，廿七，卅日；六月二日至六日，十，十一，十八日）

近百年來皮簧劇本作家 吉水 劇學月刊三卷十期

古舞考 邵茗生 劇學月刊二卷六期

舞器舞衣考 邵茗生 劇學月刊三卷七期 內容：（一）舞器—相，應，牘，雅，戈，弓矢，戚，揚鉞，籥，翟，羽，童子舞羽，鷺，翿，纛，羽葆幢，旌，節，童子舞節，慶隆舞節，麾，箾，干，金錞，金鉦，金鐃，木鐸，單鐸，雙鐸，鼗鼓，舞綴兆，舞表，（二）舞衣—冕，爵弁，皮弁，建華冠，章華冠，方山冠。

古樂器小記　唐蘭　燕京學報十四期

律呂與樂均　張笑俠　北平晨報國劇週刊四二期，四三期，四四期（廿四年九月一日，八日，十五日，廿二日）

晉荀勗十二笛律斠證　顏希深　燕京學報十六期

琴旨錄要　梅叔　金聲一卷一期
內容：律呂名徵辨—關轉弦繁謬—立體爲用辨

女樂源流記　邵茗生　劇學月刊三卷二期，三期
內容：（一）六朝以上之女樂，（二）唐代之女樂。

宋代之女樂　邵茗生　劇學月刊三卷十期，十一期
—女樂源流記之三—

裔樂述往　邵茗生　劇學月刊二卷十一期
中國古稱華夏，四裔響慕重譯來謁，競戲方物；聲音歌舞，亦隨與俱入，列之廟堂，播之弦管，三代以降，代有傳焉。

四裔樂儀式　劉振卿　北平晨報藝圃（廿四年五月十三日，十四日，十五日）

樂曲進化及唐代舞曲裝容揀考　田子貞　人間世卌五期

唐宋樂舞考 郁若生 劇學月刊二卷十二期

元明樂舞考 郁若生 劇學月刊三卷四期

內容：（一）武定文綏之舞，內平外成之舞，（二）崇德之舞，定功之舞，（三）秦定十室樂舞，（四）樂隊舞，（五）十六天覺舞，（六）八展舞，（七）獅子舞，（八）平定天下之舞，車書會同之舞，撫安四夷之舞，（九）明代各種隊舞，（十）表正萬邦之舞，天命有德之舞。

清代樂舞考 —古舞考之第五章— 邵若生 劇學月刊三卷六期

內容：（一）文德舞武功舞，（二）大雩童子舞，（三）慶隆舞，（四）世德舞，（五）德勝舞，（六）五魁舞，（七）瓦爾喀部樂舞，（八）朝鮮國樂舞，（九）蒙古樂舞，（十）回部樂舞，（十一）番子樂舞，（十二）廓爾喀樂舞，（十三）緬甸國樂舞，（十四）安南國樂舞，（十五）清代舞譜。

記「樂學軌範」 問天 劇學月刊四卷四期

「樂學軌範」係明初朝鮮所修官書第一卷論宮調律呂，第二卷關于樂隊的組織及各種樂器的排列，第三卷記中國唐宋之樂舞，第五六七是樂器圖說，第八卷是舞器圖說，第九卷是冠服圖說。

說笛 曹心泉述 邵若生記 劇學月刊二卷九期

笛之來源—笛之沿革—笛之類別—舊笛之構造—今笛之構造及製

法—笛之練習—笛膜之黏製—笛之保存—笛之正誤。

琵琶小記　荔支　人間世卅四期

漢晉六朝之散樂百戲　邵茗生　劇學月刊二卷九期

隋唐時之百戲　夏定域　天津益世報戲劇與電影六四期（廿三年一月卅一日）

百戲亦稱散樂，凡跳鈴，擲劍，透梯，戲繩及各種雜耍之術均是。

唐宋明清之散樂百戲　邵茗生　劇評月刊二卷十期

（2）專論—各種的戲曲

吳昌齡的西遊記雜劇　趙景深　文學五卷一號

無名氏元曲時代先後考　趙景深　千秋半月刊二卷二期

元代「公案」劇發生的原因及其特質　何謙　文學二卷六號

論元曲所寫商人士子妓女間的三角戀愛劇　鄭振鐸　文學季刊四期

內容：（一）史料的淵藪，（二）敘寫商人，士子和妓女間的「三角戀」的諸劇，（三）商人們的被斥責，（四）商人們的初次凱歌，（五）士子們的團圓夢，（六）

元代士子的會社地位的墮落，（七）元代商業的繁興與商人地位的增高，（八）茶客及其他。

「沙貢特拉」和「趙貞女型」的戲劇　李滿桂　文學二卷六號
「沙貢特拉」是印度著名的梵文戲劇

「拉馬耶那」與「陳巡檢梅嶺失妻記」　林培志　文學二卷六號
「拉馬耶那」是印度古代兩大史詩之一

「陳巡檢梅嶺失妻」戲文　趙景深　人言週刊一卷廿六期

「裴少俊牆頭馬上」雜劇　豫源　北平晨報劇刊一三二期（二十二年七月十六日）

「單刀會」的人生觀　李安宅　天津益世報社會思想五六期（二十二年十二月四日）

「楚昭公疏者在下船」雜劇　豫源　北平晨報劇刊一二六期（二十二年六月四日）

「魔合羅」　適之　天津益世報讀書週刊一期（廿四年六月二日）
元曲選辛集下有「魔合羅」一劇，用泥塑的魔合羅豫為全案線索

「昭代簫韶」之三種脚本　周志輔　劇學月刊三卷一期，二期
「昭代簫韶」演楊繼盛父子戰遼兵故事，自遼

兵寇起，至肅后降宋止，凡十本

元朱士凱醉走黃鶴樓雜劇殘本箋證　陳墨香　劇學月刊四卷四期

明周憲王之雜劇　那廉君　劇學月刊三卷十一期

記乾隆鈔本「太天祥瑞」雜劇　傅惜華　大公報劇壇（廿四年七月七日）

「淸人雜劇初集」　趙景深　現代學生二卷二號

　　鄭振鐸輯　開明書店代售

三國志—三國演義—三國戲　徐凌霄　劇學月刊二卷五期

西廂記第五本關續說辯妄　馬玉銘　文學二卷六號

跋「重刻元本題評音釋西廂記」　鄭振鐸　大公報文藝副刊七期（二十二年十月十四日）

西廂記之社會意義　馬玉銘　國聞週報十一卷廿五期

牡丹亭贊　平伯　東方雜誌卅一卷七號

牡丹亭贊之四　平伯　武大文哲季刊四卷三期

讀牡丹亭　江寄萍　論語半月刊卅九期

牡丹亭與天仙聖母源流泰山寶卷　穎陶　劇學月刊四卷四期

遊園驚夢之花神　傅惜華　大公報壇劇（廿四年一月五日，六日）

校花桃扇傳奇　商鴻逵　中法大學月刊五卷五期

讀桃花扇後　田意　天津益世報文學週刊十八期（廿三年七月四日）
─味貧齋讀書雜記之三─

桃花扇裏的民族魂　絜因　民族文藝一卷五期

由桃花扇論到明代沒落的原因　薩孟武　中央時事週報二卷廿九期

由桃花扇觀察明季的政治現象　薩孟武　中央時事週報二卷廿五期，廿七期

四聲猿　胡叔磊　人間世卅期

說金瓶梅傳奇零折旦劇　陳墨香　劇學月刊三卷九期，十一期

金瓶梅詞話裏的戲劇的史料　澀齋　劇學月刊三卷九期

長生殿傳奇韻律　吳梅述　文藝叢刊一卷二期

長生殿本事發微　雙蘆　津逮季刊一期

白虎堂傳奇　蘭溪漁隱著　陳墨香藏　劇學月刊二卷六期

明俗曲琵琶詞　顧頡剛　文學創刊號

此琵琶詞係錄自明刻本怡春錦曲第六琵琶記中所附之琵琶詞，用趙五娘自述口氣，頗類鼓子詞。

琴琶記脚色之扮像　傅惜華　大公報劇壇（廿四年六月廿六日，廿九日）

男女合串之白兔記　華　—明代劇曲史料之一—　大公報劇壇（廿四年二月十四日）

李漁戲劇論綜述　朱東潤　武漢大學文哲季刊三卷四號

李笠翁十種曲　江寄萍　天津益世報戲劇與電影卅九期（廿二年八月二日）

蔣士銓的藏園九種曲　江寄萍　天津益世報戲劇與電影四一期，四二期（廿二年八月十六日，廿三日）

南曲中唐僧出世傳說　趙景深　藝風二卷十二期

「六十種曲」版本考　傅惜華　大公報劇壇（廿四年八月四日，五日，六日）

「六十種曲」撰人考　焦木　北平晨報藝圃（廿四年六月十七日，十八日，十九日）

玉燕釵的作者　綠依　劇學月刊四卷二期

竹林寺是雜劇名麽　趙景深　青年界六卷一期

記長澤氏所藏鈔本戲曲　傅惜華　大公報劇壇（廿四年七月廿，廿一，廿二，廿四，廿五，廿七，廿八，廿九，卅日；八月，一，二日）

烏闌誓與紫釵記　綠依　劇學月刊三卷十二期

雷峰塔傳奇舊本之發見　傅惜華　大公報劇壇（廿四年七月四，五，九，十二，十四，十七，十八日）

袁籜菴之「西樓記」　貧　北平晨報藝圃（廿四年五月廿四日，廿五日）

袁令昭名于令，原名韞玉，號籜菴，晚號凫公，吳縣人善作曲。「西樓記」即其所作曲之一種

「溫涼盞」　邵茗生　劇學月刊四卷一期

「鉢中蓮」玉霜簃藏明萬歷本　劇學月刊二卷四期

談「綴白裘」　穎陶　劇學月刊三卷七期

「綴白裘」一書曾選錄了五十餘齣花部諸腔的劇本。

「名花榜」　岑齋　劇學月刊四卷四期

「名花榜」二卷一冊舊鈔本共廿七齣，于目缺，不著撰人

姓氏，原藏懷曹氏，今歸涵芬樓。

「百花點將」　傳惜華　大公報劇壇（廿四年六月廿日）
「百花點將」一劇係全本「百花記」之一折，作者無考

「不夜天」　岑齋　劇學月刊四卷二期
「不夜天」二卷一册，舊抄本，共卅二齣，不著撰人姓
氏，原藏懷寧曹氏，今歸涵芬樓

「稱心緣」傳奇　岑齋　劇學月刊四卷五期
二卷二册嘉慶廿一年七月三槐堂王琮鈔本

「睢陽節」與「匡山烈」　盧冀野　文藝月刊七卷一期
兩部傳奇爲懷寧曹氏處德堂所藏的曲本

憶「擊筑遺音」　秋子　北平晨報藝圃（廿三年十一月十二日）
「擊筑遺音」曲十六音悲壯淋漓，相傳爲熊開元所作，
熊爲明季進士，崇禎末官行人副使，召對，面劾首輔，詔下獄，尋
遣戍明亡薙髮爲僧，號櫱菴和尚，此曲係抒寫亡國遺民內心的憂鬱

補鈔「擊筑餘音」　惠隱　北平晨報藝圃（廿一年十一月廿日）

「鐵冠圖」考　沃圃　太白半月刊二卷七期
以明末流冠和甲申之變爲題的戲曲

鈔本「紅樓夢攤黃」　李家瑞　大公報圖書副刊九十六期（廿四年九月十二日）
綠生居士編共四本四十齣

華光劇考　旁觀客　劇學月刊四卷二期

「珠簾寨」考　芷湘　北平晨報國劇週刊四十期，四十一期（廿四年七月十八日廿五日）

從「金鎖記」說起　晦　北平晨報國劇週刊五號，六號（廿三年十一月八日，十五日）

說崑曲皮簧三殺旦脚　陳墨香　劇學月刊二卷九期，十期　所謂三殺：（一）宋江殺惜，（二）武松殺嫂，（三）石秀殺山。

說別本殺嫂　曾經滄海客　劇學月刊三卷十二期

寶劍記之夜奔　傅惜華　大公報劇壇（廿四年二月廿六日）

王寶釧故事的另一種傳說　穎陶　劇學月刊三卷十一期

各派「女起解之異同」　溶江　北平晨報國劇週刊八號（廿三年十一月廿九日）

「玉堂春」劇本考　傅惜華　大公報劇壇（廿四年六月廿一日，廿二日，廿四日，廿五日）

談「玉堂春」　馬肇延　劇學月刊三卷八期

談談「紅鸞禧」　撥雲　北平晨報國劇週刊卅五號，卅六號（廿四年六月十三日，廿日。

談「紅鸞禧」的涵義　南子　北平晨報國劇週刊四十九期（廿四年九月十九日）

汾河灣—桑園會—武家坡—三劇之評劇　銅盒　北平晨報國劇週刊十一號（廿三年十二月廿日）

桑園會，汾河灣，武家坡三劇藝術上的分析　古直　北平晨報藝圃（廿四年九月廿六日）

「法門寺」在藝術上的評價　維娜　北平晨報國劇週刊卅二號，卅三號（廿四年五月廿三日，卅日）

「借東風」之闡義及其藝術上的檢討　南子　北平晨報國劇週刊五十三號（廿四年十月十七日）

「金山寺」受歡迎的原因和該劇本身的檢討　張天蘇　北平晨報國劇週刊一號，二號（廿三年十月四日，十八日）

談「烏龍院」與「坐樓殺惜」　復生　北平晨報國劇週刊五十一期（廿四年十月三日）

刺虎的研究　劉澹雲　大公報劇壇（廿四年二月廿六，廿七，廿九日；三月一，二，三，四，五日）

紅梨記「訪素」演藝之研究　傅惜華　大公報劇壇（廿四年三月三，四，六，十，十一，十二日）

評王泊生的新歌劇　陳豫源　北平晨報劇刊一四六期（二十二年十月廿二日）

—看了「唐明皇哭貴妃遊月宮」以後—

導演「桃花人面」計劃芻議　劉澹雲　大公報劇壇（廿四年八月六，七，八，九，十，十一，十二，十三，十九，廿，

廿一，廿二日，）

說幾種不用樂器隨唱的戲　雪儂　劇學月刊四卷二期

京劇提要　陳墨香　劇學月刊三卷七期至十期連期刊登，四卷一期，四期，五期

國難的戲劇　王泊生　劇學月刊二卷五期

（一）大展宮，（二）哭祖廟，（三）王昭君，（四）殺宮殉國，（五）周遇吉。

讀「梨園集成」　石兆原　文學季刊二期

「梨園集成」題蓼城李世忠著，全書共收劇四十七種，其中秦腔三，崑曲五，餘皆皮簧。

（3）劇譚（關于舊戲之扮演　脚色，劇韵，曲譜等）

提綱之研究　劉濟雲　大公報劇壇（廿四年三月廿四日，廿六日，卅日卅一日）

「提綱」係內行排演戲劇時所用之演員表，服裝表，道具表，音樂表，動作表……等等之總稱。

中國戲劇的化裝　王泊生　天津益世報戲劇與電影四四期至四七期（廿二年九月六日，十三日，廿日，廿七日。）

六箱見聞錄　楚狂　劇學月刊三卷十一期

考戲中之名物制度

說「行頭」　霄　劇學月刊三卷五期，六期

—蟒—箭—官衣—馬掛—玉帶—帔子—開氅—褶子—八卦衣—法衣—水袖—靠子—鎧甲—茶衣—髯口—靴鞋

說「盔頭」　霄　劇學月刊三卷四期

—此「盔頭」是按戲班習慣，屬於廣義的—

內容：（一）分類—盔，帽，冠，巾，（二）名稱—有以類定有單獨定名者，（三）官私—官爲公共式私爲私置，（四）構造，（五）文飾，（六）款式，（七）重量。

扯四門　劉澹雲　大公報劇壇（廿四年六月十二日，十三日）

—排場閒話—

中國劇場的變遷是怎樣的？古劇裏面無「臉譜」和「武打」之類的成份　鄭振鐸

文學百題

臉譜的產生　藕紅　劇學月刊四卷五期

臉譜的地位與範圍　翁藕紅　劇學月刊四卷四期

從臉譜談到舊劇　徐訏　人間世十二期

面具·臉譜·與面部化裝　張繼純　北平晨報劇刊二〇一期（廿三年十一月十一日）

閑話臉譜 季野 劇學月刊三卷八期

臉譜與圖案畫 劉澹雲 大公報劇壇（廿四年一月五日，六日，七日，八日，十日，十一日）

「臉譜」 野鶴齊如山著 劇學月刊三卷七期 北平東安市場丹桂商場松竹梅商店發行

「作工」的難能及其分析 心華 北平晨報國劇週刊三號（廿三年十月廿五日）

戲劇脚色得名之研究 王芥輿 劇學月刊三卷六期

青衫花旦技藝之混淆 溶江 北平晨報國劇週刊十四期（廿四年一月十七日）

說花旦觔斗 墨香 劇學月刊二卷四期

淨與丑 谷遠 文學二卷六號

內容：（一）題前話，（二）最早的「淨」角，（三）「永樂大典戲文三種」及其他初期戲文裏的淨與丑，（四）草頭王—淨，（五）狗頭將軍—丑，（六）結論。

玉霜簃所藏身段譜草目 杜穎陶 劇學月刊二卷六期

戲白 老桐 劇學月刊四卷四期

尖團字及上口字 穎陶 劇學月刊二卷四期

尖團字的來源　雪儂　劇學月刊四卷一期

論尖團音　齊如山　大公報劇壇（廿四年七月一日，二日，三日）

國劇音韻談　張笑俠　北平晨報國劇週刊卅八期，卅九期（廿四年七月四日，十一日）

論音韻　吳瑞燕　王泊生　舞台藝術二期

內容：（一）總說，（二）中國因有戲曲所採用的音韻，（三）新歌劇擬用的音韻。

新國劇的音韵　杜環　劇學月刊二卷五期

論陰出陽收　穎陶　劇學月刊三卷十二期

明沈寵綏所著「絃索辯訛」和「度曲須知」二書均有討論歌唱發音時陰出陽收的字

音聲雜談　曹心泉口述　邵茗生筆記　劇學月刊二卷十期

說「音節」　徐凌霄　劇學月刊四卷四期

答方階聲先生論平劇入聲　綠依　劇學月刊四卷五期

皮簧字音論　潛江　北平晨報國劇週刊十二號（廿三年十二月廿七日）

論皮簧之念字　齊如山　大公報劇壇（廿四年七月七日；八日）

論皮簧十三道轍　齊如山　大公報劇壇（廿四年六月十一日，十二日，十三日，十四日）

論皮簧轍韻　齊如山　大公報劇壇（廿四年六月十九日）

論皮簧用中州韻　齊如山　大公報劇壇（廿四年六月十五，十六日，十七日）

十三轍　五微　劇學月刊三卷七期
關于京戲音韻的討論

中州韵和十三轍　羅莘田　讀書週刊十六期（廿四年九月十九日）

嗓音的保養與運用　西露　北平晨報國劇週刊九號（廿三年十二月六日）

曲調源流考　若生初稿　劇學月刊三卷五期，六期，八期，九期；四卷二期

「宮」「調」　顧陶　劇學月刊三卷四期

宮調通論　尹广　女師學院期刊三卷一期
內容：（一）引論，（二）宮調沿革，（三）宮調性質及用法，（四）宮調與曲牌，（五）餘論。

北仙呂「點絳唇」之研究　劉澹雲　大公報劇壇（廿四年五月廿四，廿五，廿六，廿七，廿八，廿九，卅日；六月一，

二日）

曲譜新編略例　華鍾彥　女師學院期刊三卷二期

南胡曲選譜　陳振鐸　女師學院期刊三卷二期
雨後春光

南胡曲選符號說略　陳振鐸　女師學院期刊三卷一期
附南胡曲譜

南曲譜研究　錢南揚　嶺南學報一卷四期

工尺字譜讀法　方問溪　北平晨報藝圃（廿年五月十五日）

琵琶譜錄　曹心泉口述　邵茗生筆記　劇學月刊三卷一期
琵琶聲譜彙昔各地流傳至爲繁夥，要以直隸，浙江兩省所創製者爲大宗

絲竹鑼鼓十番譜　曹心泉述　邵茗生筆記　劇學月刊二卷十一期，十二期，三卷三期
（一）鬧元宵，（二）遍地風雲，（三）蜂蝶鬧，（四）鷓鴣天，水龍吟，（五）趕蘇卿，（六）和合調，（七）雙鴛鴦，小梁州，（八）下西風。

談「大十番」樂曲　方問溪　北平晨報國劇週刊卅六號（廿四年六月廿日）

「元宵鑼鼓」譚澹雲　大公報劇壇（廿四年三月七日，八日，九日，十二日）

「林冲夜奔」歌曲之研究　方問溪　北平晨報國劇週刊（廿四年三月十四日；四月四日；五月廿三日，卅日；六月六日；七月四日；八月一日；十五日，廿二日）

「夜奔」曲譜　心泉　劇學月刊三卷十期

「安天會偸桃」曲譜　曹心泉　劇學月刊四卷三期，四期

崑曲「罵曹」的鼓譜　楊天籟　北平晨報國劇週刊十六期（廿四年一月卅日）

「思凡」曲調考　劉澹雲　大公報劇壇（廿四年八月廿三日，廿四日）

「鍾馗嫁妹」附工尺譜　曹心泉訂譜　劇學月刊三卷七期

「舟配」曲譜　曹心泉　劇學月刊三卷十一期

「水簾洞」曲譜　曹心泉校訂　劇學月刊三卷九期

「盤絲洞」曲譜　曹心泉　劇學月刊四卷五期

「下海」曲譜　曹心泉　劇學月刊四卷二期

「畫蘭」曲譜　曹心泉　劇學月刊三卷十二期

「鐵龍山」曲譜　曹心泉　劇學月刊四卷一期

曲譜零拾　曹心泉　邵茗生　劇學月刊二卷六期

清官秘譜零憶　曹心泉口述　邵茗生筆記　劇學月刊三卷四期，五期，六期，八期

前清每逢千秋令節或喜慶筵宴，例演吉祥新戲，劇本皆宮中編製先期練習，演劇時多舞燈以湊熱鬧，心泉先生曾在內庭承值，就其記憶所及，追述其曲譜

戲中恒言　齊如山　大公報劇壇（廿四年五月廿四，廿六，卅，卅一日；六月三，四，五，六，七，八，九，十日）

戲詞中的排偶句　齊如山　大公報劇壇（廿四年一月九日）

舊劇裏「乂」字的辯証　非非　北平半月刊八期

關于在舊劇裏摔打後「乂出去」的「乂」的考証

明皇曲錄　佚督　師大月刊十四期

此篇僅蒐明皇所製之曲，見於史冊者凡十之有五

三家曲選　常芸庭編　國風半月刊三卷四期，五期，七期

（一）霜厓曲選：作者吳梅初號靈鳷又號霜厓，江蘇長洲人生

於光緒十年（一八八四）（二）北曲選——作者任訥字敏中，江蘇江都人，生于光緒廿三年（三）飲虹曲選——作者盧前字冀野，江蘇江甯人，生於光緒卅一年（一九〇五）

曲海總目提要坊本傳奇彙考子目綜合索引 穎陶 劇學月刊三卷五期

碧蕖館藏曲志 傅惜華 大公報劇壇（廿四年三月十九，廿一，廿七日；五月十一，十三，廿八，廿九；六月一日）

記玉霜簃所藏鈔本戲曲 穎陶 劇學月刊二卷四期

記綴玉軒藏內府鈔本 傅惜華 大公報劇壇（廿四年一月廿二，廿三日）

曲目舉又 郭家瑞 北平晨報藝圃（廿三年十二月十二，十四，十五，十七，十八，十九，廿一，廿二，廿四，廿五，廿六，廿八，廿九，卅一日；廿四年一月九，十五，十六，十九，廿一，廿二，廿三，廿六，廿九日）

讀誠齋樂府隨筆 趙景深 青年界六卷四期 「誠齋樂府」明初周憲王朱有燉作的雜劇其所具特點：（一）元曲軌範的超越，（二）兩楔子的沿用，（三）猶有古意的戲劇典故。

（4）劇話 戲劇史料附

墨香劇話 陳墨香 劇學月刊二卷五期，六期。

郎會鞠話　郎會　大公報歌壇名作選錄（廿四年五月廿一，廿三，廿四，廿七，卅，卅一日；六月一，二，五，七，八，十四，十六，十八，十九，廿一，廿二，廿五，廿六，廿八，廿九日）

想到便說的戲話　邵茗生　劇學月刊二卷六期

紅霓室談劇—淨之孜原—　非非　北平半月刊九期

顧曲新話　穎陶　劇學月刊三卷二期

觀劇生活素描　墨香　劇學月刊二卷四期，五期，六期，十期，十一期；三卷一期，二期。

秋葉隨筆　緣依　劇學月刊二卷九期，十一期，十二期；三卷一期。

讀曲雜錄　西諦　文學二卷六號　香山還帶記，白袍記，白蛇記，鸚鵡記，玉環記，虎符記，及綰春園，明月環，上林春，金剛鳳諸傳奇。

讀曲札記　陳豫源　舞台藝術二期　（一）破幽夢孤雁漢宮秋雜劇，（二）李太白正配金錢記雜劇，（三）包待制陳州糶雜劇。

讀曲札記　豫源　北平晨報劇刊二三四期（廿四年六月卅日）　內容：（一）王清菴錯送鴛鴦被雜劇，（二）隋何賺風魔蒯通雜劇，（三）温太眞玉鏡臺雜劇，（四）楊氏女殺狗勸夫。

訪曲記 澀齋 劇學月刊三卷七期

篇中所記有千秋鑑，四元記，韞山六種曲，才人福，輞川圖，十二釵，平錁記，守溶記諸曲

岑齋讀曲記 邵茗生 劇學月刊三卷八期，九期，十二期；四卷三期

所記的：（一）玉鴛鴦傳奇，（二）福星照傳奇，三義節傳奇，（三）游龍傳，（四）六美圖，（五）祥麟鏡，（六）天星聚，（七）正昭陽，（八）萬倍利傳奇，（九）萬年觴，（十）錦衣歸，（十一）渾儀鏡，（十二）生辰綱，（十三）定風珠，陰陽鐘，寶藏。

九宮正始骷髏格中所引用的南戲 休休 劇學月刊四卷三期

喬吉與李楚儀 趙景深 青年界四卷四期

作者讀任輯「夢符散曲」以爲作者喬吉曾與妓女李楚儀有過熱戀。

雙漸和蘇卿 趙景深 現代四卷一期

那此散曲寫妓女蘇卿初識雙漸，兩情繾綣，後蘇卿又改嫁一茶商，雙漸落拓不得意，乃漫遊煙花中。在散曲叢刊太平樂府載有關于此故事的小令和套數。

梨園行的祖師究竟是誰 蠡測 劇學月刊二卷四期

首陽山　堅白　劇學月刊四卷一期

二郎神考　陳墨香　劇學月刊二卷十二期
伶人常供二郎神爲祖師

誰是老郎神　雪儂　劇學月刊三卷九期
在戲班後臺裏邊或伶人家裏所供奉的祖師爺的考訂

北平戲衣業概述　徐凌霄　劇學月刊四卷五期

關於「唱道」　綠依　劇學月刊三卷十期
論「唱道」二字應作何解釋

國劇中的「男扮女」問題　王平陵　劇學月刊三卷十二期

明熹宗之串風雲會　惜華　大公報劇壇（廿四年三月一日）
——明代戲曲史料之三——

京戲裏的史料　徐凌霄　劇學月刊三卷十一期
內容：（一）玉堂春之醫官法權，（二）四進士之大律師進士巡按，（三）御碑亭之大總裁，（四）奇雙會之典史老爺及其乘差，（五）清官册之「請過聖命」，（六）馬義救主之生員學老師，（七）雙鈴記之滿漢御史書辨，（八）連環套之太尉梁千歲副將鏈客，（九）賣馬之員外捕快。

我與中國戲劇　徐凌霄　劇學月刊二卷九期，十期，十一期
自述過去與戲劇所發生關係，及所見的及劇中角色，在中間却包含許多清代京戲的史料。

前清內廷演戲回憶錄 曹心泉口述，邵茗生筆記 劇學月刊二卷五期

心泉先生，夙值內廷，習聞雅故，此篇邵先生就所述記之

清代宮廷戲發展的情形怎樣 鄭振鐸 文學百題

清代內庭之「開場團場」戲 傅惜華 大公報劇壇（廿四年六月廿日）

清宮戲劇服裝談 劉澹雲 大公報劇壇（廿四年八月廿五日，廿七日）

清宮之月令承應戲 傅惜華 大公報劇壇（廿四年八月廿一日，廿二日，廿三日）

越縵堂日記中之清末戲劇史料 逸盦 天津益世報語林（廿二年七月廿八日至八月十五日連日刊登）

越縵堂日記清末文學家李慈銘所作，晚年罷官後，幾無日不徵歌狎飲，日記中多紀其事，載當日劇界情形者尤多。

清末內廷梨園供奉表 松鳧 劇學月刊三卷十一期

「清末梨園供奉表」校補記 周志輔 劇學月刊四卷二期

道聽塗說的戲談 蕊香 劇學月刊二卷十二期

記談聞中所得關於前清咸豐同治間京城各戲班諸名角，如程長庚，余三勝，張二奎等的演唱之工。

近六十年故都梨園之變遷　張次溪　劇學月刊三卷十二期

北平梨園歲時記　麥香亭　劇學月刊四卷三期，五期

中國劇壇大事記　周彥　北平晨報劇刊（廿四年四月廿四日；三月三日，十七日，廿四日；四月七日）

三十五年前粵劇班底組織　雪儂　劇學月刊四卷五期

（5）伶苑

京劇生旦兩革命家—譚鑫培與王瑤卿—　筆歌墨舞齋主　劇學月刊三卷七期

絕代之老譚　大公報歌壇名作選錄（廿四年二月廿一日，廿二日，廿三日）

小叫天小傳　黃遠生遺著　大公報（廿四年二月七日，八日，九日）

我的中年時代　王瑤青自述　邵茗生代記　劇學月刊二卷四期

書王瑤卿　盟雲　大公報歌壇名作選錄（廿四年三月四日）

王鳳卿小傳　盟雲　大公報歌壇名作選錄（廿四年二月廿日）

程長庚傳略　大公報歌壇名作選錄（廿四年三月十三日，十四日，十五日，十六日，十七日）

附王九齡，張二奎，盧勝奎

崔靈芝傳　伏櫪　大公報歌壇名作選錄（廿四年三月六日，七日。）

龔雲甫傳略　惜哉　大公報歌壇名作選錄（廿四年三月一日，二日，三日）

丑淨名優彭天錫　華　大公報劇壇（廿四年二月十五日）
—明代劇曲史料之二—

梅蘭芳研究　春英　江南講　丹青筆記　萬人誌二卷四，五期合刊

梅郎小史　盟雲　大公報歌壇名作選錄（廿四年四月十九日，廿六日）
民國元年至五年時代之梅蘭芳

梅畹華傳　休莫老人　大公報歌壇名作選錄（廿四年二月十一日，十二日）

梅蘭芳游俄記　瞿闕亮　旅行雜誌九卷六號

梅蘭芳在蘇聯　戈公振　寶權合作　國聞週報十二卷廿二期

中國戲劇在莫斯科　小山　世界知識二卷五號
記梅蘭芳在莫斯科之演唱

歌苑舊聞　松鳧　劇學月刊三卷八期

歌場述往　素聲　北平晨報藝圃（二十三年七月二，三，四，九，十，十一，十三，十四，十六，十七，廿一，廿七日）

關于近代名伶尙小雲，賈璧雲，王蕙芳等

C.地方戲—通俗戲曲 儺，鼓詞和灤州影附

八百年來地方劇的鳥瞰　佟晶心　劇學月刊三卷九期

關于海鹽腔，餘姚腔，崑腔，戈腔，秦腔的探討。

我所見的中國戲　朴園　天津益世報戲劇與電影六六期（廿三年二月廿八日）

此篇所談及者有崑曲，高調，皮簧，秦腔，亂彈，河南調，開州平，弦子腔，四股弦，落子歌，秧歌，木人戲

中國通俗戲曲　王泊生講　姚得煊記　天津益世報戲劇與電影五〇期（廿二年十月廿五日）

通俗的戲曲　佟晶心　劇學月刊四卷五期

（一）蹦蹦戲，（二）打花鼓，（三）南詞，（四）蓮箱，（五）蓮花落，（六）灘簧，（七）高腔（八）秦腔，（九）梆子腔。

故都百戲　齊如山　大公報劇壇（廿四年八月三日，四日，七日至廿日，廿八日，廿九日，卅日）

傀儡戲，托偶戲，提線戲，影戲，十不閑，秧歌會，高蹺，打花鼓，打連廂，跑旱船，十番會，墜子，筋斗，猴戲，雙簧。

合兒腔觀感錄　佟靜因　劇學月刊三卷四期

合兒腔亦叫哈哈腔，現在華北黃河以北的縣裏都很通行，

合京腔白，界乎秦腔和皮簧之間，演作略和秦腔相似，其場面主要樂器是四胡，其角色則不外生旦淨末丑，其劇本多根據民間的傳說和野聞。

玉田民間戲劇的概況 高雲翹 劇學月刊三卷五期

在玉田最普通最有歷史的戲是梆子腔，後於民十九年間崑腔亦盛行

攤簧 大理 太白半月刊一卷四期

「蘇灘」係崑曲改成和崑曲差不多，所不同在不用「鑼鼓像生」和笛，全用「絲弦像生」伴奏

弋腔偶識 涅伽 天津益世報戲劇與電影卅八期（二十二年七月廿六日）

崑弋是南曲的兩大支

王芷章「腔調考原」序 劉半農 人間世九期

「腔調考原」 雲士 劇學月刊三卷七期

王芷原著 北平雙肇樓圖書部出版

平戲考 枝巢 劇學月刊三卷十期

內容：（一）源流，（二）定名，（三）音節，（四）脚本，（五）結論。

北平的百戲 佟晶心 劇學月刊三卷八期，十二期

內容：（一）關於敬神進香的百戲，（二）非敬神進香的

百戲，（六）雜要。

北平梨園歲時記　麥香亭主　劇學月刊四卷一期

北平劇壇早春紀事　林剛白　舞台藝術二期

記廿四年一二月間北平話劇舊戲的公演

記滇劇卅二種　劉守鶴　劇學月刊二卷六期

談滇劇　張四維　劇學月刊四卷一期，二期。

祁陽劇　劉守鶴　劇學月刊三卷二期，三期

祁陽劇是湘省南部的戲劇

內容：（一）祁陽劇的起源，（二）祁陽劇的行當，（三）祁陽劇的班子及班規，（四）祁陽劇的行箱，（五）祁陽劇的化裝。

湖南戲劇概觀　楊卓之　天津益世報戲劇與電影六六期，六七期（二十三年二月廿二日）劇學月刊三卷七期

湖南劇之硏究可分爲土著與外來兩種：外來者有京班，話劇；土著者有漢班，票友班，賀紳班，花鼓班，傀儡班，及影戲。

幾年前長沙的戲劇　張伊人　舞台與銀幕發動號

談桂戲　羅復　人間世十一期

桂戲在桂林　羅復　新語林半月刊二期

粵劇的一斑 馬合林 佟靜因 劇學月刊三卷九期

「的篤戲」小史 魏金枝 大衆知識創刊號，二期

「的篤戲」就是上海人所說紹興文戲，是嵊縣的特產。

儺，鼓詞和灤州影

儺考 姜亮夫 民族雜誌二卷十期

（古代之逐疫禮俗）

內容：（一）揭旨，（二）釋儺字，（三）儺之意義的分析，（四）儺之儀式，（五）小結。

儺與戲劇 魯君 中國文學二期（温州中學出版）

說儺 陳逸人 中國文學二期（温州中學出版）

—初民巫術的遺刑，周代打鬼的禮式，漢朝逐疫的把戲，宋元戲劇的發端，現代變俗的殘餘—

說書派別源流考 吳卯 北平晨報藝圃（廿四年八月十九日）

說書與小唱 劍秋 北平晨報藝圃（廿四年九月十六日）

亂彈，亂壇，亂談 靜因 劇學月刊三卷八期

談大鼓書的起源　李家瑞　人間世卅一期

大鼓源流的探討　唐心佛　大公報本市附刊（廿四年四月四日，廿一日，廿二日，廿三日）

大鼓起源至今已有三千四百餘年，是周莊王發明。

說大鼓　趙景深　人間世廿一期，廿二期

內容：（一）大鼓的類別，（二）大鼓的起源，（三）大鼓的體製，（四）韓小窗及其創作，（五）大鼓與二簧的交涉，大鼓的俳體，（六）大鼓的演唱。

花鼓探原　黃芝岡　太白半月刊二卷六期

花鼓戲的起原　克丐　北平晨報藝圃（廿四年八月十二日）

談花鼓戲　陳子展　太白半月刊一卷五期

內容：（一）發端（二）說到花鼓戲，（三）花鼓戲的特色，（四）花鼓戲的演出，（五）煞尾——花鼓戲是來自田間，大半由山歌複雜化，組織化，音樂化而成的，是農民最眞實自已的表現。

從漢調說到花鼓戲　歐陽予倩　矛盾月刊五，六期合刊（戲劇專號）

漢調是湖北戲，花鼓戲是山歌加以戲劇組織所變成的戲。

花鼓譜　曹心泉正譜　劇學月刊二卷五期

說牌子曲　趙景深　人間世廿八期

木皮詞的作者考　劉階平　東方雜誌卅卷十六號

木皮詞作者是木皮散客所謂木皮者鼓板也

木皮詞的作者考補錄　劉階平　東方雜誌卅一卷廿三號

原考載東方雜誌卅卷十六號

桃花扇與木皮子鼓詞　梁樂三　人間世卅四期

桃花餘韵說者都以爲是孔尙任手筆，其實整個出于「木皮子鼓詞」其字句及其所用曲調，無一兩樣處。木皮鼓詞一卷題木皮散客著，有孔尙任序，同是曲阜人。

民間的俗曲　佟晶心　劇學月刊四卷一期

內容：（一）說書—關于彈詞，變文鼓詞，竹板書等，（二）時調。

中國影戲考　佟晶心　劇學月刊三卷十一期

灤州影　楊戊生　天津益世報戲劇與電影六三期（二十三年一月廿四日）

灤州影戲　顧頡剛　文學二卷六號

內容（一）引論，（二）傀儡與影戲，（三）灤州影戲的創始，（四）灤州影戲之分期，（五）灤州影戲的派別，（六）灤州影戲的觀象，（七）灤州影戲之內容，（八）灤州影戲與舊劇和電影，（九）今後灤州影戲。

灤州影調查記　高雲翘　劇學月刊三卷十一期

灤州影戲概談　林谷　天津益世報戲劇與電影六五期（廿三年二月七日）

「北平谷」、村弄影「混元盒」的一鱗半爪　楊村彬　北平晨報一九九期（廿三年十月廿八日）

D.新劇

（1）概論　劇運史料附

中國的戲劇　徐慕雲　文化建設一卷一期

中國的戲劇運動　謝壽康　矛盾月刊五，六期合刊（戲劇專號）此篇把中國革新後戲劇運動的源流變遷，泛泛地叙述了一個梗概。

中國劇運的我見　維堯　天津益世報戲劇與電影六一期（廿三年一月十日）

獨幕劇與中國新劇運動的出路　鞏思文　人生與文學一卷二期

一九三三年中國之戲劇運動　周彥　中華月報二卷二期

一九三四年中國戲劇運動之回顧　劉念渠　舞台藝術創刊號

一九三三年中國戲劇運動之回顧　勉予　青年與戰爭廿五期

中國話劇過去的厄運和目前應有的努力　浮萍　幽燕二卷二期，四期

中國的話劇　劍嘯　劇學月刊二卷七，八期合刊

中國舊有的話劇—新話劇之來源及其滋長—中國話劇運動失敗之原因—作家及作品—翻譯與改譯—話劇之將來。

一年來的中國話劇　蘇芹孫　讀書顧問季刊四期

中學生與話劇運動　肇洛　北平晨報劇刊一七二期（廿三年四月廿二日）

論遊藝會中演出話劇　劉念渠　北平晨報劇刊一七八期（廿三年六月三日）

話劇運動　高慶豐　文藝戰線三卷廿六期

新歲聲中的話劇　陳豫源　北平晨報劇刊二〇七期（廿三年十二月廿三日）

內容：（一）本年中話劇的運動，（二）請求新年遊藝會的主辦人釋放話劇，（三）新年演劇與軒轅劇社。

學校戲劇運動　周彥　北平晨報劇刊一九九期（廿三年十月廿八日）

從舞台的活躍說到劇本的缺乏　陳奕　大上海一卷一期

新舊劇問題　張季純　文藝電影二期

戲劇的生活化和生活的戲劇化　佟賦敏　劇學月刊三卷七期

促成職業劇團的第一個意義　楊村彬　北平晨報劇刊二〇三期（廿三年十一月廿五日）

編輯戲劇運動史料的提議　豫源　北平晨報劇刊二〇四期（廿三年十二月二日）

文明戲之史的研究　馬彥祥　矛盾月刊五，六期合刊（戲劇專號）
內容：（一）文明戲之產生，（二）文明戲之發展的過程，（三）文明戲衰落的原因。

論愛美的戲劇　馬彥祥　天津益世報戲劇與電影四二期，四三期（廿二年八月廿三日）
內容：（一）愛美劇產生之時代背景，（二）愛美劇之意義－以藝術爲目的，與文明戲以營業爲目的不同

中國劇壇史料　唐槐秋　矛盾三卷一期

南國社的昨日與今日　王平陵　矛盾月刊五，六期合刊（戲劇專號）

戲劇協社過去的歷史　顧仲彝　矛盾月刊二卷五期
－中國劇壇史料之一－

辛酉學社愛美的劇團　袁牧之　矛盾月刊二卷五期
－中國劇壇史料之二－

我與南國 唐槐秋 矛盾月刊二卷五期 —中國劇壇史料之三—

藝術劇社小史 楊邨人 矛盾月刊二卷五期 —中國劇壇史料之四—

一個理想的實驗劇院 柳無忌 人生與文學一卷一期 —南大電台廣播稿—想在大學中辦一個好的劇院

萬國藝術劇院 陳象賢 人言週刊二卷十期 是上海一個新組織的文化團體，極力提倡戲劇及其他與文化有關學術，時請中外名家演講院，址在南京路五十號的四層樓

（2）各地話劇公演概況

一九三三之上海劇壇 袁牧之 天津益世報戲劇與電影四八，四九，五〇，五一期（廿二年十月四月四，十八，廿日；十一月一日）

「上海舞台協會」第一次公演 克農 文藝電影一卷三期

記「上海舞台協會」的上演 黃詰 舞台藝術創刊號

一九三三年上海演出之新劇本 李曼霖 北平晨報劇刊一六七期（廿三年三月十八日）

檢討上海非職業劇人的聯合公演 林晨 矛盾月刊五，六期合刊（戲劇專號） 關于所公演叛徒，銀包，父親，母親，

蠢貨，妒，母歸，嬰兒殺戮，未完成的傑作，炭鑛夫，賊與革命家之妻等劇本的評判

上海劇壇史料　楊邨人　現代四卷一期

話劇在首都　陳豫源　北平晨報劇刊一五一期（二十二年十一月二十六日）

「自救」和「第一次雲霧」在南京公演後　張道藩　黃鐘五卷五期

戲劇在南京——一九三四年上半年的清算　蘇芹蓀　創作與批評一卷二期

天津演劇運動之回顧　羅更　北平晨報劇刊一六二期（廿三年二月十一日，十八日）

「天津話劇運動」漫談　漂浮　天津益世報戲劇與電影五七期（二十二年十二月十三日）

內容：（一）天津劇運的過去與現在，（二）什麼樣的將來。

最近天津劇壇鳥瞰　司徒珂　天津益世報演劇研究三期（廿四年十月廿五日）

新秋北平劇壇巡禮　劉問勄　天津益世報演劇研究一期（廿四年九月十三日）

戲劇在廣州　柳流　文化列車八期，

蘇州的劇運　里尼　文化列車四期

一九三三年江西戲劇之新潮 墨餘 文化月刊創刊號

南昌話劇團露天演劇 王家齊 北平晨報劇刊二二九期（廿四年五月廿六日）

沙城劇社公演印象記 豫源 北平晨報劇刊一七四期，一七五期（二十三年五月六日，十三日）

青玲孤松春草三劇團第一次聯會公演專頁 天津益世報十四版（廿四年六月二日）。

評光夏劇社公演 劉流 舞台與銀幕發動號

「月亮上昇」與「喇叭」 豫源 北平晨報劇刊一四四期（二十二年十月八日）

—藝術研究社戲劇部公演漫評—

觀「茶花女」後 李建吾 大公報藝術週刊卅六期（廿四年六月八日）

茶花女公演專刊 陳綿 北平晨報（廿四年五月廿七日）

中國旅行劇團之一頁 戴涯 華北月刊二卷四，五，六，期合刊（十二月號）

關於「中國旅行團劇」的話 唐槐秋 創作與批評創刊號

中國旅行劇團的「梅蘿香」與「女店主」略評 周彥 北平晨報劇刊二〇三期（廿三年十一月廿五日）

觀罷「少奶奶的扇子」　華西里　文藝戰線三卷四十六期

「委曲求全」公演的前後　學農　劇學月刊四卷二期

「委曲求全」的兩個喜劇成分　張駿祥　大公報文藝副刊一三八期（廿四年二月十日）

讀「委曲求全」　朱光潛　大公報文藝副刊一三八期（廿四年二月十日）

消息　北平晨報劇刊二〇七期，二〇八期（廿三年十二月十三日，卅日）

劇壇新聞　天津益世報演劇研究三期（廿四年十月廿五日）

（3）劇本的評介

洪深的戲劇　肇洛　北平晨報劇刊二三八期，二三九期（廿四年七月廿八日，九月四日）

——傳略，創作，批判——

「香稻米」　王淑明　文學三卷一號　洪深作現代雜誌連載

談田漢的一幕悲劇　魯鈍　文藝一卷三期　「咖啡店之一夜」

「母親」　岳羅珪　北平晨報劇刊三四一期（廿四年八月十八日）　田漢作獨幕劇

讀「上沅劇本甲集」　丙生　文學三卷三號
余上沅作　商務版

讀「佛西戲劇第三集」　歐陽光　北平晨報劇刊一三一期，一三二期（廿二年七月九日，十六日）

讀「佛西戲劇第四集」　歐陽光　北平晨報劇刊一三四期，一三五期（廿二年七月廿日，八月六日）
熊佛西著　商務印書館發行

四個劇本的介紹　天津益世報戲劇與電影廿六期（廿二年七月十三日）三
三晦明劇社聯合公演的豐年，居住二樓的人，二傷兵，梅雨四劇本。

介紹「無名小卒」　陳豫源　北平晨報劇刊一四三期（廿二年十月一日）

介紹「現代劇選」　治策　北平晨報劇刊一三三期（廿二年七月廿三日）
朱肇洛編輯　北平文化學社出版

關於「怒吼吧，中國」　北平晨報劇刊一四八期（廿二年十月五日）

李健吾著戲劇二種　大公報文學副刊三百零二期（廿二年十月十六日）

「雷雨」　劉西渭　大公報小公園（廿四年八月廿一日）
曹禺作四幕劇　載文學季刊一卷三期

戲劇目錄　北平晨報劇刊一二六期，一二七期，一二八期，一三〇期（廿二年六月四日，十一日，十八日；七月二日）

劇本介紹 蕭錫荃 北平晨報劇刊二〇六期，二〇七期（廿三年十二月十日，卅日）

脚本提要 稈珪 北平晨報劇刊二四四期至二五一期（廿四年九月八，十五，廿七日；十月六，十九，廿，廿七日）
除夕，這不過是春天，徵婚，一副喜神，開演的時候，戰線內，被告等脚本的提要。

9.印度和日本的戲劇

印度戲劇的體裁 湼伽 天津益世報戲劇與電影卅二期（廿二年六月廿一日）
印度戲劇研究抄之一（此抄從A. B. Keith所著的印度戲劇中抄下的）

印度戲劇的理論 湼伽 天津益世報戲劇與電影卅七期（廿二年七月十九日）
—印度戲研究抄之二—

印度戲劇中之人物 湼伽 天津益世報戲劇與電影四三期，四四期（廿二年八月卅日；九月六日）

日本新劇十年之回顧 薄田研二著 邵芙譯 文藝月刊六卷五，六期合刊
—築地小劇場，新築地劇團為中心—

「沙貢特拉」和「趙貞女型」的戲劇 李滿桂 文學二卷六號

日本演劇的近狀 林煥平 芒種半月刊創刊號

一九三四年之日本新劇界 納富城武作 甄夢筆譯 北平晨報劇刊二一八期，二一九期（廿四年三月十日，十七日）

東京觀劇縱橫記 甄夢筆 北平晨報劇刊二〇九期（廿四年一月六日，廿日，廿七日；二月三日，十日）

內容：（一）築地小劇場，（二）新宿歌舞伎座。

評神田豐穗的學校劇本集 何厭 萬人雜誌二卷三期

10 歐美劇戲

A. 通論

十年來歐洲戲劇之大概 汪梧封 光華大學半月刊三卷九，十期

歐洲各國國劇的建設 佟靜因 劇學月刊三卷五期

內容：（一）義大利的進化，（二）法國的歌劇運動，（三）德國國劇的覺悟，（四）瓦葛耐（W.R. Waguer）的集其大成。

西洋的戲劇與教育 耆賽·波洛夫基共著 李萬居譯 時事類編三卷七期，八期

本文分上下兩篇上篇敘述美，英，德，俄，比等國教育戲劇運動的過程，以及對於兒童關係之要重；下篇則單獨討論法國戲劇與學術教育運動的情形，以及該國學術界對於這個問題的意見等。

世界劇壇消息　焦菊隱　劇學月刊二卷五期

我們怎樣積極糾正戲劇運動者的不良傾向　劉念渠　天津益世報演劇研究三期（廿四年十月廿五日）

B.希臘

希臘的戲劇　顏根山　厦大周刊十四卷廿九期

希臘悲劇　羅念生　大公報文藝副刊一五四期（廿四年六月二日）

希臘的悲劇　洪深　文學季刊三期

談希臘的悲劇　彭基相　大公報文藝副刊一百廿九期（廿三年十二月十九日）

此篇以倫理來談希臘悲劇的性質

「伊勒克特拉」　矛盾　中學生四十九號，五十號

—關於希臘悲劇—

依斐格納亞引言　貝次作　大公報文藝副刊一五九期（廿四年七月七日）

這本希臘原劇是貝次編，我國譯本將由中華教育文化基金編譯委員會出版

C.法國

以演劇爲中心的盧梭和百科全書派之對立 佐佐木孝丸作 穆木天譯 現代五卷四期

法國近代劇概觀（續）L. Lewisohn作 馬彥祥譯 文藝月刊三卷十一期，十二期

十九世紀末法國戲劇之概況 狄金作 彥祥譯 天津益世報戲劇與電影五一期（廿二年十一月一日）

內容：（一）法國劇場之情形，（二）德國劇場之四大劇家—朴多理許（1849），白里歐（1858），海維歐（1857-1915），居萊爾（1854），（三）其他作家。

法國現代話劇概况 徐霞村 劇學月刊二卷七，八期合刊

現代法蘭西戲劇文學 夏炎德 矛盾月刊三卷二期

內容：（一）自然派劇，（二）象徵劇，（三）心理劇，（四）社會劇，（五）韵文劇，（六）笑劇及其他。

法國戲劇文學 陳綿講 北平晨報六版（廿四年九月十五日）

法國現實派戲曲 夏炎德 學術月刊一卷二，三期合刊

現實戲曲支配1850至1880年的戲劇界

從莫利耶的戲劇說到五種中文譯本 馬宗融 文學三卷五期

（一）慳吝人，（二）裝腔作勢人，（三）夫人學堂，（四）史嘉本的詭計，（五）心病者。

莫利哀的「恨世者」　趙少侯　文藝月刊六卷四期

「恨世者」是莫利哀全部作品中劃分時代的三部曲之一，其餘二部卽「僞君子」與「童女昂」。

歌劇「浮士德」　張洪島　女師學院期刊一卷二期

這篇所述歌劇「浮士德」，是法國作曲家顧諾本歌德所作「浮士德」故事作成歌曲配以音樂。

卡拉馬佐夫兄弟　紀得作　斐琴譯　東流一卷五期

寫於賈克科頗和克雷所編的劇上演之前—（「卡拉馬佐夫」兄弟是妥斯退益夫斯基的長篇傑作，法文豪賈克科頗把牠編成劇本上演。）

D. 英國

新愛爾蘭的戲劇　F. W. 羌德萊著　白李譯　成都文藝月刊二卷三期

電影與英國的戲劇　心音　人生與文學一卷一期

文藝復興與莎士比亞　William Kenryhudson 著　房秉符譯　學術季刊一卷二期

莎士比亞現實主義　味者　文史一卷三期

莎士比亞的現實主義與其戲曲構成　高冲錫造作　孟氏鈞譯　文藝月刊一卷三期

莎斯比亞的幽默　袁昌英　武大文哲季刊四卷二號

寫實主義與「莎士比亞的潑剌」日本高沖陽道氏作　辛人譯　文史一卷四期

莎氏比亞底戲劇　此君譯　舞台藝術創刊號

莎翁的生物學觀　朱無掛　中法大學月刊四卷一期

莎士比亞名劇提要　朱傑勤　國立中山大學文史學研究所月刊三卷一期

（一）威城商人，（二）大將該撒。

莎士比亞的悲劇之實質　李子駿　刁斗一卷一期

莎氏比亞及其四大悲劇　張堯年　女師學院期刊創刊號

「威尼斯商人」的意義　梁實秋　大公報文藝副刊八十一期（二三年七月四日）

威尼斯商人係莎士比亞劇本之一

海涅論「威尼斯商人」　繡琴　天津益世報文學週刊五十六期（廿二年十二月廿三日）

顧仲彝譯「威尼斯商人」　記乘之　文學評論一卷二期　新月書店發行

「哈姆雷特」問題　梁實秋　文藝月刊五卷一期

「哈姆雷特」是莎士比亞所作戲劇之一

十九世紀德國文學批評家對於哈孟雷特的解釋　陳銓　清華學報九卷四期

內容：（一）解釋哈孟雷特的意義，（二）哈孟雷特價值的估定，（三）歌德對於哈孟雷特的認識，（四）三種流行的解釋，（五）章爾德的三點論，（六）鮑爾嘉的個性論，（七）病態同稟賦的探討，（八）性惡論的研究，（九）結論。

「馬克白」的歷史　梁實秋　天津益世文學週刊五十四期（廿二年十二月九日）文藝月刊五卷五期

「馬克白」爲莎士比亞四大悲劇之一。

莎劇凱撒裏所表現的羣衆　杜衡　文藝風景一卷一冊

莎士比亞名劇「凱撒」之介紹　施章　文藝月刊七卷一期

關於徐志摩譯的「羅米歐與朱麗葉」　史建堂　天津益世報文學週刊卅期（二十二年六月廿四日）

莎學　張沅長　文藝月刊一卷三期

——質楊丙辰先生——

「研究莎士比亞的伴侶」　徐雲生　文學季刊二卷一期

原書名 a Companion To Shapeare Studies, Edited by H. Granville Barker and G. B. Harvison. Published by the Cambridge University Press 1934

梅士斐兒的戲劇 饒孟侃 浙江大學文理學院會刊四期

約翰沁孤的生涯及其作品 汪馥泉 青年界六卷三期

所作的六種名劇：(一)機匠底婚禮，(二)谷中的暗影，(三)騎馬下海的人，(四)聖泉，(五)西域的騙子，(六)悲哀之戴黛兒。

王爾德及其戲劇 鞏思文 南大半月刊八，九期合刊

讀「西方的健兒」後 李惠苓 南大半月刊八，九期合刊

是愛爾蘭著名戲劇家約翰辛基的傑作之一，原文名"The Playboy of the Western World".

伯訥·蕭的戲劇 M.列維它夫作 蕭參譯 現代三卷六期

「英雄與美人」 趙景深 青年界三卷一期

這是蕭伯納最初七戲劇之一，原名"Arms the man"中暇譯商務版

「談片」 鞏思文 人生與文學一卷一期

這是英國青年戲劇家高義德(N. Coward)所作劇本原名"Conversation Piece"一九三四年由法國女伶潘夢在倫敦舞台上表演。

英吉利底現代劇 日本間久雄著 徐碧暉譯 文藝月刊七卷六期

E.美國

美國戲劇的演進　錢歌川　新中華一卷十七期，十八期，十九期
內容：(一)英國殖民時代，(二)獨立革命時代，
(三)南北戰爭時代。

美國的新劇運動　S.生　成都文藝月刊二卷四期

美國劇塲的前途　樂建　舞台與銀幕發動號

現代美國的戲劇　顧仲彝　現代五卷六期

「天長日久」　懷斯　人生與文學一卷二期
原劇名"Days without End"著者美奧尼爾(E. O'neill)

從「往在二樓的人」說到「賊」和「幸福的賊」　厭人　萬人雜誌一卷五期
「住在二樓的人」是幸克萊作的戲本，「賊」是日本前田河廣一郞作的劇本，「幸福的賊」是米爾波底作的。

F.蘇俄

蘇俄戲劇之演化及其歷程　楊昌溪　矛盾月刊五，六期合刊(戲劇專號)

蘇俄的戲劇　Pauls Gsell著　余實二譯　大公報藝術週刊四期(廿三年十月廿八日)

蘇俄的戲劇 P.A.瑪柯夫作 歌嵩譯 大公報藝術週刊廿期（廿四年二月十六日）

戲劇在蘇聯 吳邦本 大公報劇壇（廿四年七月四，五，九，十，十九，廿，廿一，廿二，廿四，廿五，廿七，廿九，卅日）

蘇聯的戲劇學 凌鶴 生存月刊四卷七號

蘇聯戲劇漫談 鄭桂泉 天津益世報戲劇與電影四四期（二十二年九月六日）

內容：（一）新實驗劇場運動，（二）新與歌劇運動，（三）丑角的藝術。

蘇聯戲劇漫談 艾錮 天津益世報戲劇與電影六六期（廿三年二月廿八日）

內容：（一）新舊風俗問題，（二）蘇俄戲劇教育。

蘇聯劇壇 文化列車六期

蘇俄底演劇 乃力譯 北平晨報劇刊一五四期（廿二年十二月十七日）

內容：（一）黎明前，（二）革命，（三）機構，（四）傾向，（五）劇與劇作家，（六）劇場。

新興戲劇底諸問題 盧那卡爾斯基遺作 段士銳譯 鷺華一卷三期

這篇原名「蘇聯戲的諸問題」全文分三部：（一）關於社會主義的寫實主義的，（二）討論社會主義戲劇的諸問題，（三）檢討到蘇聯的劇院，譯者只譯第一部前三段和第二部全文。

蘇俄戲劇的趨勢 張彭春 人生與文學一卷三期

蘇俄的藝術的轉變　德·勒文松著　侍桁譯　現代三卷五期

蘇聯劇壇活躍之新姿態　鄭桂生　天津益世報戲劇與電影卅五期（廿二年七月五日）

蘇維埃聯邦底演員訓練　D.加爾塔羅夫作　張鳴琦重譯　北平晨報劇刊二四九期（廿四年十月十三日）

蘇聯舞台採用什麼脚本　李昂　現象創刊號

舞台上蘇聯青年　桂泉譯　天津益世報戲劇與電影六三期，六四期（廿三年一月廿四日，卅一日）

蘇俄現在劇場注重在種種具體問題的表現，這篇節譯那些作家能够用極經濟的字句，有力的直接描寫出蘇聯青年地位，衡實，以及在社會主義再造時期所演的種種問題。

現代蘇聯的舞台裝飾　I. korolev作　如琳譯　萬人雜誌二卷一期

蘇俄的新與舞台　浮生　讀書顧問創刊號

蘇聯兒童劇運　鄭桂泉　天津益世報戲劇與電影卅六期（廿二年七月十二日）

——蘇聯劇壇活躍之新姿態續篇——

一九三三蘇聯劇壇回顧　周彥　津益世報戲劇與電影六五期（廿三年二月七日）

一九三四年蘇俄的劇壇　呂德平　文藝電影二期

莫斯科的戲劇節　葉靈鳳　現代三卷二期

今年莫斯科的戲劇節　江兼霞　文藝週報創刊號

莫斯科底戲劇電影與音樂　Andre Pirre作　傅雷譯　大陸雜誌二卷八期
一藝術上的共產宣傳一

莫斯科舞台轉向莎士比亞　亞歷山大·安尼斯脫作　殷沈譯　天津益世報戲劇與電影五四期（廿二年十一月廿二日）

高爾基與莫斯科藝術劇院　野崎韶夫　歐陽予倩譯　文藝月刊六卷五，六期合刊

「蘇維埃的劇場」　黃燕生　人生與文學一卷一期
作者P.A. Markou，這是一本很簡潔的書，只有一百七十餘頁和卅張照片，却把俄國戲劇在最近十六年來情形，清楚而有力的表現出來。

「蘇聯的演劇」　陳奕　文化列車創刊號
趙銘彝著。

「解放了的董吉訶德」　木馬　鷺華一卷四期
盧那卡爾斯基作　易嘉譯

G.德國

法德戲劇動向之比較　許德佑　文學五卷五期
本文稍偏重德國劇壇之動向

「特里斯坦與伊索爾德」　張洪島　女師學院期刊二卷二期
這Tristan and Isold是瓦格那(Richard Wagner)歌劇中很偉大一部的作品

哥德戲劇名著分析　徐仲年　中華月報一卷四期，五期

霍普特曼的代表作　樾蓀　出版週刊七五號
霍氏的作品以劇本爲多：(一)織工，(二)寂寞的人們，(三)獺皮，(四)火焰，(五)異端

霍普特曼：從「日出」到「日落」　盧那卡爾斯基作　鄭㬢譯　鷺華創刊號

H. 其他各國

斯干迪那維亞文學的介紹　高慶豐　文藝戰線三卷卌一期
易卜生和般生的戲劇的介紹

Pirndello的戲劇　美F. W. Chandler　許天虹譯　世界文學一卷三期

近代西班牙戲劇轉況　徐霞村　文藝月刊四卷三期

阿左林的「唐煥」　徐霞村　文學評論一卷一期
「唐煥」是西班牙傳說被採用在劇本裏

挪威作家格利新著反戰劇本　仲持　文學五卷五期

五、小說

（1）通論

小說的靈魂 法國波亥著 顏歆譯 大公報文藝副刊廿四期（二十二年十二月十三日）

小說的理論 潘朝英 磐石雜誌一卷一期 內容：（一）小說的淵源，（二）小說與戲劇，（三）現代小說發達的原因。

小說在文學中的地位 黃仲蘇 出版週刊一四四期

小說中之寫實與現實 W. L. Phelps著 陳瘦石譯 文藝月刊五卷二期二派 此篇關于寫實與現實主義的敘述，而較偏重現實主義，因爲那是一個表現整個人生的企圖。

小說的話 高明 新學生一卷四期

小說中的人物描寫 洪深 新中華三卷七期

眞實存在的小說中人物 福萊納玆著 金風譯 北強月刊二卷五期

小說家與其人物 法國莫里約克講演）李辰冬譯 北平晨報學園七八五號（廿四年二月廿六日）

廿世紀小說之態度 高明 文飯小品六期

小說研究法 張資平 國民文學一卷三期

小說的圖解 汪錫鵬 文藝刊六卷三期
內容：（一）小說圖期解的價值，（二）小說結構與小說圖解，（三）小說圖解的舉例。

小說的將來 鄭伯奇 新小說一卷五期

小說與自傳 法·馬西斯著 岑時甫譯 中法大學月刊三卷一期 世界文學一卷五期

自傳體的小說 桐君 新中華卷三十七期

「理想小說」—小溪 中法大學月刊七卷三期

政治與小說 鶴見祐輔著 白華譯 黃鐘一卷四期
本文節譯自鶴見祐輔近作政治小說旅行中之第十第十六兩章

性與小說 楊鎮華 讀書月刊一卷三期，四期
—小說必須有性的成分嗎—

現代小說家應有之態度 鍾維相譯 新壘月刊二卷五期

小說原理漫評 趙景深 青年界四卷一期

介紹「小說原理」 霍懷恕 學風三卷一，二期合刊
趙景深著 商務出版

「小說通論」撮要 張鏡潭 南大半月刊八，九期合刊
原書名"Aspects of the Novel"係英國小說家兼批評家傳士探(E. M. Forester)在劍橋大學之講演稿彙集而成

「小說神髓」 謝六逸 文學四卷五期
日坪內逍遙博士著

2.各種小說

寫歷史小說之難 天狠 新壘月刊四卷二，四期

薩郎寶與歷史小說 李健吾 大公報文藝副刊卅五期(廿二年一月廿四日)

寫實的戰爭小說 美S. K. Winther著 俞荻譯 現代文學二期

短篇小說研究特輯 周楞伽 郁達夫等 新中華三卷七期

短篇小說的特質 何穆森 新中華一卷廿三期

短篇小說在現代社會上的地位 小淦 青年文化一卷四期

短篇小說的鑑賞　張羨　厦大週刊十三卷廿二，三期合刊

短篇小說的創作　張羨　厦大週刊十四卷二期

短篇小說的創作技術談　師禹　平明雜誌三卷二，三期合刊，四期，五，六期合刊

短篇小說的製作法　史晚青　讀書月刊一卷三期，四期

論「短篇小說」故事之進展　W. Harbin作　郭良才譯　刁斗一卷四期　譯自"The Author and Tournalist"之一九三四年十一月號

論力點　小詮　青年文化一卷二期　—短篇小說作法講話之一—

3. 小說作法

一封信　沈從文　中學生五十六號　什樣寫小說的討論

小說作法討論　陳瘦石譯　讀書顧問創刊號　—喬治桑夫人(George Sank 1804-1876)與佛羅貝爾(Gustare Flaubert, 1821-1880)之通信—

小說新技巧概論　賀玉波　讀書月刊一卷六期

怎樣寫小說 西班牙烏南穆儺作 董秋芳譯 新文學一卷二期

寫小說的方法 克中 讀書顧問季刊四期

我們爲何和如何寫小說 李辰冬譯 新月四卷五期

論描寫 小淦 靑年文化一卷三期
——小說作法漫談

由心理學的觀點試論小說中景物底寫法 葉譽 大公報文藝副刊一〇二期（廿三年九月十五日，十九日）

忠告尙未誕生的小說家 美P. S. Buch著 許天虹譯 世界文學一卷五期

4. 中國小說

A 通論 歷代小說敍略附

小說專名考釋 孫楷弟 師大月刊十期
內容：（一）「說話」考，（二）「詞話」考。

小說之硏究 李濬昭 津逮季刊三期
內容：（一）前言，（二）小說之起源，（三）小說之演進及發達，（四）小說之流別，（五）小說之分類。

談談中國的小說 原 北平晨報學園五五一號（二十二年八月七日）

譚小說的研究與創作　陳光子　轆轤季刊創刊號

論中國舊小說裏兩個共同的成分　李長之　大公報文藝副刊一〇六期（廿三年九月廿九日）

再論中國舊小說裏兩個共同的成分　李長之　清華週刊四十二卷一期

中國舊小說中的性道德　蓮生　大公報文藝副刊一〇六期（廿三年十月三日）

—賀李長之君—

中國小說之史的鳥瞰　胡景瑊　中國文學二期

自神話傳說以至漢，唐，宋，元，明，清的小說

中國上古小說之雛形　張長弓　文藝月報一卷三期

—寓言，喻詞，神話—

漢魏六朝小說　趙景深　中國文學創刊號

六朝小說和唐代傳奇文有怎樣的區別　魯迅　文學百題

小說在唐代的傾向　方世琨　文藝戰線三卷一期，二期

內容：唐代社會的分析—前期資本主義下的文學—

貴族文學的特色及其作品—資產階級文學的興趣及其發展—結論

唐代俗講考　向達　燕京學報十六期

內容：（一）長安寺院與戲場，（二）僧人之唱小曲，（

三）寺院中的俗講，（四）俗講的話本問題，（五）俗講的演變附錄變文及唱經文目錄。

唐代傳奇文與印度故事 霍世休 文學二卷六號

唐代傳奇小說 姜亮夫 青年界四卷四期

宋元話本是怎樣發展起來 鄭振鐸 文學百題

什麽叫做「變文」和後來的「寶卷」「諸宮調」「彈詞」，「鼓詞」等文體的怎樣關係 鄭振鐸 文學百題

明清之際之寶卷文學與白蓮教 向覺明 文學二卷六號

跋「跋銷釋眞空寶卷」 平伯 文學創刊號 原跋係胡適之先生所作見國立北平圖書館館刊五卷三號

歷史中的小說 吳晗 文學二卷六號 內容：（一）小說與歷史，（二）明史中的志怪小說；（三）明史中的前知者與神鬼，（四）明史中的公案小說及其他，（五）社會思想的聯繫

佳人才子小說研究 郭昌鶴 文學季刊一期，二期

B.專論

(1)舊小說

「說唐傳」非羅貫中作　趙景深　青年界四卷四期

蘇秦的小說　馬司帛洛撰　馮承鈞譯　國立北平圖書館館刊七卷六號

說部中四大奇書述略　宋扶風　民大中國文學系叢刊一卷一期

—水滸傳，三國演義，西遊記，金瓶梅—

三國志平話與三國志傳通俗演義　孫楷弟　文史一卷二號

唐太宗入冥故事的演變　陳志良　新壘月刊五卷一期

「西遊記」的演化　鄭振鐸　文學一卷四號

「西遊記」的刺　芳洲　太白半月刊一卷九期

「水滸傳」的研究　李青崖　中國文學一卷三，四期合刊

內容：（一）本書的性質及來歷，（二）刻本的種類，（三）內容的節目，（四）其他。

「水滸」西評　語堂　人言一卷四期

白克夫人以四年之精力把七十回水滸譯成英文改名 All

水滸詩話 金岳 朔望半月刊八號

談「水滸」 韋濤 人言一卷十一期

讀「水滸」後記 佚名 中原文化十，十一期合刊

「水滸傳」新讀 高崗 每月小品一卷一期

關於「水滸傳」 廉君 北平晨報藝圃（廿四年三月十六日，十八日）
—小說史料拾零之一

金聖嘆與七十回本「水滸傳」 周木齋 文學三卷六期

「水滸傳」所表現的社會意識 王集叢 每月小品一卷一期

「水滸傳」與中國社會 薩孟武 中央時事週報二卷十期至十七期；三卷二，三，八，九，十，六十七期

讀了薩著「水滸傳與中國社會」之後 以明 現代六卷二期

「水滸傳」與天地會 羅爾綱 大公報史地週刊九期（廿三年十一月十六日）
太白半月刊一卷八期

內容：（一）水滸傳的三種影響，（二）水滸傳的理想，（三）水滸傳的理想的天地會，（四）清庭對付天地會的律條及查燬水滸傳。

梁山泊的沿革與形勢　謝興堯　人間世廿七期

梁山泊—讀水滸傳雜考之一—　謝興堯　國聞週報十二卷十七期

宋江考　王正已　師大月刊六期　內容：（一）宋江有無其人？（二）宋江是何人？（三）與宋江有關係事蹟考。

「金瓶梅」版本考　周越然　新文學創刊號

「金瓶梅」本事考略　許固生　北平晨報學園七七二號（廿四年一月十八日）

「金瓶梅」的著作時代及其社會背景　吳晗　文學季刊創刊號

「金瓶梅詞話」裏的戲劇的史料　澀齋　劇學月刊三卷九期

讀「金瓶梅詞話」　郭源新　文學創刊號　內容：（一）金瓶梅所表現的社會，（二）西門慶的一生，（三）金瓶梅爲什麽成爲一部穢書，（四）「眞本金瓶梅」「金瓶梅詞話」及其他。

記清明上河圖　千因　北平晨報藝圃（廿三年十一月十七日，十九日）

「燈市」—「金瓶梅詞話」風俗考之一—　阿英　新小說創刊號

談「野叟曝言」 悍脊 太白半月刊一卷十二期

「紅樓夢」批評 李長之 清華週刊卅九卷一期，七期

「紅樓夢」之結構 王家棫 光華大學半月刊二卷四期

「紅樓夢」之思想 王家棫 光華大學半月刊二卷三期

「紅樓夢」的背景 王家棫 光華大學半月刊二卷六期 歷來對於紅樓夢的背景有數種說法：（一）納蘭成德說，（二）刺和珅家事說，（三）清世祖及董小宛說，（四）康熙朝之政治小說說，（五）曹雪芹之自叙傳記。

「紅樓夢」的世界 李辰冬 北平晨報學園七七四號，七七五號，七七七號，（廿四年一月廿四日，廿五日，二月一日） 內容：（一）家，（二）社會，（三）教育，（四）政治，（五）經濟，（六）宗教。

「紅樓夢」在藝術上的價值 李辰冬 國聞週報十一卷四十七號，四十八號

「紅樓夢」重要人物的分析 李辰冬 北平晨報學園八一四號（廿四年五月廿四日，廿八日，卅日）

「紅樓夢」前三回結構的研究 盧白 青鶴雜誌一卷四期

「紅樓夢」一百廿回均曹雪芹作 宋孔顯 青年界七卷五期

「紅樓夢」之謎—紀念亡友趙廣湘—　韓侍桁　文藝風景一卷二期

評「紅樓夢」　余劍秋　小文章創刊號

「紅樓夢偶說」　季眞　天津益世報讀書週刊十八期（廿四年十月三日）
道光六年晶三蘆月草舍原本光緒二年贊翼山房編次

跋今本紅樓夢第一回　素癡　大公報圖書副刊十七期（廿三年三月十日）

大觀園源流辨　藏雲　大公報文藝副刊一六〇期（廿四年七月十四日）

曹雪芹寫死　侍桁　文學評論一卷一期

談紅樓夢中的「早晚」　高壽菴　國語週刊八十八期（北平世界日報廿三年五日廿七日）

「儒林外史」對於後來有怎樣的影響　吳文祺　文學百題

論「封神榜」　耳耶　太白半月刊一卷三期

「好逑傳」之最早的歐譯　陳受頤　嶺南學報一卷四期

「西湖」二集所反映的明代社會　阿英　文學五卷五期

滿譯樵史演義解題　李德啓　國立北平圖書館館刊七卷二號
是書分爲廿卷，藏北平故宮博物院圖，所記爲明末

天啓崇禎弘光三朝事，爲清代禁書之一

「今古奇觀」之解剖 汪馥泉 文藝月刊六卷四期

「白蛇傳」本事考 景 北平晨報國劇週刊四十九號（廿四年九月十九日）

「白蛇傳」與佛教 謝興堯 北平晨報學園七九二號（廿四年三月廿一日）

從俗字的演變上證明京本通俗小說不是影元寫本 李家瑞 大公報圖書副刊八十六期（廿四年七月四日）

「詩髮緣」 阿英 文飯小品三期

—中國彈詞小說研究之一—

從石玉崑的「龍圖公案」說到「三俠五義」 李家瑞 文學季刊二期

「遊仙窰」引 高慶豐 文藝戰線三卷三期

標點「搜神記」序 胡懷琛 新時代月刊五卷二期

「雅謔」 趙景深 青年界五卷三期

係一部笑話書，收入中國圖書公司所出版的「古今說部叢書」第八集內題，作浮白齋主人述

「笑林廣記」的來源 趙景深 青年界五卷一期

是從馮夢龍「笑府」等書裏選輯出來

「清平山堂話本」與「雨窗欹枕集」 馬廉 大公報圖書副刊廿二期（廿三年四月十四日） 國立北平圖書館刊八卷二號

「雨窗欹枕集」 趙景深 大公報文藝副刊一五六期（廿四年六月十六日）

剪燈二種 趙景深 文學三卷一號 所謂剪燈二種就是明初兩種傳奇小說：（一）瞿佑的「剪燈新話」，（二）李禎的「剪燈餘話」

「聊齋文集」的稿本及其價值 羅爾綱 大公報圖書副刊七十二期（廿四年三月廿八日）

「聊齋」原稿在蘇俄 公 國聞週報十一卷五十期

成都劉氏所藏寫本「聊齋志異記」 林名均 人間世廿二期

關于「聊齋」 曦微 文藝戰線三卷八期

記「聊齋志異」拾遺 陳肇 人間世廿九期

「聊齋志異」逸編 籍靈和 人間世卅三期

讀「聊齋誌異」書後 燕子 文藝戰線三卷廿一期至四十七，八期合刊連期刊登

蒲留仙先生的全部遺著 劉階平 國聞週刊十卷廿七期 （一）聊齋詩集，（二）聊齋志異文集和詞集，

（三）雜著五種戲三齣俚曲十四種。

評「醒世姻緣傳」　民猶　大公報文學副刊三百零九期（二十二年十二月四日）

亞東書局版

「鏡花緣」和婦女問題　陳望道　女青年月刊十三卷三期（婦女與文藝專號）

海屬「鏡花緣」傳說辯證　孫佳訊　青年界四卷四期

「花月痕」漫談　日本麥亭作　曦微譯　文藝戰線三卷十二，三期合刊

「花月痕」是魏子安作，全部十六卷凡五十二回。

「老殘遊記」及其二集　趙景深　新小說二卷一期

「老殘遊記」二集序　劉鐵雲遺稿　人間世六期，七期

文芸閣雲起軒詞與吳趼人小說　陳友琴　文章創刊號

文芸閣名道希，江西萍鄉人，是清末有名的風流才子，其詞集名雲起詞鈔；與吳趼人所著小說「廿年目睹之怪現狀」中的辭意常有相合之處

「文明小史」　麥峯　新小說一卷五期

李伯元的文明小史在維新運動期間是一部最出色的小說

「上海游驂錄」　阿英　人間世卅二期

吳趼人所寫小說，最初分期發表在月月小說上，後印

行單行本，從這書可略見他之政治思想。

庚子事變在小說上的反映　阿英　文學五卷二號

「東游記」之一斑　虞廷　文史創刊號

「歧路燈」與河南方言　晴天　中原文化五期

對于秋瑾的一部小說　阿英　人間世廿七期

關於秋瑾與「六月霜」　秋宗章　人間世卅三期

「秋鑑湖秘聞」　樵　北平晨報藝圃（廿四年七月廿日，廿二日）

記女俠秋瑾被捕事

病中讀書記　楊人楩　青年界二卷五期

關于幾部舊小說和近代文人散文集的讀後隨筆

小說偶記五則　畢樹棠　清華週刊四十二卷一號

小說瑣記　阿英　太白半月刊二卷五期

（一）救刼記，（二）尼姑小傳，（三）胡寶玉。

小說瑣誌　畢樹棠　文飯小品三期

內容：（一）關於老殘遊記之續集，（二）好逑傳之最古英譯本，（三）小說集考，（四）中國小說史

繡像小說　畢樹棠　文學五卷一號
在光緒廿九年商務印書館出了一種繡像小說共，出七十二期主編者是李伯之。

中國通俗小說書目序　黎錦熙　國語週刊七一期

中國通俗小說目　槃　劇學月刊二卷六期
孫楷第編　北平圖書館發行

採用公教材料的中國小說　許作新　磐石雜誌二卷一期

林紓翻譯的小說該給以怎樣的估價　吳文祺　文學百題

(5)新小說

「丁玲選集」　王淑明　現代四卷五期
蓬子編　天馬書店版

丁玲的「母親」　漢　大公報文學副刊三百零七期（廿二年十一月廿日）
上海良友公司出版

丁玲的「母親」　東方未明　文學一卷三號

「母親」　王淑明　現代三卷五期

「母親」　桂泉　北平晨報學園五九〇（廿二年十月廿一日）

「夜會」　漢　大公報文學副刊三百十三期（廿三年一月一日）
丁玲短篇小說集現代書局出售

「夜會」　季羨林　文學季刊創刊號

勃克夫人小說裏的中國女人　汾瀾　人生與文學一卷一期

勃克夫人與黃龍　趙家璧　現代三卷五期
勃克夫人即寫中國人故事的大地的作者，黃龍是大地中主人翁。

「大地」　譚仲超　成都文藝月刊二卷三期
賽珍珠著　胡仲持譯

「分散的家」　劉棻風　人生與文學一卷一期
勃克夫人著原名"A House Divided"在倫敦Methuen出版，是她描寫中國情形三部曲之末一部。

「分裂的家」　林幽譯　人間世廿四期

「雙鍊」　伍實　文學三卷三號
羅琛著　中篇小說商務版

華羅琛女士著戀愛與義務的法文本　語　出版週刊一〇〇號

讀「倪煥之」　茅盾　文學週報八卷二十號

徐志摩的瑠女士 邵洵美 人言週刊二卷十一期「瑠女士」登于新月月刊上是一部長篇小說但沒寫完

魯迅的短篇小說 汪華 新中華三卷七期

魯迅作品之藝術的考察 長之 天津益世報文學副刊十五期(廿四年六月十二日)

魯迅作品中的抒情成分 長之 天津益世報文學副刊十七期(廿四年六月廿六日)

魯迅創作品中表現之人生觀 李長之 國聞週報十二卷廿四期

魯迅的小說與幽默藝術 徐碧輝 論語半月刊四十六期

阿Q正傳及魯迅創作的藝術 蘇雪林 國聞週報十一卷四十四期

魯迅著譯工作檢討 長之 天津益世報文學副刊卅期(廿四年九月廿五日,十月九日,廿三日)

郁達夫底小說 易蓬春 研究與批判一卷一期

郁達夫的短篇小說 馬仲殊 新中華三卷七期

讀郁達夫的「日記九種」 燕子 文藝戰線二卷卅三期

「懺餘集」 蘇汶 現代三卷四期 郁達夫作 天馬書店出版

評郭沫若的「水平線下」　華西里　文藝戰線二卷廿三期
現代書局出版

張資平戀愛小說的考察　李長之　清華週刊四十一卷三，四期合刊

轉變後之張資平氏的「長途」　皮凡　萬人雜誌一卷五期

「紅霧」之檢討　皮凡　萬人雜誌二卷一期
張資平著

評張資平「愛之焦點」　華西里　文藝戰線三卷八期

論矛盾三部曲　李長之　清華週刊四十一卷三，四期合刊

「春蠶」　大公報文學副刊二百八十七期，二百九十一期（廿二年七月
三日，廿一日）

茅盾著短篇小說集　開明發售

「春蠶」的讀後感　屈揚　讀書生活一卷九期

「春蠶」的插寫方式　王譪心　讀書顧問季刊二期

子夜　徐泉影　學風三卷六期
茅盾著　開明版

「子夜」　朱佩弦　文學季刊二期

「子夜」 淑明 文學季刊創刊號

「子夜」 趙家璧 現代三卷六期

「子夜」略評 向諷 文化列車三期

「子夜」的藝術，思及人物 侍桁 現代四卷一期

從「子夜」說起 門言 清華週報卅九卷五，六期

讀茅盾的「子夜」 李辰冬 大公報文藝副刊一〇四期（廿三年九月廿二日）

時代精神與茅盾的創作 絳秋 萬人雜誌二卷四，五期合刊 —評「野薔薇」—

一年來的中國小說 汪馥泉 讀書顧問季刊四期 內容：（一）沈從文的「邊城」，（二）老舍的「小坡的生日」，（三）兩本短篇的小說—穆時英的「白金女體塑像」，張天翼，的「移行」。

論老舍的幽默與寫實主義 趙少侯 大公報文藝十八期（廿四年九月卅日）

「二馬」及其他 霍逸樵 南風十卷一期 關于老舍著的二馬，老張的哲學，趙子日及茅盾著的追求，虹，三人行等小說的簡單批評。

「小坡的生日」　樸園　清華週刊四十三卷七，八期合刊
老舍作　在創作文庫中

老舍的「離婚」　窘羊　大公報文學副刊三百十二期（廿二年十二月廿五日）良友圖書公司發行

老舍先生「離婚」的評價　李影心　大公報文藝副刊一六三期（廿四年八月四日）

「離婚」　唐穆　文藝月報一卷五，六期合刊

「離婚」　長之　文學季刊創刊號
此篇所批評：（一）論老舍的幽默，（二）老舍諷刺的目標，（三）技巧：寫女人和家庭的成功。

讀過老舍的「離婚」後　燕子　文藝戰線二卷卅六期

論老舍的「離婚」　常風　大公報文藝副刊一〇一期（廿三年六月十二日）

「貓城記」　李長之　國聞週報十一卷二期
老舍作　現代發行

「貓城記」　諸庭　天津益世報文學週刊四三期（廿二年九月廿三日）

讀「貓城記」　觀客　衆志月刊第一卷第二期

「生滅」　盧名　華北月刊二卷二期
老舍作　登于文學月刊八月號

「櫻梅集」 常風 大公報文藝十六期（廿四年七月廿七日）
老舍作 人間書屋出版

沈從文的短篇小說 李同愈 新中華三卷七期

讀「邊城」 汪偉 北平晨報學園六八七號（廿三年六月七日）
沈從文作 刊載於今年的國聞週報

「邊城」與「八駿圖」 劉西渭 文學季刊二卷三期
沈從文作，前者在生活書店創作文庫，後者登於
文學五卷二號

讀「彷徨中的冷靜」 黃照 文學季刊二卷二期
陳詮著 商務版

「革命」與「戀愛」的公式 何穎 文學四卷一期
「革命的前一幕」陳銓作，良友文學叢書之
十二。

談文藝作品和理想—讀巴金的短篇小說集『電椅』！ 冰 清華週刊卌九卷五，六期

談談「光明」 華西里 文藝戰線二卷廿二期
巴金短篇小說

「新生」 王淑明 文學季刊二期
巴金作 開明書店版

「萌芽」 王淑明 文學季刊三期
巴金作

巴金先生的「霧」的觀察　燕子　文藝戰線二卷卅，卅一期合刊

「雨」　石衡　現代三卷五期
巴金作良友圖書公司出版

「家」　聞國新　北平晨報學園五九八號（廿二年十一月七日）
巴金著開明書店出版

讀巴金的「電」　老舍　刁斗二卷一期

張天翼的短篇小說　顧仲彝　新中華三卷七期

關于張天翼的小說　憬吾　天津益世報文學週刊卅八期（廿二年八月廿六日）

「一年」　王淑明　文學季刊三期
張天翼作良友圖書公司出版

「蜜蜂」　凌冰　現代三卷四期
張天翼作現代書局出版

「洋涇浜奇俠」　王淑明　現代五卷一期
張天翼作在現代三卷連期刊登

「健康的笑」是不是評「移行」　胡繩祖　文學四卷二期
張天翼作良友公司出版

穆時英作風　紫楨　新壘月刊四卷二期

論穆時英　沈從文　大公報文藝六期（廿四年九月九日）

「白金的女體塑像」 諸孟 創作與批評一卷三期
這篇偏重於穆時英描寫技術的分析，故兼論及時英所著其他小說

「白金的女體塑像」 江沖 當代文學一卷五期
穆時英著

「墨牡丹」及其他 李嬌 華北月刊十二月號
穆時英作「寒夜」杜衡作

王統照的「山雨」 東方未明 文學一卷六號
開明書店出版長篇小說

「山雨」 酷 大公報文學副刊三百十二期（廿二年十二月廿五日）

評「山雨」 王桐 北平晨報學園六四六號（廿三年三月五日）

「聖型」 王明淑 現代四卷六期
靳以著 現代書局印行

靳以的創作 祝秀俠 新語林半月刊四期
—評聖型及其它—

「蟲蝕」裏的三部曲 蕭乾 大公報文藝副刊一三六期（廿四年一月廿七日）
「蟲蝕」靳以著良友出版。

評「青的花」 蕭乾 大公報文藝副刊一〇六期（廿三年九月廿九日）
靳以著短篇小說集 生活書店出版

「梅雨之夕」 大公報文學副刊三百零一期（廿二年十月九日）
施蟄存的短篇小說集 新中國書局出版

談談幾篇小說　黎錦明　文飯小品創刊號
廚子，都市一婦人，蹉跎，將軍的頭，秋，父親。
懷疑序　許欽文　陳福熙著　新時代月刊五卷三期
懷鄉集　凌沐　現代三卷五期
杜衡作　現代書局版
苦果自序　羅皚嵐　大公報小公園（廿四年六月卅日）
關於「苦果」　羅皚嵐　南大半月刊十七期
「苦果」皚嵐作的刋登于大公報的小說
評許欽文的「胡蝶」　華西里　文藝戰線二卷四十六期
評許欽文的「毛線襪」　華西里　文藝戰線二卷廿四期
吳組湘的「西柳集」　白蘋　清華週刊四十二卷一號
生活書店出版
「飄萍」讀後　松風　文藝戰線二卷四十期
張少峯小說第六集，北平文藝戰線社出版，
讀「飄萍」後的感想　晋壽　文藝戰線二卷十九期
關于少峰的「飄萍」的話　趙子良　文藝戰線二卷五十期
評何家槐的「曖昧」　洪深　青年界三卷三期
良友圖書公司刋行

「剪影集」　淩冰　現代三卷四期
蓬子作　良友圖書公司出版

關於沙汀作品底考察　陳君冶　新語林創刊號

蕭乾小說集題　沈從文　大公報文藝副刊一百廿八期（廿三年十二月十五日）

「今日的學校」　丙申　文學三卷六期
北平人文書店出版的含沙君所著「風平浪靜」，是一本中篇小說，描寫今日學校的生活。

介紹「中國大學生日記」　李華卿　現代六卷二期
萬迪鶴著

喜訊　李影心　現代四卷五期
彭家煌遺著　現代書局出版

評陳宀竹的「燦爛的火花」　華西里　文藝戰線二卷廿五期
勵羣書店出版，描寫做童養媳和傭工的事實

「兩只毒藥杯」　燕子　文藝戰線二卷卌二期
倩兮著的小說

評王任叔的「監獄」　燕子　文藝戰線三卷十四期，十五期

黎明的火炬—紅花瓶　谿生　新壘月刊二卷一期
陳大悲著

「南國之夜」　胡風　文學四卷六期
艾蕪作短篇小說集，良友文庫之三，上海良友出版。

「南國之夜」　颯颯　清華週刊四十三卷四期

王以仁的「孤雁」　許傑　讀書月刊一卷六期

西柳「集」　惕若　文學三卷五期
吳組湘作，生活書店「創作文庫」中短篇小說。

戰線　凌冰　現代三卷六期
黑炎作、現代書局版

關于金丁先生底寫作　嚴鴻　當代文學一卷三期
關于金丁作的「兩種人」和「愛」兩篇小說的批評。

「雪」的讀後　胡立家　人生與文學一卷一期
「雪」是一部寫礦工的小說

「秋收」　程碧冰　讀書月刊一卷六期
陳瘦石著小說

「豐收」　余平　清華週刊四十三卷一期
葉紫作短篇小說集　容光書局出版

「豐年」　蠕蠕　清華週刊四十三卷七，八期合刊
李輝英　中華書局印行

「豐年」及其他　何英　文學五卷一號
李輝英作　中華書局出版

皮凡君的「列車上的血屍」　格當　萬人雜誌一卷六期

我認為滿意的短篇小說—自我批判— 冰瑩 文藝電影二期

「失去的風情」 王淑明 現代四卷六期

黎錦明作 現代書局版

讀「白旗手」 黃照 大公報文藝十二期（廿四年九月廿日）

魏金枝著 現代書局出版

火葬 李影心 大公報文藝四期（廿四年九月六日）

萬迪鶴的短篇小說集 良友圖書公司出版

搖動 李辰冬 大公報文藝八期（廿四年九月十三日）

梁敦易作載九月份「文學」

「七年忌」讀後 秋明 文學季刊二卷三期

歐陽山的短篇小說集上海生活書店發行

對於「野玫瑰」的考察 皮凡 萬人雜誌二卷三期

「野玫瑰」登于前鋒月刊創刊號

論「裴特萊亞底死」 常工 文學季刊二卷一期

西徵作載文學一九三四年十月號（三卷四號）

讀「梁允達」及「村長之家」 窘羊 大公報文藝副刊一百廿六期（廿三年十二月八日）

原書名「梁允達」，李建吾著，生活書店創作文庫本

張恨水氏的小說論 春英 紅雨 萬人雜誌二卷一期

「京派」看不到的世界 胡風 文學四卷五號

「蜈蚣船」彭島作 天津庸報館總代售，是短篇

小說集，中描寫中國北方人各種的生活。

從「發掘」說到歷史小說　曹聚仁　新語林創刊號
「發掘」乃聖旦所作，中共集五個短篇歷史小說。

郭源新的「桂公塘」　馬倪　新壘月刊三卷四期
載於文學二卷四號

評「桂公塘」　天狠　新壘月刊三卷五期

「九一八」以後的反日文學　東方未明　文學一卷二號
—「關齒輪」「義勇軍」「萬寶山」三部長篇小說的批評—

文藝創作的若干問題　蘇汶　星火月刊一卷二期
從星火創刊上所發表的七篇作品作批評

「文學」創刊號一瞥　柳風　新壘月刊二卷二期
創刊號中小說的批評

「文學」創刊中的幾篇小說　霖微　北國月刊一卷五，六期合刊

「文學」十一月號創作批評　國賓　華北月刊二卷四，五，六期合刊（十二月號）

讀「文學」十二月號幾篇創作　屈退之　讀書生活一卷四期

「文學季刊」第二期內的創作　惕若　文學三卷一號

讀「文學季刊」的幾篇創作—尤佳生 第四期 文學四卷三號 生活書店發行—

文藝九月號 王楚文 華北月刊二卷三期

評「文藝月刊」的創作 青年文化一卷五，六期合刊—七卷一期

現代八月號創作批評 曙明 華北月刊二卷二期

現代九月號創作評介 虛名 華北月刊二卷三期

讀「小說」創作號 顧封 文學四卷四期 「小說半月刊」十五期大衆出版社衆發行，評這一期所刊三篇小說：（一）新客，（二）副型憂鬱症，（三）兩個不同情感。

小說 蕭乾 大公報文學副刊八十七期（廿三年七月廿五日）

5. 日本小說

幾個日本作家的短篇小說 鄭伯奇 新中華三卷七期 （一）志賀直哉，（二）芥川龍之介，（三）里見淳，（四）菊池寬，（五）廣津和郎，（六）藤森成吉。

葉山嘉樹「士敏土桶中之信」皮凡作 萬人雜誌二卷二期

「蘭學事始」　周作人　青年界五卷二期

日本菊池寬作的小說

6.歐美小說

現代歐美小說中之Philistinour　高荘　青華週刊四十三卷七，八期合刊

近五年來歐美小說五十種　民猶　國聞週報十二卷廿二期

一九三〇至一九三四年間，每個作家只選其作品一種。

傑作小說十五種　國民文學一卷四期

美國耶路大學W L.蕙爾普斯教授，就一八八四年以前所產生小說中選出十五篇，稱爲近世最大傑作。

A.法國

「薩郎寶」以前的法國歷史小說　李健吾　大公報文藝副刊卅四期（廿二年一月廿日，廿四日）

薩郎寶與歷史小說　李健吾　大公報文藝副刊卅五期（廿二年一月廿四日）

薩郎寶(Salammbo)與種族　李健吾　學文一卷一期

薩郎寶是福樓拜(Flaubert)所作長篇小說，寫迦太基種族戰爭

最近法國的小說 少平 現代文學創刊號

評爾果名著「可憐的人」 André Pellessort 方于女士譯 文藝月刊七卷五期

關於波華荔夫人傳 李青厓 世界文學一卷一期

法佛羅貝爾著中國有兩譯本（一）李青厓譯商務版，

（二）李佶人譯名馬丹波娃利 中華書局版。

「包法利夫人 Madame Bovary」 李健吾 文學季刊創刊號

這是福樓拜第一次和世人見面的著作於

一八五七年四月出版

「布法與白居禮」 Bowvard et Pecuchet 李健吾 學文一卷四期

法文豪福樓拜所著一部小說

福樓拜的「短篇小說集」 李健吾 文學季刊二卷三期

紀念左拉的萌芽出版的五十週年 馬宗融 文學四卷六期

左拉的「萌芽」的新評 G. 波目作 馬宗融譯 譯文二卷四期

關於「娜娜」與「屠槌」的譯文 王了一 馬宗融 文學三卷五期

「娜娜」 馬宗融 文學三卷二號

左拉作 王了一譯 商務版

「屠槌」馬宗融　文學三卷三期
原名 L'assommoir 原作法國 Emile Zole. 譯者王了一　商務出版

李青崖澤「波納爾之罪」趙少侯　圖書評論二卷十二期
原書法郎士著　商務印行

莫泊桑的短篇小說　毛秋白　新中華三卷七期

莫泊桑的小說　徐嘉瑞　青年界二卷五期
此篇論及在莫泊桑小說內容：所包括的：（一）平凡的悲劇，（二）黃金和鋼鐵，（三）什麼是愛，（四）自然主義土壤的展望，（五）一個無結果的故事，（六）十字架下的女性，（七）誰殺了他，（八）犯罪者是怎樣造成的。

沙多勃里盎之「阿塔拉」G. Brandes著　胡芷仁譯　中華月報一卷十期
在一八八〇年出版

「克利斯篤夫」與「悲多汶」白樺　黃鐘一卷七期
前一部是羅曼羅蘭的長篇小說，後一部也是他作的一個大音樂家的傳記；這兩部是他英雄主義的代表作。

斯台爾夫人及其名著「黛爾菲諾」丹麥 G. Brandes 著　侍桁譯　世界文學一卷一期

「克列松和優才妮」拿破崙一世作　丁主譯　中法大學月刊七卷一期
這是拿破崙少年時所寫一則小小的自傳小說，寫作的動機是他和優才妮·提齊萊·克拉留——未來的瑞典女王，愛情的破裂所引起的。

王了一譯都德的沙弗 宋默庵 才斗一卷二期 上海開明書店刊行

「家庭及其他」 李辰冬 新月四卷七期
法國小說集 巴黎Grusset出版 原名 Le Cerele de Famills

評「火線下」 羅曼羅蘭著 朱顏著 平明雜誌三卷一期
一本寫戰的小說

我喜歡的十種法國小說 A. 紀德作 沈起予譯 譯文二卷四期

「田園交響樂」 孟林 文學五卷五期
A. 紀德作 麗尼譯 開明書店發行

漢譯法文文學作品校勘 徐仲年 中法大學月刊二卷三，四期合刊，五期
(一)「小物件」李劼人譯，(二)「紅百合」金滿成譯。

漢譯法文文學作品校勘之商榷 王聯曾 中法大學月刊四卷一期

B. 英國

英國小說的起源與進展 豐田實著 李伏伽譯 成都文藝月刊二卷五期
——關於伊麗奥特(G. Eliot)在英國小說史上的地位之考察——

近代英國小說之趨勢 鍾拭譯 Hugh Walpole著 北平晨報六二〇，六二一號，
(二十二年十二月廿八日，廿九)

此文專論廿世紀小說之發展

近代英國小說之趨勢　英 Hugh Walpole 著　趙家璧譯　現代五卷五期

英國現代小說的趨勢　英·瓦爾潘作　毛如升譯　中國文學創刊號

現代英國的小說　宮島新三郎作　于佑虞譯　文藝月報一卷一期

內容：（一）構成現代小說界的作家羣，（二）現代英國小說歷史的展開，（三）現代小說的主要傾向，（四）社會主義的傾向，（五）心理學的傾向，（六）通俗的傾向。

「班乃脫先生與白朗夫人」　Uirginia Woolf 著　范存忠譯　文藝月刊六卷三期

原文名"Mr Bennelt & Mrs Brown"係一九二四年年在英國劍橋演說辭，關于小說中描寫的討論。

伍光建譯「約瑟安特傳」　葉維　圖書評論二卷十一期

商務印行原書英小說家費爾定(H. Fielding)作

高斯密「沒落的鄉村」讀後　碧之　中原文化十六，十七期合刊

原書名"The Deserted Village"

從O. Goldsmith—G. Crabbe和Wordsworth生平讀到'The Deserted Village—'The Uillage和Michael內容之不同　朱廷佑　北強月刊二卷五期

Goldsmith 走向快樂極端，Crabbe 走憂傷盡頭，而 Wordsworth 是折中

「彼岸」 彭望荃 人間世四期
約翰·高爾資華綏著，原名“Over the River.”

伍光建譯「洛雪小姐遊學記」 梁繩琴 圖書評論一卷十一期
商務發行 英布倫忒(C. Bronte)著

錢歌川譯註的「娛妻記」 陸海蕃 圖書評論一卷八期
上海開明書店發行 Thomεo Hardy著

讀陸評「娛妻記」 張夢麟 圖書評論一卷十期

勞倫斯的「却特萊爵夫人的愛人」研究 章益 世界文學一卷二號
此書原名“Lady Chatterley's Lovers”

讀勞倫斯的小說Lady Chatterley, Lover 郁達夫 人間世十四期

讀勞倫斯的小說 邵洵美 人言週刊一卷卅八期

法譯「賈泰藍夫人的情夫」及其辨護 李辰冬 新月月刊四卷六期
勞侖姆著 法康納譯

兩段勞蘭斯的譯文 西夷 平明雜誌二卷廿期
介紹勞蘭斯寫「賈泰藍夫人的情夫」外，還有兩部
小說—「虹」與「兒子的情人」

「弗勒虛」 彭生荃 人間世二期
「弗勒虛」係華爾甫夫人(Airgrda Wolf)最近佳作，敘述白
朗寧夫婦詩人初會及私奔一段艷史。

「驕傲與偏執」序　梁實秋　天津益世報文學副刊六期（廿四年四月十日）
「驕傲與偏執」董仲庚譯在印中，奧期丁女士著的小說

關于蕭伯訥　蘇聯A.盧那却爾斯基作　芬君譯　譯文一卷二期
—蕭著黑女求神記一九三三年俄譯本的序—

蕭伯訥的「黑女求神記」　周木齋　太白半月刊二卷六期
中篇的小說

威爾斯的流行著作　黎君亮　中山文化教育館季刊二卷四期
—未來世界現形記—

C.美國

美國小說之成長　趙家璧　現代五卷六期
內容：從殖民地的文學到民族的文學—早期的寫實主義—暴露文學—逃避的中代作家—寫實的中代作家—新進的悲觀主義者—新進的社會寫實主義者

美國短篇小說的特殊性　錢歌川　中國新論一卷四號

美國小說的一側面　斐丹　現代文學創刊號

近代美國小說之趨勢　Milton Waldman著　趙家璧譯　現代五卷一期
內容：英國的一支—阿美利加主義的追求—劉章士的成功和他的幻滅—文學上的獨立評論—福爾克奈的美國小說—凱淑女士的理想小說

今日之美國小說　穆爾著　高植譯　時事類編三卷十二期

從亞倫坡到海敏威 施蟄存 新中華三卷七期

海敏威的短篇小說 趙家璧 新中華三卷七期

「眞妮姑娘」 子漁 文學四卷六期
美T.德萊塞作 傅東華譯 中華書局出版

逸趣橫生的名著小說「小婦人」 中國新書月報二卷九，十期合刊
美露薏莎著 鄭曉滄譯

「好妻子」譯者序 鄭曉滄 國風半月刊三卷十一期

福爾格奈研究 趙家璧 世界文學一卷二號
—一個新進的悲觀主義小說家—

D.俄國

「青春的飢餓」 明之 世界文學一卷六期
於一九三五年春間美國新出版的小說

近代蘇俄小說之趨勢 蘇俄D.S.Mirsky著 侯延譯 文學季刊四期
這篇文譯自：Fostnighty Review 1934年三月號共分三期：
（一）蘇俄的文學完全被一般不屬于無產階級和黨員的作家所佔據，
（二）是早期的普羅列塔利亞小說，（三）一九二〇以後因爲國家
面目變了，文學受了影響，也和以前及別國顯出不同的。

俄國小說最近的趨勢 D.S.Mirsky作 章慟譯 春光一卷三號

現代蘇俄小說之動向 D. S. Mirsky作 林疏譯 流螢創刊號

蘇俄的詩和小說 郭沛元 人生與文學一卷四期

論辟列古度夫的創作 俄·鮑采太基著 貝葉譯 文藝風景一卷二期

從歌郭里到妥斯退益夫斯基 除村吉太郎作 曼之譯 東流創刊號

郭哥里的寫實主義 岡澤秀虎作 煥平譯 東流創刊號

果戈理的「死靈魂」 周揚 文學四卷四號
「死靈魂」描寫在初期資本主義中，俄國各種小地主的典型和那時代的農奴制度。

妥斯退益夫斯基的方法 博文 魏晉合譯 東流創刊號
譯自改造社的文藝四月號

陀思妥夫斯基的「罪與罰」 佛朗 讀書生活二卷三號
韋叢蕪譯「罪與罰」有中文譯本開明版

「罪與罰」書後 魯鈁 讀書季刊一卷二號

屠格涅夫及其著作 劉石克 中華月報一卷八期

屠格涅夫的小說 沈橋譯 北平晨報學園六四六，六四七號（二十三年三月五，六日）

此篇從London Times Literary Supplement最近一期譯出來，作者未署名大約是編者自己作的

讀屠格涅夫　譚仲超　成都文藝月刊創刊號至五期連期刊登
篇中所評及屠格涅夫的小說：（一）羅亭，（二）貴族之家，（三）前夜，（四）父與子，（五）煙，（六）處女地。

「羅亭」縮影　柴屏　藝風二卷十一期
「羅亭」屠洛涅夫著　趙景深譯商務版

屠格涅夫和契訶夫的短篇小說　艾蕪　新中華三卷七期

契訶夫的短篇小說　周楞伽　伍蠡甫　新中華三卷七期

托爾斯泰與「復活」　李光亞　文藝戰線三卷廿四期

「安娜加列尼娜」的構成和思想　邢桐華　東流一卷六期
托爾斯泰小說

「安娜·卡列尼娜」　孟十還　太白半月刊二卷三期
「俄國托爾斯泰的名小說的提要

評新八叢書的「托爾斯泰小說集」　燕子　文藝戰線三卷十九期，廿期

「櫻桃園」　譚仲超　成都文藝月刊二卷一期
柴霍甫著　耿式之譯

高爾基早年作品風格之研究　俄·皮思拉杜甫　易華譯　文學季刊二卷二期

高爾基短篇小說　江之清　讀書生活一卷十期
宋桂煌譯　民智出版

論「山窖」　周樂山　文藝大路一卷二期
「山窖」是Artzibashev作的，有人譯作「沙窖」

「黑假面人」　譚仲超　成都文藝月刊二卷二期
安特列夫著　李霽野譯

饗谷村中的人物　狄謨　文學一卷六號
——論唆羅訶夫著「已開發的荒地」

萊奧尼得。萊奧諾夫（Leonid Leonov）及其斯庫達來夫斯基（Skutarevsky）
- Gleb Struve著　貝木譯　當代文學一卷三期

「東方之箭」　馬宗融　文學四卷五號
法保羅穆杭的小說，寫一個俄人久僑居法國甚久，因回國一次竟觸動故國之思，終歸俄國去。

「我愛」　尹永梅　人生與文學一卷二期
原書名"I Love"著者俄阿夫台陽考(A. Avdeyenko)

論英國人讀俄國小說　吳爾孚夫人著　卞之琳譯　大公報文藝副刊四十五期
（廿三年二月廿八日）

中國蘇俄小說編目　編者　文學週報蘇俄小說專號（八卷十四至十八號合刊）
E.德

近代德國小說之趨勢 瓦塞曼作 趙家璧譯 現代五卷二期

少年歌德與新中國 柳無忌 天津益世報文學週刊八期

此篇關于歌德所著「少年維特」及「浮士德」的討論，「維特」之所以盛極一時，因是正適那時代歐洲青年人所感覺苦悶的叫聲，目前的中國的青年正墮入這憧憬的苦悶。

「浮士德」本事 刁斗 二卷一期

「浮士德」之分析 陳演暉譯 Prof. J. B. Rush講 紅豆二卷一號

這篇是中山大學教授張寶樹一篇在英文學會講辭

林道的短篇小說 郁達夫 新中華三卷七期

(Endolph Liddau 1829-1910)

評「西線無戰事」 德·拉狄克作 關敷賀譯 北國一卷一期

譯自俄譯西線無戰事序言

「蜜蜂瑪雅的冒險」 湯增敭 彗星一卷六期

德國波守斯著，段可情譯，神光社出版

F. 西班牙和意大利

近代西班牙小說之趨勢 英 U. S. Pritchett著 趙家璧譯 現代五卷三期

內容：自九十八年述起衆及山特，巴羅哈，阿亞拉諸作家。

西班牙近代小說概觀 戴望舒 矛盾月刊二卷五期

內容：(一)前言，(二)地方主義的小說—貝雷達，（三）加爾多思及其他寫實作家，（四）新古典主義的匠師—伐萊拉，（五）羅曼主義的再生草—阿拉爾公，（六）叛逆的小說家巴羅哈，（七）近代傾向的創始者—代列英克朗，（八）阿亞拉的心理小說，（九）後話。

吉訶德先生　H. 海涅作　傅東華譯　譯文二卷三期

西班牙塞萬提斯（Mignel Cervantes de Saavedra）作的義俠小說

「啟示錄的四騎士」　沈樸　西湖文苑二卷一，二期合刊

西班牙伊巴臬茲著，李青崖譯，北新出版，這篇小說是鼓吹人類愛和平的高調作品

近代意大利小說之趨勢　意大利·皮藍得婁作　趙家璧譯　現代五卷四期

丹農雪烏的死之勝利　華子　刁斗一卷一期

G. D'annuzs於一八六四生於意大利，是近代文壇上的怪傑之一，「死之勝利」是丹氏之傑作。

「十日談」　茅盾　中學五十七號，五十八，號

意大利佛羅倫薩文學家薄伽丘著

「十日談」故事小論　汪倜然　讀書月刊一卷五期

G. 其他各國

哈姆生的「維多利亞」　胡夢華　進展月刊一卷四期

一部挪威小說原書名 Victoria

跋佐夫的小說 黃英 青年界三卷一期 跋佐夫(Jvan Vazou)是保加利亞的典型作家，是站在人道主義的立場上反對戰爭的。

斯特林堡的「結婚集」 予且 新中華三卷七期 瑞典文學家(A. Strivdberg 1848—1912)作的

「流落的猶太女人」 皮凡 萬人雜誌二卷三期 描寫寄居美國的妓女

關於「流落的猶女人」 明慧 萬人雜誌二卷四，五期合刊

「波蘭的故事」略評 揚帆 鐘憲民譯 讀書顧問季刊四號

六、兒童文學和古代傳說

1. 兒童文學

高爾基論兒童文學 丁文安譯 中國與蘇俄二卷三期

兒童年與兒童文學 駱洛 北平晨報學園八四五號（廿四年八月廿日）

兒童文學與醜惡 賀玉波 橄欖月刊卅四期

兒童讀物問題之商榷 碧雲 東方雜誌卅二卷十三號

兒童故事序　知堂　大公報文藝副刊一百卌一期（廿三年十二月廿六日）

編製公教兒童文學讀物的商榷　黎正甫　磐石雜誌二卷四期

再給文學青年——談兒童文學——　賀玉波　橄欖月刊卌八期

兒童文學女作家　趙景深　青年界三卷三期

繆倫童話集　子端　讀書生活二卷二期

匈牙利H.Z.Muehlen女士作，錢歌川譯，中華書局出版現代文學叢刊第一種

「錶」　燕亭　清華週刊四十三卷二期

L.班台萊夫作，魯迅譯，登譯文雜誌二卷一期

「錶」的故事　南父　太白半月刊二卷七期

「錶」　孟林　文學五卷五期

「楊柳風」譯本序　尤炳圻　北平晨報學園八三〇號（廿四年七月九日）

英格萊亭的童話

楊柳風譯序　尤炳圻　天津益世報文學副刊十九期（廿四年七月十日）

「愛的教育」和恨的教育　楊戊生　天津益世報文學副刊十九期（廿四年七月十日）

—讀「愛的教育」和「紅蘿蔔鬚」後所感—

幾本兒童雜誌 予漁 文學四卷三號

兒童戲劇之一考察 羅庚 北平晨報劇刊一六八期，一六九期（二十三年三月廿五日；四月一日）

—兼評潘一塵著「兒童劇集」—

2. 神話傳說

「史」與「神話」的邂逅 姜亮夫 青年界四卷四期

習俗與神話 豈明 青年界五卷一期

民族文學的神話 汪錫鵬 黃鐘六卷二期

創造中的神話 于京 北平晨報學園七〇七號（廿三年七月廿四日）

A. 中國

中國原始神話傳說之研究 憶芙 無錫國專季刊廿二年五月號 內容：（一）溯源，（二）明體，（三）研究。

天地開闢與盤古傳說的探源 衞聚賢 學藝十三卷一號

盤古傳說試探　楊寬　光華大學半月刊二卷二期
內容：（一）盤古傳說之素地，（二）盤古傳說之演變，（三）盤古傳說與南方人民。

中國古史上的神話傳說源流考　陳伯達　太白半月刊二卷一期

中國民族的神話研究　古鐵　中原文化十四期至十九期連期刊登
內容：（一）宇宙起源的神話，（二）圖騰崇拜的神話，（三）民族的領袖與英雄的神話，（四）其他。

中國古代傳說之批評　市村瓚次郎著　藍靜菴譯　清華週刊四十一卷六期
學術季刊一卷二期

中國古代史上的理想帝王—堯舜及其傳說　耕南　珞珈月刊二卷七期
—特就三皇五帝而言—

中國神話之文化史的價值　鐘敬文　青年界四卷一期
—序清水君底太陽和月亮—

中國詩歌中嫦娥神話的由來及演變　郭雲奇　行健月刊六卷三期

山海經及其神話　鄭德坤　史學年報四期

水經注神話表解　許翰章　南風八卷一期

中國古代的神祇——讀山海經隨筆—— 古鐵 中原文化廿二期

「穆天子」傳月日考 邵次公 河南圖書館館刊第三冊

「穆天子傳西征講疏」 張公量 大公報圖書副刊七十期（廿四年三月十四日）
顧實著 商務版

「穆天子傳西征講疏」 克凡 出版週刊一〇九號
顧實編 商務版

評「穆天子傳西征讀疏」 木眞 人文六卷四期

顧實著「穆天子傳西征講疏」評論 張公量 禹貢半月刊三卷四期
商務版

商容傳說之譌變 譚戒甫 文哲季刊四卷四期

「商君法」傳說之譌變 譚戒甫 武漢大學文哲季刊四卷一號

中國羅盤針的故實 德國夏德著 汪馥泉譯 青年界五卷一期

王昭君故事演變圖表 黃棨琇 南風七卷一期

成吉思汗先世的傳說 張公量 大公報史地週刊廿四期（廿四年三月一日）
新蒙古三卷四期

內容：（一）三種不同開國神話，（二）三次搶親的傳說。

包公傳說　趙景深　青年界三卷五期
內容：（一）元曲中的包待制，（二）明包公案，（三）無名氏的包公劇。

沈萬山傳說考　黃芝岡　東方雜誌卅二卷一號

祝臺故事小論　趙景深　青年界四卷三期

外魂的傳說　于道譯　行健月刊六卷一期，二期

黃王的傳說　陳大經　磐石雜誌二卷二期
黃王兩姓由來的傳說，亦民間故事之一種

關於八仙傳說　葉德均等　青年界五卷三期

牛郎織女　周越然　太白半月刊一卷四期
其最簡歷史見荊楚歲時記，明末朱名世據此作牛郞織女傳

南曲中的唐僧出世傳說　趙景深　藝風二卷十二期

徐市故事之演化　馬培棠　禹貢半月刊二卷七期

孟姜女故事材料目錄　顧頡剛　天津世報讀書週刊八期（廿四年七月廿五日）

爛柯山傳說的起源和轉變　黃華節　太白半月刊二卷二期，三期

趙顏求壽故事的來源 環 劇學月刊三卷七期

福建神話研究的第一頁 今由 福建文化一卷七期

起傳巖神話 劉强 福建文化一卷六期

起傳巖爲福建臺口瀌上勝地之一

讀「中國的水神」 味若 文學三卷一期

黃芝崗著 生活書店發行

灌口水神攷 陳志良 新壘月刊五卷一期

中國水神神話的另一研究

幽燕民間故事選 幽燕二卷八期至十二期；三卷二期

廣東民間故事專號 粵風一卷三期

談連環圖畫故事 美 讀書生活創刊號

B. 希臘

希臘之神底觀念 羅斯金著 彭兆良譯 新文學一卷二期

希臘神話 周作人 青年界五卷三期，五期

七、雜誌和新聞學

1. 雜誌

要辦一個這樣的雜誌　徐懋庸　太白半月刊一卷一期

這篇以爲近來作家常愛討論大衆語問題不如辦一種能與大衆接近的雜誌，其中應設的欄：（一）大衆的話，（二）社會生活寫實！按這種提議確比空相爭論有益得多

怎樣讀雜誌　敬　讀書生活創刊號

以問答法申述應如何讀各類雜誌

清末文藝雜誌　阿英　太白半月刊二卷十期

新小說，繡像小說，月月小說，小說林，新新小說，小說月報，小說時報，小說圖畫報等

國難三週年中雜誌界總論　東方平　汗血月刊五卷四期

國難三週年中雜誌各論及其調查　汪諸君　汗血月刊五卷四期

全國定期刊物一覽　報學季刊一卷二期

全國定期刊新年號檢閱　讀書顧問季刊四號

多關于文藝刊物的批判

介紹與批評　靜夫夏廉等　創作與批評一卷二期

七月號各地文藝雜誌概評——（文學，現代文藝月刊，中國文學，文藝風景，詩歌月報諸期刊中創作的批評）

八月號文藝雜誌鳥瞰　勁告　對于廿三年八月中所出版文藝雜誌如文學，現代，

文藝月刊，文學評論等的批判　創作與批評一卷三期

十月份創刊之文藝雜誌四種　思專　文藝月報一卷三期

十二月號文藝刊物的批評　對于新壘，文藝，現代，文學，矛盾，新時代　文化列車五期，六期

各種月刊的批評。　創作與批評創刊號

「文學」鐘靜夫　創作與批評創刊號

「文藝風景」林珊　創作與批評創刊號

「文藝月刊」怡欽　創作與批評創刊號

「文藝大路」創刊號讀後感　皚架　讀書季刊一卷一期

上海文藝大路編輯處編　上海雜誌公司發行

「東流」及其他　惕若　文學三卷四號

「水星」及其他　惕若　文學三卷六期

「水星」是北平文華書局發行一種純文藝的刊物。

評十一月號「水星」的創作　桂秉樞　讀書季刊一卷三期

|水星，世界文學，文藝週報，國民文學|

「現代」陸印金　創作與批評創刊號　讀書季刊一卷三期

「現代」六卷一號劍霄　讀書季刊一卷三期

評「黃鐘」文學週刊　冰凰　黃鐘一卷十二期　—轉載第廿四期讀書周刊—

評「當代國文」王平陵　讀書顧問創刊號　盛朗西等編　上海中學生書局出版

又論「民族文藝」楊柳　新壘月刊三卷六期　—作爲民族文藝創刊號的批評—

兩本新刊的文藝雜誌　愓若　文學三卷三號　（一）「當代文學」天津書局發行，（二）「作品」，上海思潮出版社發行。

咀呪翻譯聲中的「譯文」孟子　文學五卷四號　譯文第一卷二卷黃源編　生活書店發行

評「生生」文藝月刊創刊號　王成敬　衆志月刊二卷五，六期合刊　李輝英等主編　上海圖書局出版

小市民文藝讀物的歧路　愓若　文學三卷二號　—小說月刊梁得所主編上海大衆社出版

雜誌「潮」裏的浪花　愓若　文學四卷五號　（一）芒種，（二）漫畫漫話，（三）小文章，（四）新小說。

詩歌月報 守初 創作與批評創刊號

介紹上海「中山文化教育館」兩種期刊「時事類編」「中山文化敎育館季刊」 屏羣 眾志月刊一卷六期

評「東方雜誌」「申報月刊」「新中華」 蚨的等 讀書季刊一卷三期

2. 新聞學

A. 概論

Journalisw 與文學 日，平林初之輔作 謝六逸譯 新學生一卷二期

什麼是報章文學 謝六逸 文學百題

新聞本質及其科學體系 傅襄謨 報學季刊一卷三期

近代報紙內部組織之研究 馬星野 中山文化敎育館季刊二卷四期

「新聞」涵義之辨正 惠英 報學季刊創刊號

新聞生產的過程 陳珍幹 青年界七卷一期

新聞事業之法令規章　報學季刊創刊號

新聞常識講話　徐景賢　學風四卷八期

怎樣看報　卜少夫　讀書顧問季刊三期

這是一篇很好讀報常識

如何讀報　陳彬龢　讀書生活一卷二號

機械文明中之現代新聞事業　馬星野　中山文化教育館季刊二卷二期

三特色：（一）快；（二）大，（三）美。

怎樣閱報　黃天鵬　讀書月刊一卷五期

研究新聞學方法　黃天鵬　讀書月刊一卷三期，四期

新聞術語與校對符號　鄭瑞梅　青年界七卷一期

報紙是怎樣印成的　夏仁麟　青年界七卷五期

新聞電影與報紙　洪深　報學季刊一卷二期

報紙上的劇評　洪深　報學季刊一卷三期

地方報紙　唐忍安　報學季刊創刊

介紹「學校新聞講話」 屏羣 来志月刊一卷二期 袁殊著 上海湖風出版

兩本新聞學—編輯評論和新聞學— 楊令德 出版週刊八〇一號

B.編輯的藝術

對於新聞標題的商榷 吳德明 報學季刊一卷三期

標題藝術 王智 拓荒一卷二期

此篇所討論是報紙編輯中「標題」的工作故卷第一節緒論中含：（一）新聞紙史的演進過程，（二）新聞紙的概念。

怎樣的新聞纔有登載的價值 夏仁麟 青年界六卷二期

報紙評論和社會輿論 潘君健 報學季刊創刊號

撰述「社論」的實際探討 張炳鈞 来志月刊第一卷第二期

報紙評論的作法 舒宗僑 青年界六卷四期

社論應如何做法 丁作韶 報學季刊一卷二期

文藝副刊編輯術 柴紹武 黃鐘六卷二期，三期，四期

報館編輯部的剪報問題　莫若强　報學季刊一卷三期

編輯國際新聞的一得　項遠村　報學季刊創刊號

新聞記者與新聞事業　施鼎　青年界六卷五期

記者生涯　阿蘇　人間世廿八期

外勤記者應有的修養和我的採訪經驗　宋鴻猷　報學季刊一卷三期

採訪記者的工作　唐克明　青年界六卷三期

新聞學書報目錄　報學季刊一卷二期

C.中國報界

清末報章文學的起來和它的時代背景　曹聚仁　文學五卷三號

興中會及同盟時代革命書報志略　高良佐　建國月刊十一卷二期

我國各國新聞界應如何進行協作　潘覺民等　報學季刊創刊號

中國新聞紙中的國際問題與中國新聞記者的立場　薛農山　報學季刊創刊號
內容：（一）引言，（二）

德國問題的新估價，（三）日俄對立之程度的估量，（四）復英日同盟問題。

中國新聞事業的現狀 金仲華 中學生四十一號

中國新聞教育方針的商榷 寶定 J.F.Dririd 著 鄧樹勳譯 報學季刊一卷二期

中國新聞事業發展的前途 唐克明 青年界七卷二期

國內新聞事業的概觀 童仲賡 正中半月刊一卷一期

關於中國的新聞紙 陶孟和 國聞週報十一卷十四劇

讀「關於中國的新聞紙」後 余永歎 衆志月刊一卷三期
陶孟和先生著，登于國聞週報十一卷十四期

論中國新聞事業之建設 蔡之華 汗血月刊五卷四期

六十年來之中國日報事業 潘公弼 申報月刊創刊號

十年來之中國新聞事業 張竹平 大厦一卷五期（十週紀念特刊）

一九三四年我國新聞事業鳥瞰 江壘基 報學季刊一卷二期

一年來的中國新聞界 人少夫 讀書顧問季刊四期

上海新聞事業之史的發展　上海市通志館期刊第二年三期

上海的日報　胡道靜　上海市通志館期刊第二年一期

六十年來之申報　張默　申報月刊創刊號

評申報　平陵　讀書顧問創刊號

評時報　西冷　讀書顧問創刊號

一年來華北新聞紙的鳥瞰及其改進　張炳鈞　衆志月刊三卷一期（廿三年）

平津新聞紙副刊巡禮　金嘉農　汗血月刊五卷四期

評晨報　P. L.　讀書顧問創刊號

湘川滇黔桂粤閩等七省報紙與通訊社調查表　報學季刊一卷三期

蘇浙皖贛鄂五省報紙與通訊社調查　報學季刊一卷二期

發展內地及邊疆的新聞事業　報學季刊一卷二期

一九三三年江西報界之迴潮　黎雷　文化月刊創刊號

安徽之新聞紙與雜誌 吳景賢 學風五卷二期

上海等七市報紙與通訊社調查 報學季刊創刊號

天津報紙的副刊 直夫 新壘月刊二卷四期

全國新聞從業員調查表 報學季刊一卷三期

D.國外報界

世界通訊事業的兩大主流 楊蘇陸 杜朝馥譯 報學季刊創刊號
（一）美國的聯合通信社和合同通信社，（二）日本的聯合社和電報通訊社。

各地新聞事業之沿革與現況 報學季刊一卷二期，三期

哈瓦斯社與法國新聞界近況 歷樵譯 國聞週報十二卷十九期

法國的新聞業 李權時 中央時事週報四卷十二期

法國報界的現狀 Georges Boris著 張兆譽節譯 報學季刊一卷三期

英國的報紙 騰霞譯述 國聞週報十一卷十八期

今日之英國新聞事業 馬星野 報學季刊一卷三期
美國新聞事業的現狀 馬星野 國聞週報十一卷卅六期
美國的新聞道德規律 蔣蔭恩譯 報學季刊一卷三期
美國新聞事業的研究 馮列山 東方雜誌卅二卷十一號
蘇聯報業概觀 秋成峻作 錢漢光譯 報學季刊一卷三期
日本各報社採用社員的新傾向 問梁 報學季刊一卷三期
華僑報紙調查表 報學季刊一卷三期

八、小品文幽默附

1.小品文

A.通論

金聖嘆的極微論 徐懋庸 人間世一期
小品文 振甫 天津益世報文學週刊四七期（廿二年十月廿一日）

小品文講話 馮三昧 新學生一卷二期

小品文三談 陶秋英 青年界四卷二期
明義—徵異—徵信

小品文之研究 天狠 新壘月刊二卷一期

小品文作法論 Alexander Smith著 林疑今譯 人間世二期，四期
此文譯自A. S. 所著Dreamthorp書原名爲"On the Writing of Essays."

小品文作法 錢畊莘 藝風二卷四期

小品與大品—小品文漫談之一 所北 藝風三卷四期

談小品文 黎君亮 矛盾月刊二卷五期

論小品文 小泉八雲講 苦斯節講 新壘月刊三卷一期

論小品文 徐仲年 文藝茶話二卷三期

論小品文筆調 語堂 人間世六期

論個人筆調的小品文 陳鍊青 人間世廿期

小品文之遺緒 語堂 人間世廿二期

還是講小品文之遺緒　語堂　人間世廿四期

清新的小品文字　郁達夫　現代學生三卷一期

小品文在一九三四年　春深　文化與教育四十一，二期合刊

小品文與散文　華之平　北平晨報學園八二五號（廿四年六月廿四日）

散文隨筆之產生　方非　文學二卷一號

什麼是「散文」　朱自清　文學百題

文筆論　法卜奉（Buffon）著　劉鋆譯　天津益世報文學副刊十一期（廿四年五月十五日）

作者卜奉是法十八世紀著名散文家之一

論隨筆小品之類　章克標　矛盾三卷一期

文章漫話　石逸　拓荒一卷三期

內容：（一）格律與意趣，（二）修辭與塡句，（三）做作與天然，（四）漂亮與笨拙，（五）泉聲入耳涼。

關於文章形式的檢討　劉鋆　中法大學月刊七卷一期

內容：（一）緒論—文章的界說，成分，形式的

重要，（二）本論——鍊字，綴句，組章，成篇。

談文章的要素和種類 楊友文 磐石雜誌二卷十期

這篇述文章之內容，形式和體裁，但簡而不詳。

雜文問題 林希雋 星火月刊一卷三期

談雜文 耳耶 太白半月刊一卷二期

反駁林希雋作的一篇反對雜文的文章

論「所謂雜文問題」 申去疾 星火一卷四期

娓語體小品文釋例 陳叔華 人間世廿八期，廿九期

關于時事文的體裁 孟如 新語林半月刊三期

論時事評論的筆調 陳鍊青 人間世卅六期

關于科學文的體裁 柳辰夫 新語林半月刊六期

靜的文藝作品 郁達夫 黃鐘四卷一期

小品文在一九三四 春深 文化與教育四十一，二期合刊

B.專論 散文集的評介附

明清小品詩文研究　魏紫銘　北强月刊二卷五期

公安竟陵小品文讀後題　劉夔　人間世十六期

公安竟陵的疙瘩　懷琛　讀書顧問季刊二期

關於公安小品文之一席話　劉夔　人間世八期

明代公安文壇主將袁中郎先生詩文論輯　紫銘　北强月刊一卷六期

明代詩文其能清新流麗超逸爽朗者；爲公安竟陵兩派，公安三袁，又以中郎爲先

重刊袁中郎集序　知堂　大公報文藝副刊一百二〇期（廿三年十一月十七日）

讀中郎偶識　周劭　論語五十二期　人間世五期

關於袁中郎集　周劭　人言一卷四期

珂雪齋外集游居柿錄　沈啓无　人間世卅一期

「游居柿錄」袁小修著，中記中郎病死的光景，另一部份則記旅游，及師友往還見聞與家居之事。

「近代散文鈔」　中書君　新月四卷七期

沈啓无編，周作人序

「帝京景物略」 沈啓旡 人間世六期 明劉同人著，書中多記事與描寫之小品文

「枕中秘」 阿英 人間世十九期 衛永叔編輯全書收晚明文九篇

閒步庵隨筆 沈啓旡 人間世二期 談明人文集「媚幽閣文娛」

幾個文學研究會舊會員的散文 蘇雪林 珈珞月刊二卷四期 —落華生，王統照，鄭振鐸—

孫福熙一派的散文 蘇雪林 新文學創刊號

關於派別 廢名 人間世廿六期 引論到知堂先生文章的筆調

周作人的「夜讀抄」 周木齋 文學四卷二期

「夜讀抄」 王穎 人間世卅四期

「苦茶隨筆」序 知堂 大公報文藝副刊一六六期（廿四年八月廿五日）

「知堂文集」與「山野掇拾」 何子聰 藝風二卷七期 「知堂文集，是周作人自撰的散文集」「山野掇拾」是孫福熙著的七十二篇，記在法Sarvoil所得關于那地方民情風俗的記載。

「五四」時代底一面影 胡風 文學四卷四號 「半農雜文」第一冊 劉復著北平星雲堂書店出版

「半農雜文集」自序　劉半農　人間世五期

「現代散文選」序　知堂　大公報文藝副刊一百廿四期（廿三年十二月一日）

日記文學叢選　柳江村　天津益世報文學週刊四七期（廿二年十月廿一日）

阮無名編　上海南强書局版

「遠廬絮語」序　陳子展　新語林創刊號

子展先生收集他在申報自由談，及其他報紙所刊登一百廿篇的文言的散文集

評梁遇春著「春醪集」　穉問鵑女士　新學生一卷四期

「淚與笑」　甘永柏　人間世十三期

梁遇春的散文集　開明書店出版

「歐遊雜記」　常風　大公報文藝副刊一五四期（廿四年六月二日）

朱自清　上海開明版

「歐遊雜記」　人生與文學一卷二期

序「野鴿的話」　許地山　新文學創刊號

代穎柔先生著的小說和散文集作的序

念五自序　所北　藝風二卷一期

—苦茶草之四—

小品文半月刊「人間世」 林語堂主編 良友圖書公司發行 仲子 文學三卷一號

藹理斯的「懺悔」 趙家璧 文飯小品二期

懺悔是藹理斯最近寫的散文集全書包含七十短篇，內容是討論今日思想，政治，婦女問題，科學，藝術諸問題。也是他最近思想的自白，原書名"My Confession"。

C.書牘

書信的語源考略 孫福民 北平晨報藝圃（廿四年八月十二，十三，十七日）

屠龍的書牘 江寄萍 人間世八期

屠龍字赤水號長卿，又號緯眞，明浙江鄞縣人，其與人往來函札多偏于神韻

讀王百穀「謀野集」 阿英 人間世九期

謀野集所收的書信，共三百四十四通，在裏邊百穀的思想，行動，生活，是展開了一個大體；百穀與中郎爲好友

繡園尺牘 施蟄存 人間世廿六期

清汪喬年繡林著

周作人書信 晴雪 天津益世報文學週刊五十七期（廿二年十二月卅日）

周作人著 青光書局出版

兩地書 天津益世報文學週刊廿八期（二十二年六月十日）。

魯迅與景宋合著 青光書局發行

2. 幽默

A. 通論

幽默論　徐訏　論語半月刊四十四期

論幽默　語堂　論語半月刊卅四期，卅五期

論幽默　汪倜然　論語半月刊卅二期，卅三期

論幽默　周谷城　論語半月刊廿五期

略談幽默　郁達夫　青年界四卷二期

阿迪生論幽默　梁實秋　刁斗一卷二期

馬克吐温論幽默　R. Blathwart著　周新譯　論語半月刊六十六期

Mabie氏幽默論抄　郁達夫　論語半月刊五十六期

我們需要健康的笑　小羊　論語半月刊五十六期

本文摘錄載在蘇聯最近出版的大花雜誌，上為一個醫生阿巴拉姆才甫所作的。

文化剿幽默 曾迭 人言一卷一期

幽默與小品 履冰 新壘月刊三卷五期

幽默文學與諷刺文學 黃源 文學季刊創刊號

本篇係根據日人千葉龜雄的「滑稽文學呢諷刺文學呢」寫的。

憂鬱解放與幽默文學 桀犬 現代四卷五期

幽默與時髦 鄭重 現代四卷六期

悲劇幽默與人生 白宗華 中國文學創刊號

文學家是在平凡中驚異，在人生的喜劇裏發現悲劇，在和諧秩序裏指出矛盾，或者，以超脫的態看守一種幽默。

主義與幽默 潘元旦 論語半月刊十三期

論近代法國幽默文學 米勒著 包乾元譯 文化批判二卷六期

B.幽默輯選

古幽默四則 適吟 北平晨報藝圃（廿四年七月卅一日）

明人幽默輯　凡魚　論語半月刊七十一期，七十二期

袁子才與鄭板橋之幽默　周劭　論語半月刊六十四期

李笠翁的幽默　江寄萍　論語半月刊六十八期

石達開之幽默　老敢　論語半月刊廿三期

鄭唐故事　張貽惠等　福建文化一卷五期，六期

鄭唐在福州人口中好像北方的徐文長一樣普遍，乃近滑稽者流，在閩都別記可見不少的材料。

「雅謔」　趙景深　青年界五卷三期

笑話論　周作人　青年界四卷二期

序三種的笑話集：（一）笑府，（二）笑倒，山中一夕話本。（三）笑得好，傳家寶。

現代英美的幽默作家　沙白　青年界六卷一期

沙斯比亞的幽默　袁昌英　武大文哲季刊四卷二號

蕭伯納的幽默　陸麗　新時代月刊四卷三期

柴霍夫藝術上的幽默與悲哀 長谷川如是著 克巴譯 現代文學一期

馬克吐温逸話 曙山 論語半月刊五十六期，五十七期

論 Humour 幷介紹一西洋笑味家 从狠 論語半月刊五十六期

歐文的幽默 周新 論語半月刊七十期

文學論文索引三編

下編　各國文學家評傳

一、傳記文學

傳記文學　阿英　文藝週報三期

傳記文學論——鶴見祐輔　白樺譯　黃鐘一卷廿六期　「拿破崙傳」的序文——

略談傳記文學　程朱　西湖文苑二卷一，二期合刊

談談傳記文學　喃喃　文藝戰線二卷五十二期

介紹「傳記的各面觀」　黃燕生　南大半月刊八，九期合刊　原書名“Aspects of Biography”法著名傳記家慕瑞瓦(A. Maurois)集合歷年演講稿而成。

什麼是傳記文學　郁達夫　文學百題

自傳敘言　伍蠡甫譯　世界文學一卷三期　——一九三四年出版 H.G. Wells Experiment in Autobiography 的序論第一節——

自傳文學與胡適的四十自述　蘇雪林　世界文學一卷二號
對于胡適述他母親那一段，作很滿意的批評

二、中國文學家

1. 歷代文學家

憂國詩人屈原　吳烈　國民文學一卷四期
內容：（一）屈原的生平，（二）屈原作品與楚民族的關係，（三）屈原在離騷所表現的社會意識。

屈原　冀紹儒　青年文化二卷一期

屈原　郭沫若　中學生五十五號

「屈原」　長之　天津益世報文學副刊十三期（廿四年五月廿九日）
郭沫若著　開明印行

「屈原」　何其若　人間世卅三期

司馬遷論　梁之盤　紅豆二卷二號

張衡年譜　孫文青　金陵學報三卷二期
張衡字平子，東漢（七八—一三九）南陽西鄂人

張衡著述年表　孫文青　金陵學報二卷一期
內容（一）歷代著錄考，（二）著述年表。

蔡邕評傳　冉昭德　勵學一卷一期
蔡邕字伯階，陳留圉人生於漢陽嘉二年（一三三）卒于初平年（一九二）

羔羊一般的曹子建　洪爲法　青年界五卷四期（一九二一—二三二）

文選中慘死的作家　冉昭德　勵學一卷二期
附文選被害作家表

陶淵明攷　聖旦　文藝月刊六卷四期
內容：（一）靖節的作品，（二）靖節的生平（三六九—四二七）

陶淵明論　孫大珂　中國語文學叢刊創刊號

陶淵明世系略考　星笠　文學雜志四期

陶淵明年譜中之問題　朱自清　清華學報九卷三期
淵明年譜凡七本，其中對于淵明生平之考証各有不同之說，其著者六點：（一）名字計有十說，（二）年號甲子之說，（三）居址，（四）出處，（五）世系，（六）年歲。

陶淵明與農民　堵述初　藝風二卷十期

田園詩人陶淵明　溶溶　湖南大學季刊一卷一期

我所了解的陶淵明 李長之 清華週報卅九卷五，六期

謝靈運的遊名山志 鄭嘯 青年界五卷三期

（三八五—四三三）

鮑明遠蠡測 王正履 無錫國專季刊廿二年五月號

（四二一—四六五）

顏延之年譜 季冰 清華週刊四十卷六期

公名延之，字延年，南瑯琊臨沂人，生于晉孝武帝太元九年甲申（三八四）卒于宋孝武帝孝健三年（四五六）

謝靈運 陳友琴 青年界八卷二號

庾子山之平及其著作 黃汝昌 南風八卷一期

庾信字子山，北周南陽新野人（五八一—六一三）

唐初兩個白話詩人—王績，王梵志— 儲皖峯 浙江大學文理學院會刊三期

點鬼薄與算博士 趙景深 青年界六卷二期

楊炯（六五〇—七〇〇）作品喜用古人名，因有點鬼薄之稱，駱賓王（六五〇—六八四）的詩賦喜以數字相對故有算博士的綽號。

劉知幾年譜 周品瑛 東方雜誌卅一卷十九號

劉知幾字子玄，生於唐龍朔元年，卒於開元九年（六六一—七二一）

張九齡年譜　何格恩　嶺南學報四卷一期
張九齡字子壽韶州曲江人，生于唐儀鳳三年（六七八）卒于開元廿八年（七四〇）

詩人張九齡　少泉　輔仁廣東同學會半年刊二期
據此篇九齡生于咸亨四年（六七三）

李白的幼年　維藩　細流四期
內容：（一）生地，（二）家庭，（三）師友（七〇一—七六二）

李太白氏族之疑問　陳寅恪　清華學報十卷一期

浣花草堂誌　李璋　清華週刊四十卷一期
浣花草堂唐詩人杜甫所居，此篇述其居斯堂生活之一段

岑參年譜　賴義輝　嶺南學報一卷二期
岑公諱參唐州江陵人，生于玄宗開元三年（七一五）卒于大歷五年（七七〇）

岑嘉州繫年考證　聞一多　清華學報八卷二期
公諱參，唐荊州江陵人，生于唐開元三年（七一五）卒于大歷五年庚戌（七七〇）

唐代民族詩人—岑參　葉鼎彝　文化與教育五十七期

岑嘉州交遊事輯　聞一多　清華週刊卅九卷八期

顧況研究　許瀚　南風七卷一期

顧況字逋翁，蘇州人，約生于唐開元中葉（七二五）死于元和中（約八一五）

唐詩人李益的生平　容肇祖　嶺南學報二卷一期

李益字君虞，本籍隴西姑臧縣，而家於鄭州或東都，生於唐天寶七年（七四八）卒于太和元年（八二七）

詩人王昌齡籍貫考　李士翹　北平晨報藝圃（廿二年十一月廿四日）

孟東野年譜　李士翹　北平晨報藝圃（廿三年五月十六，廿二，廿三日）

孟郊字東野，湖州武康人，生于唐天寶十年（七五一），卒于元和九年（八一四）

文起八代之衰的韓愈　冀紹儒　青年文化一卷三期

韓愈字退之唐昌黎（七六八－八二四）

韓愈評　陳登原　金陵學報二卷二期

內容：（一）文人無行文人無用，（二）退之無非一文人，（三）原「原道」，（四）論「論佛骨表」，（五）平「平淮西碑」，（六）論「上宰相書」，（七）借勢借譽，（八）韓愈與朋友，（九）前人論韓愈者。

韓愈的矛盾和委瑣 洪爲法 青年界六卷四期

韓氏繫年訂誤 李嘉言 文學季刊二期
昌黎韓氏詩集，註者甚夥，詩章系年，間有異同。此篇作取五百家註音辨昌黎全集方世舉，顧嗣立各本，後根據其所著「昌黎年譜」，互爲校門成此篇。

談韓退之與桐城派 知堂 人間世廿一期

唐文人沈亞之生平 張全恭 文學二卷六號
沈亞之字卞賢，本貫浙江吳興人，生于長安，約生于七八一至七八五（唐建中二年至貞元元年間）

介紹一個苦吟的詩人—賈島 段臣彥 磐石雜誌二卷十期
賈島字閬仙，范陽人（七八八—八四三）這篇略述他的傳略—苦吟—環境—思想—志趣—愛好—交遊

李賀年譜 朱自清 清華學報十卷四期
賀字長吉生于唐貞元六年（七九○）卒于元和十一年（八一六）

李賀之死 洪爲法 青年界五卷二期
李賀字長吉（七九○—八一六）

溫庭筠評傳 細流創刊號
這篇對庭筠生平只簡單的叙述，只可稱似近傳略。

溫飛卿與魚玄機 鄒嘯 青年界五卷四期

温飛卿與柔卿　鄒嘯　青年界五卷四期

晚唐詩人杜牧之　林建略　中國語文學叢刊創刊號
杜牧字牧之，京兆萬年人（八〇三—八五二）

李義山評傳　張振佩　學風三卷七期，八期，九期
李商隱字義山，號玉谿山，又自號樊南生，生于唐元和四年（八〇九）卒於大中十二年（八五九）

司空圖詩論綜述　朱東潤　武漢大學文哲季刊三卷二號
唐虞鄉人字表聖（八三七—九〇三）

福建唐代幾個詩人　郭毓麟　福建文化一卷七期

五代的詞人　梁之盤　紅豆一卷六號
這篇所提及那時代的詞人：如韋莊，顧夐，孫光憲，馮正中，李璟，李煜等。

韋端已年譜　附温飛卿年譜第一　夏承燾　詞學季刊一卷四號
韋莊字端已京兆，杜陵人，生于唐文宗開成元年，卒于蜀高祖武成三年。

馮正中年譜　夏承燾　詞學季刊二卷三號
馮延已字正中，一名延嗣，廣陵人，生于南唐昭宗天復三年（九〇三）卒于宋太祖建隆元年（九六〇）

南唐二主年譜——中主李璟字伯玉後主煜字重光——　夏承燾　詞學季刊二卷四期

南唐後主李煜年譜　衣虹　新文化月刊創刊號
後主名煜字重光，號蓮峯居士，生于南唐昇元元年
卒于太平興國三年（九三六—九七八）

李後主評傳　唐圭璋　讀書顧問創刊號

詞人李煜　知任　青年文化一卷四期

兩宋詞人時代先後考　唐圭璋　詞學季刊二卷一號，二號，三號

兩宋詞人與詩人與道學家　陳子展　文學創刊號

二晏及其詞　宛敏灝　學風四卷二期至六期連期刊登
晏殊字同叔，生于宋太宗淳化二年辛卯（九九二）卒于至和二年（一〇五五）小山生于宋慶曆元年（一〇四一），此篇對于北宋詞壇之背景，及二晏生平詞壇及作品譯之均甚淨。

晏同叔年譜　宛敏灝　安徽大學月刊一卷六期

晏同叔年譜　夏承燾　詞學季刊二卷一號，二號

宋詞人朱敦儒小傳　出版週刊一一二號
朱敦儒字希眞宋洛陽人

戀張女歐陽修受劾　譚正璧　青年界八卷三號

宋詩革命的兩個英雄　董啓俊　文學二卷六號
蘇舜欽（一〇〇八—一〇四八）和梅堯臣（一〇〇二—一〇六〇）

論蘇軾　紅豆創刊號
之盤—宋代詞人叢稿之一—（一〇三六—一一〇一）

諧謔成性的蘇東坡　洪爲法　青年界五卷三期

天才的文學作家蘇東坡　冀紹儒　文藝戰線三卷卅五期

柳屯田評傳　陳鐘瑩　厦大週刊十四卷十二期
柳永字耆卿福建崇安人，宋景祐元年進士，官屯田員外郎，所以後人稱他柳屯田。

詞人柳永及其作品　蘇　厦大週刊十四卷十期，十一期

秦少游的慕道與多情　洪爲法　青年界七卷四期

賀方回年譜　夏承燾　詞學季刊一卷二號
賀鑄字方回，衛州人，生于宋皇祐四年卒于宣和七年（一〇

南宋三大詞人 萬雲駿 光華大學半月刊三卷八期
辛棄疾，姜白石，吳文英。
續辛棄疾傳 黃寶實 中興週刊七十一號
論辛棄疾之崇拜陶潛 鄒嘯 青年六卷一期
南宋愛國詞人 白樺 黃鐘一卷廿三期
辛棄疾，張孝祥，岳飛，曾覿，呂本中，陸游，楊炎，
袁去華，劉儗，陳經國，文及翁，王埜，李好古等
民族詞人張孝祥 岩子系 中央時事週報三卷十五期
孝祥字安國，號于湖，原爲蜀之簡州人，徙居於歷陽之烏江
民族詩人陸放翁 陳丹崖 中央時事週報三卷二三期
愛國詩人陸放翁 萬啓煌 津逮季刊二期
內容：（一）序言，（二）小傳，（三）環境，（四）
詩歷，（五）對於國家之觀念，（六）對于國家之意見。
愛國詩人陸放翁 孫仰周 青年文化二卷三期
表演戀愛悲劇的專家——陸放翁 洪爲法 青年界六卷一期

姜白石先生年譜　馬維新　勵學一卷一期，二期
先生名夔，字堯章，號白石道人，鄱陽人生于宋紹興三十年（一一五六）卒于端平二年（一二三五）

南宋詞人姜白石　易藝林　湖南大學期刊七期
姜夔字堯章，自號白石道人，番陽人。

南宋布衣姜白石　張士宣　津逮季刊二期
內容：所述（一）詩，（二）詞，（三）書法，（四）文。

江西詩派與永嘉四靈　趙瑞虹　中國文學二期

永嘉詞人盧蒲江　趙瑞虹　中國文學二期
盧祖皋字申之，字次夔，號蒲江，是南宋姜白石派的詞人。

陳著行實攷　胡水波　之江期刊二期
生于宋嘉定七年卒于大德元年

南宋詞俠劉龍洲　唐圭璋　建國月刊十二卷一期
龍洲名過字改之，江西盧陵人。

南宋時陷金的幾個民族詩人　蘇雪林　文藝月刊五卷一號
篇中及提及者爲宇文虛中，高士談，藤茂實，朱弁，劉著，何宏中，張斛，楊與宗等。

民族詩人汪水雲　陳華　中央時事週報四卷十四期
汪元量字大有，號水雲浙江錢塘人，宋亡隨王室北去，後爲道士南歸，著有水雲集。

民族詩人文天祥　田奇　建國月刊十二卷一期
文天祥本名雲孫

談馬致遠的思想　潘齊平　廈大周刊十四卷卅期

介紹詩人丁鶴年　胡懷深　中國文學二卷二期
丁鶴年元代西域人

有洗濯狂的倪雲林　洪爲法　青年界七卷一期
倪生於元大德五年卒於明洪武七年（一三〇一——一三七四）

明代畸人唐寅與徐渭　張同光　中學生五十二號
唐寅字伯虎吳縣人，生于明成化六年（一四七〇）卒于嘉靖二年，徐渭字文淸，山陰人，生于明正德十六年（一五二一）卒于萬曆廿一年（一五九三）

放浪形骸的唐伯虎　洪爲法　青年界六卷五期

陳大聲及其詞　盧冀野　青年界七卷一期
陳鐸字大聲，明人，他的籍貫有的作金陵，有的作下邳

歸有光之生平及其文學　馬厚文　光華大學半月刊二卷七期
字熙甫，明正德元年生於崑山，卒隆慶五年（一五〇六——一五七一）

袁中郎的詩文觀　劉大杰　人間世十三期
——中郎全集序——

袁中郎的佛學思想　張汝釗　人間世廿期

袁中郎與政治　阿英　人間世七期

袁中郎與酒　曾迭　人言週刊一卷四七期

關於袁中郎與王百穀　沈思　人間世十九期

讀王百穀傳　何芳洲　人間世廿九期

明馮夢龍生平及著述　容肇祖　嶺南學報三卷二期

馮夢龍字猶龍，一字耳猶，吳縣人。（一五七四—一六四六）

明馮夢龍著作續考　容肇祖　嶺南學報二卷三期

內容：（一）馮夢龍的生平補述，（二）述著續考

談馮夢龍與金聖歎　知堂　人間世十九期

讀金聖歎　江寄萍　天津益世報語林（廿四年六月八日）

李笠翁年譜　許輸章　南風十卷一期

生于明萬曆卅九年（一六一一）

批評家的李笠翁　汪倜然　矛盾月刊二卷五期

笠翁與隨園　知堂　大公報文藝四期（廿四年九月六日）

顧亭林先生誕生三百廿年紀念　繆鉞　大公報文學副刊二百九十二期（廿二年八月七日）

亭林先生字炎武，生于明萬歷四十一年（一六一三）

民族詩人閻爾梅　李用中　教授與作家一卷一期

閻爾梅，字用卿，號古古又號白耷山人，徐州沛縣人，生于明崇禎三年（一六三〇）卒于康熙十八年。

民族詩人夏存古　中央時事週報三卷四二期

屈大均傳　朱希祖　國立中山大學文史學研究所月刊一卷五期

屈大均字翁山，一字冷君，明末番禺人

記王謔菴　沈啓无　文飯小品二期

吳梅村及其詩史　謝之勃　無錫國專季刊廿二年五月號

內容：（一）小引，（二）梅村略傳，（三）梅村論詩及其藝術，（四）梅村詩史。

談金聖嘆　知堂　人間世卅一期

王漁洋　風痕　紅豆一卷五號

——中國象徵主義者——（一六三四——一七一一）

孔尙任年譜　容肇祖　嶺南學報三卷二期

尙任字聘之，又字季重，別號岸塘，自稱云亭山人，孔子六十四代孫，生於清順治五年（一六四八）卒於康熙五十七年。（一七一八）

納蘭容若評傳　徐裕昆　光華大學半月刊二卷十期

（一六五五—一六八五）

納蘭容若　陳適　人間世卅二期

關於袁枚　竹君　大公報劇壇（廿四年三月六，七，八，九日）

內容：（一）生平，（二）思想，（三）學問，（四）品行。

袁子才與鄭板橋之幽默　周劭　論語半月刊六十四期

談鄭板橋　林達祖　大公報小公園（廿四年一月廿四日，廿五日）

鄭燮字克柔，號板橋，清江蘇興化人（一六九一—一七六五）

怪傑鄭板橋　秋芷　大公報藝術週刊四十七期（廿四年八月廿四日）

板橋生活　唐國樑　磐石雜誌二卷一期，二期

內容：（一）詩化生活，（二）遊狂生活，（三）戀愛生活，（四）飲酒生活。

什記板橋　陶鈺　論語半月刊七十四期

岐路橙作者李錄園先生　董作賓　中原文化一期，二期

—他的家世，年譜同詩鈔—

李觀海，字孔堂，號綠園，祖居新安，遷于寶豐之宋家寨，生于康熙四十六年（一七〇七）卒于乾隆五十五年（一七九〇）

蔣心餘先生年譜 陳述 師大月刊六期

先生名士銓字心餘，生于雍乾三年（一七二五）卒于乾隆五十年（一七八三）爲中國詞曲之最豪者正詞曲文集頗多

蔣士銓與民族文學 瑚戈 建國月刊十二卷一期

紀曉嵐先生年譜 王蘭陔 師大月刊六期

先生名昀字曉嵐，一字春帆，晚號石雲，獻縣人，生于清雍正二年（一七二五）卒于嘉慶十年（一八〇八）撰有「孫氏唐韻考」五卷，「杜律疏」八卷，及「玉台新詠考異」十卷。

覺羅詩人永忠年譜 侯堮 燕京學報十二期

先生名永忠，字良甫又字敬軒，號蕖仙，生于清雍正十三年（一七三五）卒于乾隆五十六年（一七九一）

蔣鹿潭評傳評 唐圭璋 詞學季刊一卷三號

蔣鹿潭名春霖，江陰人，嘉慶廿三年（一八一八）生，同治七年死。

「硃砂痣」的作者余治——一個通俗文學作者的生平事略 盧冀野 文學五卷一號

（約生于清嘉慶十四年卒于同治十三年）

李卓吾事實辨正　黃雲眉　金陵學報二卷一期
內容：（一）辨在官削髮之誣，（二）辨講學會男女之誣，（三）辨遨遊四方以干權貴之誣，（四）與耿定向交惡始末，（五）結論

蒲松齡死年辨　履道　北平晨報藝圃（廿四年七月廿九日，卅日）

蒲松齡的生年考　胡適　北平晨報藝圃（廿四年八月五日，六日，七日，九日）

「蒲松齡死年辨」之答辨　履道　北平晨報藝圃（廿四年八月十四日，十六日，十七日）

蒲松齡死年辨之論戰　胡適先生來信　北平晨報藝圃（廿四年八月廿一日）

「蒲松齡死年辨」之商榷　邵恒修　北平晨報藝圃（廿四年八月廿三日）

黃仲則逝世百五十年紀念　繆鉞　大公報文學副刊三百零二期（二十二年十月十六日）
生于清乾隆十三年至四十八年

大詩人黃公度年譜（續完）　錢蕚孫　大陸雜誌一卷十二期，二卷一期
黃先生遵憲字公度，世爲廣東嘉應州人，生于清道光廿八年（一八四八）卒于光緒卅一年（一九〇五）

黃遵憲傳　溫廷敬　國風半月刊五卷八，九號

黃遵憲與詩界革命　徐松林　輔仁廣東同學會半年刊二卷一期

近代中國民族詩人黃公度　葛賢寧　新中華二卷七期

黃公度諱遵憲（一八四八）年生於廣東之梅縣，

卒于（一八九五）

清代駢文作家　出版週刊八九號

鄭叔問先生年譜　戴正誠　青鶴雜誌一卷五期至十八期

先生名文焯，字俊臣，號小坡，又號叔問，別號大鶴

山人，生于咸豐六年，卒于民國七年。爲一代之詞宗。

王國維文藝批評著作批判　李長之　文學季刊創刊號

王靜安先生　李玉　人間世廿七期

再談王靜安先生的文學見解　吳文祺　文學季刊創刊號

劉鐵雲先生軼事　劉大鈞敬述　人間世四期

劉鉄雲先生的軼事　劉大鈞　論語半月刊廿五期

安平詩人考略　馬實清　紫光創刊號

女作家

表現在文學上的我國女性　童國希　女青年月刊十三卷三期（婦女與文藝專號）
略述我國女子的文學

四庫全書裏的女作家　李用中　新中國一卷六期
晉蘇蕙，唐李冶，薛濤，宋李清照，朱淑眞，明仁孝文皇后。

唐代女詩人　陳子展　女青年月刊十三卷三期（婦女與文藝專號）

唐代福建女詩人—江妃　鄭益士　福建文化三卷十七期

五代時女詩人—陳后　鄭益士　福建文化三卷十七期

薛濤小傳　石巖　無錫國專季刊廿二年五月號

李清照評傳　王宗濬　國風半月刊五卷二號
宋元豐七年（一〇八〇）生于山東濟南柳絮泉。

李清照研究　朱芳春　師大月刊十七期

李易安之研究　錢順之　教育生活二卷十期

歷代女詞人李易安　董啓俊　中國文學叢刊創刊號

傳著「李清照」的討論　黃承燊　梁漢生　勷大師範學院月刊十三期

從斷腸集中所窺見的朱淑眞的身世及其行爲　郭清寰　清華週刊四十一卷一期

宋代女詞人張玉孃　唐圭璋　文藝月刊六卷四期

——「鴛鴦塚」故事的來原——（玉孃字若瓊，松陽人，著有蘭雪集）

元明以來女曲家考略　鄭振鐸　女青年月刊十三卷三期（婦女與文藝專號）

小青考證補錄　潘光旦　人間世二，三期

潘先生曾作「馮小青考」，列于婦女雜誌，另作「小青之分析」一稿，由新月書店單行本印行，此篇乃其補遺之作。

書「馮小青全集」後　潘光旦　人間世廿九，卅期

董小宛繫年要錄　聖旦　文藝月刊六卷一期

一個天才優越的姑娘　東白　中國新書月報二卷九，十期合刊

夏伊　夏字佩偲，浙江武林人，工吟咏幼即聰慧生於淸嘉慶十五年卒於道光六年享年祇十五歲。

2. 現代文學家

葉德輝與康有爲　陳子展　人間世七期

葉德輝先生乃當戊戌維新運動之際，學術上與康南海先生對立一派，純爲守舊派的領袖。

記康南海　阿蘇　人間世卅三期

梁啟超和報章文學的關係怎樣　周木齋　文學百題

梁任公先生遺事　謝國楨　國風半月刊五卷五號

林琴南先生　蘇雪林　人間世十四期

林琴南　畢樹棠　人間世卅期

林琴南傳略　與齡　人間世十六期

近代中國繙譯家林琴南　寒光　新中華二卷七期

嚴幾道先生小傳　何家炳　人間世廿四期

吳白屋先生傳　莫健立　國風半月刊五卷八，九合期

吳白先生傳　莫健　國風半月刊五卷八，九號

諱芳吉字碧柳，四川江澤人

章太炎先生 曹聚仁 人間世十一期

徐志摩論 葉青 世界文學一卷一期
關于志摩先生作品的內容，形式，和作用三方面的分析。

徐志摩論 穆木天 文學三卷一號
一他的思想與藝術一

徐志摩 張疑今譯 人間世六期
譯自英文中國評論週報

徐志摩印象記 冗重 讀書顧問創刊號

懷待人徐志摩 王一心 新時代月刊五卷四期

志摩手札 大公報文藝副刊一百二一期（廿三年十一月廿一日）
（一）一封最頑皮的信，（二）一封悲哀的信。

劉半農論 汪銘竹 創作與批評一卷三期

劉半農先生傳略 默 磐石雜誌二卷十二期

劉半農先生 陳康白 文章創刊號

劉半農與五四文學革命 汪馥泉 世界文學一卷一期

劉復先生紀念 蔡子民魯迅等 青年界六卷三期
內共六篇：（一）劉半農先生不死，（二）憶劉半農君，

（三）劉復博士，（四）半農先生和我，（五）介紹四聲實驗錄，（六）劉復的中國文法講話。

紀念劉半農先生特輯　人間世十七期　幾篇半農先生兄弟女兒和朋友們紀念他的文章

紀念半農先生　錢玄同等　國語週刊一四七期

悼劉半農先生　郝瑞恒　北平晨報學園七〇七號（二十三年七月廿四日）

半農紀念　知堂　人間世十八期

記劉半農先生之病因　白滌洲　國語週刊一五一期

憶朱湘　顧鳳城　青年界五卷二期

朱湘在一九三三年十二月五日晨六時投揚子江自殺

朱湘　羅皚風　天津益世報文學週刊二期（廿三年三月十四日）

朱湘　趙景深　現代四卷三期

朱湘印像記　柯庚　中國文學一卷二期

紀念朱湘文字　柳無忌顧鳳城練白等　青年界五卷二號

論朱湘　陳君冶　春光創刊號

給子沅 即悼朱湘 羅念生 北平晨報詩與批評十六號（廿三年三月二日）

悼朱湘先生 實秋 天津益世報文學週刊五十七期（廿二年十二月卅日）

關于朱湘 家梧 紅豆一卷五號

我所認識的子沅 柳無忌 青年界五卷二期

我的新文學生活 朱湘遺著 青年界五卷二期
內容：（一）引言，（二）文學與新文學，（三）作
小說，（四）讀書。

朱湘著譯編目 趙景深 青年界五卷二期
內容：（一）單行本，（二）刊物上所發表者。

方瑋德紀念特輯 方令孺 林徽因等 文藝月刊七卷六期

哭瑋德 黎憲初 北平晨報學園瑋德紀念專刊（廿四年六月十日）

悼瑋德 方令孺 大公報文藝副刊一五四期（廿四年六月二日）

悼瑋德 聞一多 北平晨報學園瑋德紀念專刊（廿四年六月十一日）

紀念瑋德 靳以 北平晨報學園八二二號（廿四年六月十四日）

瑋德著作年表　北平晨報學園瑋德紀念專刊（廿四年六月十一日）

追悼彭家煌氏特輯　矛盾二卷三期

紀念彭家煌君　黎君亮　現代四卷一期

紀念劉大白先生特輯　文藝茶話二卷九期

在這一期收集些關于紀念大白先生的文章，和他所遺的信札和詩詞等，我們在這裏可略見他的生平。

劉大白及其作品　楊樹芳　師大月刊十期

憶胡也頻與丁玲　西陽　文藝戰線二卷四十一期

這篇作者回憶學生時代所見的也頻和丁玲，因爲也頻那時是在濟南教國文的，篇中是對他們兩人有不滿之辭。

現代中國作家錄　凌梅　讀書月刊一卷一，二期

魯迅，胡適，郭沫若，郁達夫，葉紹鈞，鄭振鐸，張資平

胡適之　人間世三期

改譯英文中國評論週報

文學革命者的胡適的再批判　侍桁　中山文化教育館季刊二卷二期

胡適是啓蒙時代的代表人物，他是多方面發展的人，他的成績是存在於國故的整理上，他的文字是明晰曉暢的。

逼上梁山——文學革命的開始—— 胡適 東方雜誌卅一卷一號

「四十自述」 胡適著 上海亞東圖書館出版 譜庭 天津益世報文學週刊四七期（廿二年十月廿一日）

吳宓 人間世二期 改譯英文中國評論週報

魯迅先生訪問記 病高 北國月刊一卷四期

談魯迅 曹聚仁 新語林半月刊二期

檢討魯迅 石原 文藝戰線三卷十一期 這篇對于魯迅有許多不滿之辭

魯迅在文藝創作上的失敗之作 長之 天津益世報文學副刊十九期（廿四年七月十日）

熱風以前之魯迅 長之 天津益世報文學副刊廿期（廿四年七月十七日）

詩人和戰士的魯迅：魯迅之本質及其批評 長之 天津益世報文學副刊廿四期（廿四年八月十四日）

——魯迅批判之總結

魯迅之生活及其精神進展上的幾個階段 長之 天津益世報文學週刊廿二期，廿三期（廿四年七月卅一日，八月廿七日）

魯迅雜感文之技巧　長之　天津益世報文學副刊廿六期（廿四年八月廿八日）

俞平伯和他幾個朋友的散文　蘇雪林　青年界七卷一期
俞外更談及朱自清，葉紹鈞，豐子愷等

周作人論　許傑　文學三卷一號

周作人先生　康嗣羣　現代四卷一期
內容（一）引子，（二）苦雨齋，（三）苦雨翁，（四）叛徒和隱士，（五）他的散文，（六）結論。

周作人先生研究　蘇雪林　青年界六卷五期

周作人先生在定縣　堵述初　藝風三卷一期

從信中所見的周作人先生　江瑜　小文章創刊號
普光歲版的「周作人書信」

知堂先生　廢名　人間世十三期

林語堂論　胡風　文學四卷一號
—對於他底發展的一個眺望—

會見林語堂的一點鐘　浮言　讀書顧問季刊二期

郭沫若在日本　崔萬秋　新時代月刊四卷三期

多角戀愛小說家張資平　蘇雪林　青年界六卷二期
從張資平說到白克珠夫人　嘯霞　文藝雜誌一卷三期
郁達夫豐子愷合傳　欽文　人間世廿八期
郁達夫論　葉青　世界文學一卷三期
郁達夫論　蘇雪林　文藝月刊六卷三期
郁達夫素描　楨之　讀書顧問季刊二期
郁達夫先生底印象　鐘敬文　青年界六卷一期
水樣的春愁　郁達夫——自傳之一——　人間世廿期
悲劇的出生　郁達夫——自傳之一——　人間世十七期
海上　郁達夫——自傳之一——　人間世卅一期
子愷先生給我的印象　季誠性　藝風三卷二期
談自己的畫　豐子愷——自述十年來的生活和心情——　人間世廿二期，廿三期

豐子愷和他的小品文　趙景深　人間世卅期

十年前的朱自清　崇年　讀書顧問季刊二期　在這刊物所介紹的作家，只能給人一些印象，沒有詳細的評述。

梁實秋論　王集叢　現代六卷二期

落花生論　矛盾　文學三卷四號

論落華生　沈從文　讀書月刊一卷一期

落華生印象記　景福　讀書顧問季刊三期

沈從文論　蘇雪林　文學三卷三期

楊丙辰先生論　李長之　現代六卷一期

鄭振鐸先生訪問記　婀絲　現象創刊號　—一篇關于最近中國文壇趨勢和大衆話的短短談話記錄—

幽默作家舒老舍　陶景元　讀書顧問季刊三期

我的創作經驗　老舍　刁斗一卷四期　這演講稿是述自己創作的經過

張天翼論　胡豐　文學季刊二卷三期

劉大杰素描　碧冰　讀書顧問季刊四期

侍桁印象記　文初　讀書顧問創刊號

我怎樣走上文學之路　侍桁　星火月刊一卷一期

宗白華印象記　某生　讀書顧問季刊二期

章克標印象記　如眞　讀書顧問季刊二期

邵洵美印象記　少白　讀書顧問創刊號

馮竟任先生　褚問鵾　新時代月刊五卷二期

王魯彥與許欽文　蘇雪林　現代五卷五期

我所見的王印秋君　Y.C.　文藝戰線三卷三期

印秋先生現主編濟南山東日報「潮水週刊」，此編對於他的論文，小說，詩詞都有批評。

四十自述　汪亞塵　文藝茶話二卷三期

自傳　錢基博　光華大學半月刊三卷一期

錢基博字子泉又字啞泉，別號潛廬江蘇無錫縣人。

我的自傳　曾今可　新中國一卷六期

我的詩歌創作之回顧　穆木天　現代四卷四期　—詩集「流亡者之歌」代序—

從投稿到編輯　柴紹武　苧羅十三，四期合刊

太白編者陳望道　易希濂　讀書顧問四期

二個鐘頭的會見　陌人　每月小品一卷一期　—與陳望道先生—

二個半鐘頭的會見　陌人　小文章創刊號　—曹聚仁先生—

我與林語堂先生往還的終始　曹聚仁　芒種半月刊創刊號

許欽文先生　味回　人間世卅六期

悼孽海花的作者曾孟樸　鄭君平　新小說二卷一期

張天翼與酒女人　麥遜　創作與批評刊創號

自我演戲以來　袁牧之　文藝月刊三卷十一期

戲劇家洪深 初暘 讀書顧問季刊二期

田漢印象記 念之 讀書顧問創刊號

我的戲劇生活 熊佛西 北平晨報劇刊（廿二年六月四，十一，十八日；八月十三，廿，廿七日；九月十，十七，廿四日；十月十，廿二，廿九日；十一月五，十二，廿六日；十二月十七，廿四日；廿三年一月十四日；二月四月；五月十三，廿日；六月三，十七，廿四日，六月三日；七月十五日；十一月八日；十二月十六日；廿四年一月廿日，二月十日）

文壇畫虎錄 十日談廿五期至卅九期 大抵多關於現代文人訪問的印象，或其軼事瑣聞的記錄

文壇上的新人 侍桁 現代四卷四期，六期 所提及者是臧克家，徐轉蓬，沙汀，艾蕪，金丁及黑嬰諸君

文壇軼事 爾人 幽燕三卷十一期 多關于近代作家之軼事的記載

在日本的中國文人 熊壽農譯 文藝一卷三期 巴金，沉瀾，梁宗岱，冰瑩

一九三三年江西作者之素描 劉汶 文化月刊創刊號

女作家

革命詩人秋瑾女士 銓佳 女青年月刊十三卷三期（婦女與文藝專號）

介紹中國文壇上幾位女作家　高慶豐　文藝戰線二卷四十五期。

這篇所提及的廬隱，冰心，白薇，丁玲，馮沅君。

廬隱論　未明　文學三卷一號

廬隱論　鄭明道　創作與批評創刊號

關於廬隱的回憶　蘇雪林　文學三卷二號

回憶到廬隱　姜華　青年界六卷四期

憶廬隱　沅君　人間世十二期

黃隱廬　劉大杰　人間世五期

黃廬隱的回憶　松子　讀書顧問季刊二期

丁玲論　雅芬　華北月刊一卷三期

內容：（一）徬徨悲觀時代，（二）轉變過程時代，（三）

新變後的開展時代。

記丁玲女士　從文　國聞週報廿九期至卅六期，卅八期至五十期連期刊登。

丁玲回憶記　天行　新文學創刊號

丁玲女士的創作過程 王淑明 現代五卷二期

憶丁玲 黎錦明 千秋半月刊二卷二期

冰心論 茅盾 文學三卷二號

冰心論 潘裕然 中學生四十八號

訪問冰心女士的前前後後 伊湄 藝風二卷十一期

蘇雪林的詞藻 夢園 讀書顧問季刊四號 筆名綠漪

我做舊詩的經驗 蘇雪林 人間世十五期

被母親關起來了 謝冰瑩 人間世廿期，廿一期，廿二期 —自傳之一—

第二次逃奔 冰瑩 人間世廿七期

二、日本文學家

介紹日本兩位女作家 式玉 女青年月刊十三卷三期（婦女與文藝專號） —清少納言與紫式部—（約生于日本平安朝代時）

介紹幾個日本作家 江寄萍 天津益世報語林（廿四年三月廿八日，廿九日，卅日，卅日）

（一）菊池寬，（二）芥川龍之介，（三）武者小路實篤。

坪內逍遙博士　謝六逸　文學一卷三號

坪內逍遙博士係日本一個著名文學家，卒于一九三五年二月廿八日，享年七十有八。

坪內逍遙　清逸　北平晨報學園八一三號（廿四年五月廿一日）

坪內逍遙　丏尊　中學生五十六號

坪內逍遙名雄臧，號逍遙，又號小羊，生於安政六年（一八五九）享年近八十歲。

坪內逍遙　張若谷　人言週刊二卷十期

與謝野先生紀念　如堂　天津益世報文學副刊八期（廿四年四月廿四日）

秋田雨雀訪見記　王夌　現代六卷一期

秋田雨雀印象記—日本通訊—　谷非　文學一卷二號

關于小林多喜二　力昂　橄欖月刊卅三期

四、印度及其他東方各國

迦梨陀娑　陳翔冰　申報月刊二卷十號
印度古代詩人

回教詩人依克巴及回教文化復興之將來　海維諒　新亞細亞月刊六卷五號
（Dr. Iqbal 1875生于印度之細亞黎哥特小鎮）

太戈爾與國際大學　胡明春　藝風二卷二期
國際大學創設於一九〇一；其初範圍狹小一九一三年太先生遊英倫始擴大發展，改名和平學院，有戊東西文化中心之計劃，國際大學帶有國際性即始於此。

波斯詩人費爾杜西千年祭　伍實　文學三卷五期
（Firdosi 934-1020）

莪默研究　張源　河南大學文學院季刊二期
（Omar Khayyam）生于十一世紀後期中

新土其詩人奈齊希克曼　徐遲　矛盾月刊三卷三，四期合刊
（Nazim Hikmet生于1902）

古代高麗的詩人及其作品　吳奔星譯　文化與教育五十二期，五十三期

五、歐美文學家

1. 希臘和羅馬文學家

荷馬　羅喉先生講　蟄思文筆記　天津益世報文學週刊卅七期（廿三年十一月十四日）

新希臘愛國詩人巴拉瑪滋　白樺　黃鐘一卷八期
(Kostes Palamas 1859)

2. 意大利文學家

最近的但丁研究　西奈勒著　吳期西譯　文學季刊四期
(A. Dante 1265)

意大利參加大戰和唐南遮的偉績　下位春吉作　小可譯　黃鐘一卷卅六期，卅七期

(G. D'Annunzio 1863 生)

意大利熱血詩人唐南遮阜姆獨立宣言的大獅子吼　中正夫　白樺譯　黃鐘一卷十八期

法西斯蒂文豪唐南遮及其代表作「死的勝利」　白樺　黃鐘一卷十九期

鄧肯三戲鄧南遮　出版週刊七七號
—節錄于熙儉譯鄧肯女士自傳—

意大利戲劇家皮蘭德羅　子嶠　天津益世報文學週刊五七期（廿三年十一月十四日）
(Luigi Pirundello 生于 1867) 得 1934 年諾貝爾獎金

Pirandello 論　美 Perey Hutchison 著　趙景深譯　世界文學一卷三期

皮藍德婁　徐霞村　文學季刊二卷一期

魯吉・皮蘭德婁 金谷 文飯小品創刊號

霧以基・皮藍德樓 默棠 清華週刊四十二卷九，十期合刊

皮藍得婁訪問記 Andre Rovssea 著 立昂譯 北平晨報學園八一五號（廿四年五月廿八日）

皮藍德樓及其著作 默棠 北平晨報學園七五九號（廿三年十二月七日）

懷疑主義的詩人比蘭台蘭論 非勒蒂著 李萬居譯 時事類編三卷四期 譯自法國世界週刊七卷三一五期一九三四年十二月六日

皮蘭德羅氏及其作品 梁國藝 國民文學一卷三期
內容：（一）皮蘭德羅氏的身世，（二）他在小說界的地位，（三）他的劇作精神。

諸貝爾文學獎金及其一九三四年度之獲得者—皮藍得婁 洛君 文化批判二卷二，三期

一九三四諾貝爾文學獎金的得者 調孚 中學生五十一號
皮藍得婁

本年度諸貝爾文學獎金的獲獎者比蘭台羅 滅歌川 新中華二卷廿二期

得本年諾貝爾獎金的比蘭台羅 仲實 申報月刊三卷十二期

得一九三四年諾貝爾奬金的貝蘭台羅 傅東華 世界知識一卷一號

關於皮藍得婁 志英 讀書顧問季刊三期

比蘭台羅訪問記 羅耆克斯著 裘立昂譯 實事類編三卷十二期

3.西班牙文學家

西班牙大戲劇家惠格逝世紀念 仲持 文學五卷三期（Lope de Vege Carpio 1562-1635）

西班牙散文作家俞米羅 金滿成 矛盾月刊三卷三，四期合刊譯自1934年三月號內之介紹文（Miguel de Unamuno 生于1864）

巴羅哈訪問記 亨利·倍林 玄明譯 現代三卷二期（Pio Baroja 生于1872）

關於加爾西亞·洛爾加 文飯小品創刊號（Federico Garcia Lorca 生于1899）

5.英國文學家

是倍根還是莎士比亞 梁實秋 天津益世報文學副刊十期（廿四年五月八日）

詩人密爾頓 高昌南 讀書顧問季刊四期（Milton 1608-1674）

密爾頓傳略 A·W·Verl作 謝庭譯述 天津益世報文學週刊卅一期（廿二年七月一日）

詩人白雷客之生平 羅蕤 夢家 文藝月刊四卷四期

(William Blake 1757-1827)

附於「白雷客」詩選中

「詩歌集」中的可羅列奇 方重 武漢大學文哲季刊三卷一號

可羅列奇是英國十九世紀浪漫派詩人之一，在一七九八年彼與渥茨華斯合刊一本詩歌集。

施各德百年祭 張露薇 申報月刊一卷四號

(Sir Walter Scott 1771-1832)

文藝批評家之蘭姆 定之 天津益世報文學週刊五十五期（廿二年十二月十六日）

蘭姆是研究伊利沙白劇女學的嚮導

渥茲渥斯 李世昌 刁斗一卷二期

(W. Wordsworth 1770-1850)

渥茲華斯 葆華 北平晨報詩與批評五七期（廿四年七月十一日）

威廉·渥滋渥斯 京方 北強月刊二卷一期

十九世紀英國浪漫詩人 劉蘅璘 南大半月刊八，九期合刊

華滋華斯，庫理瑞治，拜倫，雪萊，濟慈等

三個天壽的英國大詩人—拜倫，雪萊，基慈—　陳乃寯　厦大週刊十三卷廿期

介紹英國三個薄命詩人—拜倫，雪萊，濟慈—　劉之蘭　中華季刊一卷四期

拜倫（Byron 1788-1824）　徐嵾梅　幽燕二卷九期

熱情詩人擺倫　鶴見佑輔作　白樺譯　民族文藝一卷三期

希臘義勇中的詩人拜倫及其偉大的最後　白樺　黃鐘一卷廿二期

拜倫與雪萊　陳希孟　新時代月刊五卷四期

雪萊的人生哲學（P.B. Shelley 1792-1822）　馮恩榮　南風六卷一期

英國詩人雪萊的生活一片段—錄自雪萊的生活第七章—　法國·莫魯華著　王了一譯　天津益世報文學副刊五期（廿四年四月三日）

英國詩人濟慈（J. Keats 1795-1821）　傅東華　文學四卷一號

濟慈的一生　費鑑照　文藝月刊七卷四期

濟慈美的觀念　費鑑照　文藝月刊七卷五期

濟慈心靈的發展　費鑑照　武漢大學文哲季刊二卷三期

文人宅　佩弦　中學生五十五號
記約翰生，濟茲，加萊爾，迭更斯諸文豪的故宅和遺跡。

詩人克萊的夢　顧綬昌譯　天津益世報文學副刊廿九期，卅期（廿四年九月十八，廿五日）

(John Clare 1793-1864)

威廉沙克萊及其「浮華世界」之研究　紀乘之　文學評論一卷二期

丁尼生的藝術　丁金相　天津益世報文學週刊五十三期（廿二年十二月二日）

(A. Jennysen 1809-1892)

狄更斯論　F. 梅格淩作　胡風譯　譯文二卷三期

(C. Dekens 1812-1870)

狄更司生平瑣記　楊天一節譯　南大半月刊八，九期合刊

英國文壇新發現不列顛博物院秘檔紀　P.W. Wilson著　兆素譯述　國聞週報十一卷廿六期

——小說名家狄更斯夫人之淚史——

湯姆生　Lafeadio Hearn 著　明原譯　北平晨報詩與批評五一期（廿四年四月十一日）

(J. Thonson 1834-1882)

詹姆士·湯姆生 Z. Hearn 著　默以譯　清華週刊四十二卷二期

巴特拉誕生百年紀念 錢歌川 (S. Butler 1835-1902) 新中華三卷七期

哈代傳(附年譜) 李田意 (1840-1928) 人生與文學一卷三期

托瑪斯·哈代和他的「歸來」 趙敏求 文學季刊二期

內容：(一)哈代的生平，(二)哈代的著作，(三)哈代的「歸來」。

王爾德 Robert Lynd 作 梁遇春譯 (O. Wilde 1856-1900) 青年界三卷一期

王爾德 A. 紀德作 徐懋庸譯 譯文二卷二期

記紀德在王爾德入獄前後二次相見的談話，談話中王爾德自述在獄受苦的情形。

蕭伯納傳 E. Wagenknet 著 趙景深譯 (G. B. Shaw 生于 1856) 青年界三卷一號

蕭伯納評傳 Edward Wagenknecht 作 紀澤長譯 勵學一卷一期

赫理斯筆下的蕭伯納 黃嘉德 論語半月刊五十期，五十一期，五十二期

蕭伯納的戲劇及思想 張夢麟 新中華一卷四期

蕭伯納的生平及其社會主義的檢討 張露薇 清華週刊卅九卷一期

蕭伯納的癖性 李建新 青年界三卷一期

蕭伯納與宗教 伯符 新中華一卷四期

蕭伯納的警句 靜聞譯 黃鐘一卷六期

蕭伯納的軼事 停治 黃鐘一卷廿期

蕭伯納氏來華紀念特輯 茅盾月刊五，六期合刊（戲劇專號）

內容：（一）蕭伯納告中國人民書，（二）迎蕭伯納，（三）蕭伯納評傳，（四）蕭伯納在上海，（五）愉快的戲劇與不愉快的戲劇。

蕭伯納在中國 李因 新時代月刊四卷三期

蕭伯納來滬有感 章衣萍 中華月報一卷一號

蕭伯納過滬談話記 鏡涵 論語半月刊十二期

蕭伯納最近談話 黃嘉音譯 論語六十三期

關于蕭伯訥　芬君譯　譯文一卷二期

介紹「蕭伯訥」　劉淑清　南大半月刊八，九期合刊

蕭伯納著作年表　鄒簫　青年界三卷一期

「蕭伯納傳」譯者序　黃嘉德　人間世八期

巴蕾　顧仲彝　文學三卷一號
(Jawe M. Barrie 生于 1860)

愛爾蘭詩人夏芝七十歲　中學生五十七號
(Yeats 生于 1865)

愛爾蘭文學家夏芝七十壽辰　仲持　文學五卷三期

葉芝　海燕　天津益世報文學週刊廿五期（廿三年八月廿二日）

白尼特的生涯與其作品　于佑虞　文藝月報一卷五，六期合刊
(A. Bennett 1867-1931)

般涅特論 Desmond Mai Carthy 著　麗尼譯　大陸雜誌二卷六，七期合刊
—原文見倫敦生活與文學—

高士華綏小論　劉大杰　現代學生二卷四號
(J. Galsworthy 1867-1933)

高爾斯華綏論 Canby 著　貝岳譯　黃鐘一卷廿九期

高爾斯華綏論 J.W. Cunliffe 作 紀澤長譯 勵學一卷二期

高爾斯華綏論 J.W. Cunclifle 著 紀承之譯 文藝月刊七卷六期

戲劇家高爾斯華綏 Henry Alexander 著 蘇芹蓀譯 文藝月刊四卷二期

高爾斯華綏的特性 王紹清 中華月報一卷一號

倍納忒的日記 天虹 文學五卷一期

英國現代四位散文作家 J. E. 南大半月刊八，九期合刊
（一）劉卡司（E. V. Lucas 1868-），（二）林羅伯(Robert-Lynd 1879-)，（三）赫胥黎(A. Huxley 1894-)，（四）普利斯特利(J. B. Priestley 1894-)。

赫克胥黎的作風 味橄譯 新中華一卷廿期

寶味士自傳 朱文振譯 文藝月刊六卷四期
(W.H. Davies 生于 1870)
內容：（一）到監獄裏去享福，（二）末一次的跳車，（三）賣詩。

辛基 周壽民 南大半月刊八，九期合刊
(J.M. Synge 1871-1909) 愛爾蘭之大戲劇家

梅斯裴爾簡論 胡立家 天津益世報文學週刊廿五期（廿三年八月廿二日）
(J. Masefield)

英國新桂冠詩人—梅士斐爾特(J. Masefield)　汪倜然　讀書月刊一卷一期

詹姆士·喬也期的思想與作風(J. Joyee 生于1882)　楚澤　清華週刊四十三卷六期

喬逸斯與新興愛爾蘭作家　樸伊德作　蔣震華譯　時事類編三卷十五期

茄伊絲與新興愛爾蘭諸作家　Ernest Boyd著　蔣東岑譯　中國文學一卷五期

勞倫斯自敘(D.H. Lawrence 1885-1930)　立昂譯　北平晨報學園八二六號（廿四年六月廿五日）

勞倫斯　孫晉三　清華週刊四十二卷九，十期合刊
內容：（一）引言，（二）勞倫斯小說述略，（三）勞倫思想，（四）勞倫斯之文學價值，（五）勞倫斯影響。

談勞倫斯　語堂　人間世十九期
關于他所著「却泰來夫人的愛人」的描寫討論

勞倫斯的書簡　麗尼　文學五卷一號

卜蘭頓(E. Blunden 生于1896)　韋思文　天津益世報文學週刊廿五期（廿三年八月廿二日）

高莪德(N.P. Coward 生于1899)　余上沅　學文一卷四期

十九世紀的愛爾蘭愛國詩人—愛爾蘭文藝復興的前驅—　陳心純　黃鐘一卷廿五、期

愛爾蘭的民族詩人 莊心在中國文學一卷三，四期合刊所提及爲愛爾蘭文藝復興運動最有力的中心人物，是夏芝，愛依和辛格。

英國文學的現代作家 蠡舟 行建月刊四卷二期 只作簡單的介紹

英國近代著名作家一瞥 晰 圖書館月報一卷四期

現代英國詩人 W.H. Davies 著 李霽野譯 女師學院期刊創刊號

女作家

英國女詩人梅奈爾及其詩 朱洵 天津益世報文學週刊三九期（廿三年十一月廿八日）

(All Mynlle 1847-1922)

曼殊斐爾十年祭 Margaret Bell 作 鄭林寬譯 清華週刊四十卷一期

6.美國文學家

亞倫坡的生平及其藝術 昧橄 新中華一卷十五期

(E. A. Poe 1809-1849)

白髮詩人惠曼 辛克萊著 若柱譯 國民文學一卷三期

(W. Whitman 1819-1892)

窩脫・惠特曼　戈期　文學三卷六期

惠特曼詩的現實主義　煥平譯　東流二期

美國小說家馬克吐温　胡仲持　文學四卷一號

(M. Twain 1835-1910)

馬克吐温百年紀念　不忍　中學生五十九號

馬克吐温及其作品　黃嘉音　論語半月刊五十六期

馬克吐温誕生百年紀念　張夢麟　新中華三卷七期

馬克吐温百年紀念　仲持　文學五卷一號

馬克吐温的悲劇　W.辛克萊作　吉人譯　譯文二卷一期

馬克吐温逸話　曙山　論語半月刊五十六，五十七期

論喬治開里的神秘風格　鄭桂泉　天津益世報戲劇與電影五〇，五一期（廿二年十月廿五日；十一月一日）

(G. Kelly 生于 1856)

悼白璧德先生　大公報文學副刊三百十二期（廿二年十二月廿五日）

(I. Babbitt 1865-1933)

白璧德及其人文主義 梁實秋 現代五卷六期

美國現代大詩人饒賓孫 郭沛元 天津益世報文學週刊廿五期（廿三年八月廿二日）

(E. A. Roblinson 1869-1935)

美國詩人羅萍生逝世 傅東華 文學四卷五號

德萊塞 伍蠡甫 文學三卷一號
(J. Dreiser 生于 1871)

德萊塞的生平與作品 明華 讀書顧問季刊四期

德萊塞的生平·思想·及其作品 畢樹棠 現代五卷六期

德拉賽小傳 讀書雜誌三卷五期

傑克·倫敦的生平 沈聖時 現代五卷六期
(J. London 1876-1916)

曷普登·辛克萊 錢歌川 現代五卷六期
(U. Sinclair 生于 1878)

文豪辛克萊 子嶠 天津益世報文學週刊三四，三五期（廿三年十月廿四，卅一日）

詩人 Vachel Lindsay 徐遲 現代四卷二期
(1879-1931)

文評家的琉維松　趙景深　現代五卷六期
(L. Lewirsohn 生於 1882)

三個美國人—辛克萊，亨利，傑克倫敦—　茀理契著　蘇伍譯　春光創刊號

漫談辛克萊　羅皚風　天津益世報文學週刊卅六期（廿三年十一月七日）
(S. Lewis 1885-1933)

劉易士年譜　洪深　文學二卷三號

劉易士　學楷　世界文學一卷三期

劉易士評傳　伍蠡甫　現代五卷六期
內容：（一）一八八五年一九三三年之間，（二）三件熱鬧的事情，（三）名著略述，（四）作風與地位

哀慈拉·邦德及其同人　徐遲　現代五卷六期
(E. Pound 生于 1885)
本文據 Tris Barry 之"Ezro Pound Perriod"一文寫成

戲劇家奧尼爾　顧仲彝　現代五卷六期
(E. G. Oineiil 生于 1888)

奧尼爾年譜　洪深　文學二卷三號

奧尼爾及其「白朗大神」　蕭乾　大公報文藝二期（廿四年九月二日）

奧亨利論　辛克萊作　天虹譯　譯文二卷六期

帕索斯　趙家璧　現代四卷一期
(John Dos Passos 1896生)

帕索斯的思想與作風　杜衡　現代五卷六期

高爾德　桂泉　清華週刊四十二卷九，十期合刊
(M. Gold 生于1896)

福爾克奈——一個新作風的嘗試者　凌昌言　現代五卷六期
(W. Faulkner 生于1897)

海敏威研究　趙家璧　文學季刊二卷三期
(E. Hemingway 生于1898)

作為短篇小說家的海敏威　葉靈鳳　現代五卷六期

美國新進作家漢敏威　黃源　文學一卷三號

蘭斯頓休士　鄭林寬　清華週刊四十二卷九，十期合刊
(L. Hughes 生于1902)

安特生研究　趙家璧　文學五卷二號
(Shewood Anderson 生于1876)

安得生發展之三階級　蘇汶　現代五卷六期
內容：從現實逃避到理想—兩個傾向（幻滅和前進的思想）—回到實現

休士在中國　伍實　文學一卷二號

一九三三年的美國作家　張自忠　中華月報二卷二期（一）辛克萊，（二）布克夫人，（三）蘭斯頓休斯。

美國當代詩人桑德伯　羅思文　天津益世報文學週刊十八期（二十三年七月四日）

內容：（一）美國新詩運動（1913—1917），（二）桑德伯的小傳，（三）桑德伯的詩，（四）對于桑德新詩的批評。

現代美國作家小傳　薛蕙　現代五卷六卷

美洲的黑人詩人　葉君健　文藝電影一卷四期

休士，麥開，杜莫爾，庫倫等。

女文學家

寫實主義者的裘屈羅•期坦因　趙家璧　文藝風景一卷一冊（Gertrude Ste'n 生于 1874）

懷遠念著的維拉凱漱　趙家璧　現代五卷六期（Willa Cather 生于 1876）

緹絲德爾逝世　大公報文學副刊二百九十期（二十二年七月廿四日）（Sarch Jeasdale 1884—1933）

女詩人米萊及其「再生」　方瑋德　文藝月刊三卷十二期

Edua St. Vincent Millay 生于 1892，「再生」是女詩人

詩中之傑作者。

勃克夫人　伯雨　讀書顧問季刊二期
(Peasl S. Buck)

勃克夫人訪問記　章伯雨　現代四卷五期

「大地」作者勃克夫人　雨初　女青年月刊十三卷三期

勃克夫人的創作生活　毛如升　文藝月刊四卷六期

布克夫人及其作品　莊心在　矛盾月刊二卷一期

賽珍珠之自白　立昂譯　北平晨報學園八〇四號（廿四年四月十九日）

「大地」作者賽珍珠重來中國　胡仲持　文學一卷五號

勃克夫人與黃龍　趙家璧　現代三卷五期

從張資平說到白克珠夫人　嘯霞　文藝雜誌一卷三期

4. 法國文學家

抒情詩人宏沙　徐仲年　文藝茶話二卷四，五期
(Pierre de Ronsard 1524-1585)

龍沙與法國七星詩人　曾獻中　文藝月刊七卷四期
古希臘有七個女子因失望自殺，相傳成爲七星，有七個詩人也借用此名，其首領名沙龍。

蒙田四百週年生辰紀念　梁宗岱　文學創刊號
(Michel de Montaigne 1533-1592) 是法國文藝復興時代的大散文家

法國寓言詩人拉芳丹納　徐仲年　中華月報一卷七期
(Jean de La Fontaine 1621-1695)

巴思加爾的生活　宗臨　中法大學月刊一卷一期至四期；二卷一期；三卷一期
(La Vie de Blaise Pascal)

亨利佩爾的思想及其代表作「紅與黑」　陳心純　民族文藝一卷二期
(H. Beyle 生于 1783)

斯丹大爾論　桑原武夫著　任白濤譯　新文學一卷二期
(Stendhal 1783-1842)

司湯達　李健吾　大公報文藝副刊八十三期（廿三年七月十一日）
(Stendhal 1783-1842)

維尼的生平及其作品　侯佩尹　讀書顧問季刊二期
(Alfred de Vigny 1797-1863)

寫實健將巴爾札克略傳　李萬居，現代學生二卷五期
Honore de Balzac 1799-1850

論巴爾札克 杜微　春光一卷三號

巴爾札克 譚納著 李辰冬譯　文學季刊四期

內容：（一）巴爾札克的生活與性格，（二）巴爾札克的精神，（三）巴爾札克的風格，（四）巴爾札克的世界，（五）巴爾札克的重要人物，（六）巴爾札克的哲學。

勃蘭兌斯論巴爾札克 侍桁譯　讀書雜誌三卷五，七期

法蘭西文學的殿堂巴札克的時代及其作品 太宰施門作 開元譯　黃鐘四卷三期

巴爾札克的戀愛 郭建英　現代五卷四期

巴爾札克逸話 新小說一卷四期

巴爾札克的死 雨果　文學四卷一號

法國小說家雨果 馬宗融　文學四卷一號
(V.M. Hugo 1802—1885)

雨果的生平 易叔成　北平晨報學園八二三號（廿四年六月十八日）

雨果論 徐仲年　文藝月刊七卷五期

雨果先生年譜稿略 李青崖　文藝月刊七卷五期

雨果研究 耶魯遜 文藝月刊七卷五期

談雨果 杜青 每月小品一卷一期

關于雨果 李丹 文藝月刊七卷五期

紀念雨果 許躋青 北平晨報學園八二三號（廿四年六月十八日）

雨果社會學觀之評價 徐心芹 文藝月刊七卷五期

雨果的地位 Albert Thebaudet作 李辰冬譯 大公報文藝副刊一六五期（廿四年八月十八日）

雨果和「哀史」 矛盾 中學生五十三號，五十四號 「哀史」是雨果所寫的傑作，這篇對于雨果的著作和思想敘述頗詳。

現代法國人心目中的雨果 馬宗融 文學四卷五期

少年雨果之戀愛 人言週刊一卷廿八期，廿九期，卅期

囂俄情書 葉雲譯 藝風一卷五期

勃蘭兌斯論梅禮美 侍桁譯 文藝月刊六卷一，二，三期（P. Merimee 1803生）

法國文學上的兩個怪傑 英·塞門斯 曹葆華譯 文學季刊二卷三期

訥代爾（Gerard de neryal 1808-1855），利爾阿丹（Villiers de L' Isle-Adam 1838—1889）

勃蘭兌斯論戈蒂葉 侍桁 矛盾月刊二卷四期

（J. Gautier 生于1811）

波多萊耳 太戈 北强月刊二卷二期

（Beaudelaire 1821-1867）

波特萊爾 曹葆華 北平晨報詩與批評四五期（廿四年一月十七日）

詩人鮑特萊 劉鋆 北平晨報詩與批評六一期（廿四年九月十二日）

查理波得萊爾 宗臨 中法大學月刊四卷二期

波特萊爾的病理學 日長谷川玖作 張崇文譯 現代四卷六期

本篇乃由日本"Serpent"雜誌一月號譯出

鮑特萊爾的愛情生活 沈寶基 中法大學月刊三卷二，三期合刊；四，五期合刊

波德萊爾與女人 聞家駟 學文一卷四期

一「贈路人」(A une Passant)一「贈路人」係波德萊爾所作一首詩，贈給一天夜裏他在馬路上瞥見一眼隨即向人羣消逝了的一位女子

「福樓拜評傳」序 李健吾 大公報文藝副刊一三三期（廿四年一月六日）

(Gustave Flaubert 1821-1880)

福樓拜的人生觀　李健吾　文學季刊四期

福樓拜的內容形體一致觀　李健吾　文學季刊二卷一期

福樓拜的書簡　李健吾　文學五卷一號

福樓拜的病魔　李健吾　大公報文藝副刊九十一期（廿三年八月八日）

福樓拜的故鄉　李健吾　現代四卷一期
路昂—克窪塞

福樓拜的娛樂　李健吾　大公報文藝副刊六十八期（二十三年五月十九日）

佛羅貝爾和柯蕾夫人的戀愛　周迪斐譯　世界文學一卷一期

法國文史哲學家勒南　夏炎德　文藝大路創刊號
(Ernest Renan 1823-1892)

大詩人不律道墨　侯佩尹　文藝月刊五卷三期
(Sully Prudhomme 1839-1907)

左拉和寫實主義　G. 盧卡且作　孟十還譯　譯文二卷二期
(E. Zola 1840-1902)

左拉與寫實主義　法 Emmanuel Berl 著　陳君冶譯　春光一卷三號

左拉研究 山田珠樹著 汪馥泉譯 國民文學創刊號二期，
內容：（一）左拉自然主義之理論與實際，（二）左拉底社
會觀，（三）左拉底作品給與的感想。

左拉 V.渥哲狄作 黎烈文譯 譯文二卷二期
記左拉遊羅馬的一段事實

左拉的筆記 夏萊蒂譯 現代學生二卷二號

魏爾倫 葆華譯 北平晨報四七期，四八期（廿四年二月十四日，廿八日）
（Paul Verlaine 1844—1896）

詩人魏崙 劉瑩 北平晨報詩與批評五九期（廿四年八月八日）
（P. Verlaine 1844—1896）

兩位法國象徵詩人 英．塞門斯 曹葆華譯 文學季刊二卷二期
馬拉梅與凡爾倫

馬拉爾美 Randolph Hughes著 侍桁譯 時事類編三卷五期
—神秘的象徵主義的研究—
（S. Mallarme 1842-1898）

法郎士生活之一班 趙少侯 文藝月刊五卷五期
（A. Franoe 1844—1924）

法郎士的眞面目 塞古耳著 趙少侯節譯 刁斗一卷二期

託爾斯爾的莫泊桑論 Agenner Maude英譯 佘貴棠重譯 大陸雜誌二卷四期
（Guy de Maupas Sant 1850—1893）

比葉爾・斐弟　侯毅　中法大學月刊七卷三期
（Pierre Loti 1850—1923）

法國象徵派詩人藍保　相代　北强月刊二卷五期
（Jean-Arthur Rimbeau 1854—1891）

詩人舍曼　羅莫辰　中法大學月刊六卷二期
（Albert Samain 1858—1900）

法國宗教史家兼文學批評家博勒蒙逝世　施閎誥　大公報文學副刊三百十一期（二十二年十二月十八日）
（Able Henri Bremond 1865—1933）

羅曼羅蘭評傳　趙少侯　刁斗一卷三期
（R. Rolland 生于 1866）

羅曼羅蘭的生平及思想　劉石克　中華月報一卷三期

和平主義者羅曼羅蘭　夏炎德　讀書雜誌三卷五期

紀德　盛澄華　清華週刊四十二卷九，十期合刊
（Andre Gide 生于 1869）

紀德的生平及著作　允懷　世界文學一卷六期

紀德的一生　沈起予　文學五卷四號

紀德與小說技巧　法 Cremieux 作　魏晉譯　東流一卷五期

說述自己的紀德 石川湧 樂夔譯 譯文一卷二期

描寫自己 法國A.紀德作 樂夔譯 譯文一卷二期

普魯斯特評傳 曾覺之 大公報文學副刊二百八十八，二百八十九期，（廿二年七月十日，十七日）

Marcel Proust (1871-1922) 內容：（一）緒論，（二）普魯斯特之生活，（三）普魯斯特之工作（四）結論。

普洛斯特十年祭 Edmond Jaloux 大陸雜誌二卷三期

保羅·梵樂希 D.唐鐵作 愍原譯 清華週刊四十二卷九，十期合刊

(Paul Valery 生于1871)

文學家巴比塞先生 徐仲年 文藝茶活二卷一期

(Henri Burbusse 生于1874)爲歐戰時非戰文學之提倡及擁護者，他是個小說家，詩也寫得不壞

亨利巴比塞 放飛 中華月報一卷三期

(H. Barbusse 1873生)

論巴比塞 張露薇 大公報文藝十五期（廿四年九月廿五日）

致敬於反帝國主義作家巴比塞先生 夏炎德 讀書雜誌三卷五期

表現主義戲曲家高歌·凱莎的研究 北村喜八作 林剛白譯 天津益世報演劇研究一期（廿四年九月十三日）

馬爾洛訪問記　立昂譯　北平晨報學園八五七號（廿四年九月廿日）

（G. Kaiser 生于 1878）

狄玫勃拉在南京　郭有守　文藝月刊五卷一期

(Maurice Dekobra 生于 1885)

女文學家

斯台爾夫人及其名著黛爾菲諾　丹麥 G. Brandes 著　侍桁譯　世界文學一卷一期

斯爾夫人，安諾·瑪麗·葉爾曼·涅喀 (Anne Mar ie Germaine Necker 生于 1766)

斯台爾夫人的流配　丹麥勃蘭兌斯作　侍桁譯　讀書顧問季刊三期

勃蘭兌斯論喬治桑　侍桁譯　大陸雜誌二卷五期

(George Sand 1804-1876)

諾靄伊伯爵夫人逝世　大公報文學副刊二百八十六期（廿二年六月廿六日）

Comtesse de Noailles(1876-1933)法國著名女詩人兼小說家

挪阿綺伯爵夫人　畢杜原著　徐仲年譯　文藝月刊四卷二期

(Anna-Elisabeth 1976-1933) 是法國當代重要的女詩人

7. 俄國文學家

普希金的文法　林煥平　東流一卷三四期合刊

(A. S. Pushkin 1799-1837)

普希金在蘇聯 亞歷山大・亞尼克斯特作 方士人譯 新語林半月刊五期

果戈理私觀 立野信之作 鄧當世譯 譯文一卷一期

(N. Gogol 1809-1852)

果戈理論 孟十還 文學五卷一號

果戈理和戲劇 蘇聯倍列維爾則夫作 張感明譯 文學四卷二期

歌哥里的藝術與社會環境 倍列維爾則夫作 孟式鈞譯 當代文學一卷五期

哥格里同寫實主義 陳北鷗 師大月刊十四期

戈哥爾與小俄羅斯 劉榮恩 人生與文學一卷二期

本文作者「戈哥爾傳」的一章。戈爾生1809-1852，爲俄國名小說家之一

郭戈爾諷刺了他自己階級的罪惡 亞力山大・亞里克士特作 葉琪譯 當代文學一卷五期

郭歌里的斷片 李光亞 文藝戰線三卷卅五期

萊蒙託夫 蘇聯D.勃拉果夷作 謝芬譯 譯文一卷六期

(Lermontov 1814-1841)

屠格涅甫 Lanks Lavrin作 趙景深譯 青年界四卷一期

(I. S. Turgenev 1818-1883)

屠格涅夫　沈端先　現代三卷六期

屠洛涅夫　漫鐸譯　中華月報一卷八期

屠格涅夫創作底藝術　李子駿　新壘月刊五卷四，五期合刊　刁斗二卷一期
(Turgenev)之創作最膾炙人口的羅亭，貴族之家，前夜，父與子，煙及處女地

屠格涅夫底生活之路　中條百合子作　胡風譯　譯文二卷二期

屠格涅夫的回憶　俄阿審闊夫作　耿濟之譯　文學一卷二號

屠格涅夫寫「父與子」的動機　A. Maurois 吳且岡譯　出版週刊一一八號
—節錄本週出版吳且岡譯之屠格涅夫—

屠格涅甫的人生觀　法國穆洛著　吳且岡　青年界四卷一期

屠格涅夫的「羅亭」問世以前　郁達夫　文學一卷二號

尼古拉奈克拉索夫　英國J.沙斯基司作　孫用譯　譯文第一卷三期
(N. A. Nekrasov. 1821-1877)

尼克拉索夫之生涯與藝術　徐安諾　清華週刊四十二卷二期

朵斯退益夫斯基百年祭時　紀德作　如鵬譯　東流一卷五期
(M. F. Dostoevsky 1821-1881)

妥斯退夫斯基論 盧那卡爾斯基原著 雲林譯 春光一卷二號

杜斯退益夫斯基的特質 S.昂德列益維奇作 沈起予譯 譯文二卷二期

杜斯退夫斯基的小市民與國際性 寓義特羅夫斯基作 侍桁譯 大公報文藝副刊九十期（廿三年八月四日）

內容：（一）托爾斯泰與杜斯退斯基，（二）資本主義的樣式。

陀思妥夫斯基的思想與文學技巧 長之 北平晨報學園五三四，五三五號（廿二年七月六日，七日）

—讀「被侮辱與損害的」—

杜期退益夫斯基的方法 岡澤秀虎著 莫夫譯 文學季刊四期

妥斯退益夫斯基的方法 博文 魏晉合譯 東流創刊號

妥斯退益夫斯基在俄國文學上的位置 魏晉 東流一卷三，四期合刊

陀司妥以夫斯基論 易曲 新壘月刊二卷五期

陀思妥也夫斯基底生涯 馬鳴塵譯 文藝一卷三期

—林隸著「陀思妥也夫斯基底生理」之一—

托斯退益夫斯基的回憶 俄·格里哥羅維基 愈念遠譯 文學季刊二卷三期

托爾斯泰年譜　李光亞　文藝戰線三卷廿五期
(L. Tolstoi 1828-1910)

托爾斯泰會晤記　俄Ivan Bunin　畢樹棠譯　世界文學一卷三期
記他自己愛慕托爾斯泰的心理，和晤面時所得的情形

回憶托爾斯泰　俄國蒲寗作　賈全譯　珈珞月刊二卷四期

托爾斯泰的性格　Aylmer Maude著　鍾憲民譯　讀書顧問創刊號
此篇敘述托爾斯泰想放棄他的財產，爲他夫人所反對，和後來他夫人發表她自己所日記，對他表示不滿等情形

談托爾斯泰　夢薇　天津益世報語林（廿四年五月一日）

作爲俄國革命之鏡的托爾斯泰　列寧著　周學普譯　刁斗二卷一期

諾道論托爾斯泰主義　Max Nordau著　由稚吾譯　文藝月刊七卷四期

關於托爾斯泰的論題　何長　朔望半月刊十八期

托爾斯泰與「復活」　姜克尼　文藝電影一卷四期

托爾斯泰和屠格涅甫的決鬭　成紹宗　青年界五卷五期

屠格涅夫與托爾斯泰的不和始末　高倚筠　新壘月刊三卷二，三期合刊

關于托爾斯泰的一封信 俄·戈理基作 郁達夫重譯 新學生一卷二期

關于託爾斯泰的一封信 M. 戈理基作 柔石譯 萌芽月刊一卷一期，二期

托爾斯泰未發表日記 歐陽凡海 現代文學二期

托爾斯泰的日記 沈起予 文學五卷一期

托爾期泰的家庭生活 Counter Aléander Joktoy 作 赤子譯 平明雜誌二卷九，十期合刊

託爾斯泰的戀愛及其「家庭幸福」 巴甫洛夫作 唐錫如節譯 現代三卷三期

本篇是心理分析家巴甫洛所著，從託爾斯泰日記和書簡中來引証「家庭幸福」的本事，很可以玩味一個作家怎樣從他的秘生活鑄鍊出作品來。

托爾斯泰晚年的夫婦生活 米川正夫著 錢芝君女士譯 青年界五卷五期

托爾斯泰和他的夫人 Vladmir Pozner 輯 吉人譯 黃鐘六卷五，六期

從托爾斯泰之日記及書信等，節錄出他的對于他夫人和其他零感

托爾斯泰夫人日記 疑師譯 現代學生二卷八期

我的少女生活 託爾斯泰夫人自述 疑師譯 現代學生二卷九期

托爾斯泰博物館　仲持　文學五卷五期

小托爾斯泰及其文學生活—爲他的文學生活第廿五年紀念而作—　A. S. 作　玄明譯　現代三卷五期

小托爾斯泰自傳—十月革命給予了我一切—　玄明譯　現代三卷五期

迦爾洵論 (V. L. Garshin 1853-1888)　李秉忱　清華週刊四十三卷四期

迦爾洵　谷神　中學生五十二號

柴霍甫的回憶 (A. P. Tchekhov 1860-1904)　布寧作　矛盾三卷一期

柴霍甫的回憶—柴霍甫夫人作—　懷雅譯　讀書顧問季刊三期

柴霍甫印象記　柴霍甫夫人作　立昂譯　北平晨報學園七四〇號（廿三年十月九日）

本文自九月裏 Liviug Age 上英譯譯下來

柴霍甫的生活態度　古提雷克作　汪漫鐸譯　矛盾月刊二卷六期

柴霍甫的文學生活　阿英　青年界六卷一期

柴霍夫藝術上的幽默與悲哀　長谷川如是著　克巴譯　現代文學一期

柴霍甫的寫景文 阿英 青年界六卷一期

論契可夫 鮑亮斯基著 郭德明譯 文化批判二卷一期

(F. Chirikov 生于1864)

契訶夫·回憶底斷片 M. 高爾基作 胡風譯 譯文二卷一期

契訶夫紀念 司基塔列慈作 耿濟之譯 譯文二卷五期

關于契訶夫的創作 白萊 芒種半月刊四期

追念契珂夫 契珂夫夫人著 黃嘉音譯 人間世廿一期

本篇爲契珂夫夫人紀念其夫之作，描寫其最後六年中之生涯，及臨終之棲涼情況

綏拉菲莫維支論 盧那卡爾斯基著 任白戈譯 春光月刊一卷二號

綏拉菲莫維支訪問記 曹靖華 文學創刊號 ―蘇聯通信

高爾基創作生活自述 楊瑞麐譯 北平晨報學園五四二號（廿二年七月廿一日）

(M. Gorky 生于1868)

高爾基 楊瑞麐譯 北平晨報學園五七九號（廿二年九月廿六日）

茲篇見現代史料七月號爲巴克希（Alexander Bakshy）所作原題爲

"Maxin Gork: Russiam Literatey Idol"

高爾基訪問記　顧仲彝　世界文學一卷五期

高爾基的浪漫主義　周揚　文學四卷一期

革命時期的高爾基　石克　中華月報一卷四期

作爲俄國近代史之鏡的作家　H. Nusinov　陳落譯　清華週刊四十三卷十二期
高爾基與文學

M.戈理基底自傳　亦還譯　萌芽月刊一卷一期
生于1869

藝術學者蒲理契之死　藏原惟人作　雪峯譯　萌芽月刊一卷一期
(V. M. Freche 死于1929)

本年度諾貝爾文學獎金的得獎者布寧　錢歌川　新中華一卷廿四期
(Jvan Bunin 生于1870)

一九三三年諾貝爾文學獎金獲得者布寧　平明雜誌二卷廿三期

伊凡蒲寧　Lvov-Rogachevsky　文學二卷一號
內容：蒲寧小傳—敘景的特色—「荒廢」的詩—屠爾奴夫卡村—

伊凡布寧　美　馬克斯勞尼作　曹泰來譯　矛盾三卷一期

伊凡・蒲寧論 鄭林寬 清華週刊四十二卷一期

伊凡・蒲寧 向北 文化與教育十四期

梅耶荷德 P. A. Markov 作 王木之譯 舞台藝術二期
(Vsevolod Meyeslsold 生于1874)
內容：和唯心論以及反動者的抗戰－編演人「編輯」的權利－舞台底「社會力學」－構成主義的舞台設計－藝術頂目的位置－梅耶荷德底影響

盧納卡爾斯基論 向培良 矛盾月刊二卷一期
(A. Lunacharsky 生于1875)

盧那卡爾斯基小傳 曉丹譯 春光一卷二號

盧那查爾斯基論 克已 新中華二卷七期

盧那卡爾斯基批判 S. Dinamov 著 迅譯 第一線一卷一期

魯那卡爾斯基論 Sergei Dinamov 作 李孟岑譯 青年文化一卷五，六期合刊

「士敏土」的作者革拉特可夫訪問記 法爾考斯基作 方土人譯 春光月刊創刊號

奧格涅夫 蘇非亞 清華週刊四十二卷九，十期合刊
(N. Oguyov 生于1888)

巴別爾論　G. Munblit作　周揚譯　文學四卷三號
(Babel 生于 1894)

葉賽寧與俄國意像詩派　法·高列里作　載望舒譯　現代五卷三期
(1895-1925)

A.法兌斯夫底自傳　亦還譯　萌芽月刊一卷一期
生于1901

萊奧諾夫及其作品　斯密爾諾夫著　任白戈譯　春光一卷三號

特萊訖可夫自傳　特萊訖可夫著　有圭譯　時事類編三卷七期
他寫不少取材於中國的小說詩歌與戲劇，曾在中國上
演過幾次「怒吼罷中國」就是他寫的。

特里查可夫自述　雨辰　矛盾二卷一期
此篇係節譯「國際文學」第二期所載作家自傳之一部
份

尼庫林　艾鈿　清華週刊四十二卷九，十期合刊

一個中國人對於安德烈馬爾路的感想　張若谷　文藝週報一卷四期

一百個俄羅斯作家的小傳　西門譯　蘇俄評論三卷一期至四期，四卷三期，
四期

8.德國文學家

威蘭之生平及其著作 楊丙辰 大公報文學副刊三百零六期，三百十期（廿二年十一月十三日；十二月十一日）

(Christoph Martin Wieland 1733-1813)

德國詩人威蘭誕生二百年紀念 大公報文學副刊二百九十六期（廿二年九月四日）

歌德的生平 Paul Carrus 作 張全恭譯 南風七卷一期

(Goethe 1749-1832)

哥德論 法國A. 紀德作 陳占元譯 譯文一卷五期

哥德論 梁宗岱譯 東方雜誌卅二卷十九期

歌德的自然現象觀 赫曼著 郭漢烈譯 時事類編三卷十二期

文藝批評家的歌德 卡文·陶馬作 張露薇譯 矛盾三卷一期

歌德戲劇中文藝復興與 Bareque 文風之影響 皮·渥爾作 劉勳章譯 矛盾三卷一期

哥德談話錄 德 Eckermann 著 黃源選譯 世界文學一卷一，二，三，五期

這篇係作者數次會見哥德後所得印象和談話的紀錄

哥德與戀愛 成瀨無極著 月華生譯 北平晨報七八七號（廿四年三月五日）

哥爾德與新時代 楊昌溪 讀書月刊一卷一期

歌德與女人的關係　Paul Carus 作　杜若譯　南風九卷一期

哥德致赫姆波特及其夫人的信　殷作楨譯　中國文學二卷一期
譯自 German Classic

德國詩人席勒　希爾特　文學四卷一號
(F. Schiller 1759-1805)

德國大詩人席勒一百卌年祭　苗埒　文藝電影一卷三期

席勒在德國文學史的地位　陳銓　大公報文藝副刊一百廿三期（廿三年十一月廿八日）

釋勒與中國　章忠　中華月報三卷一期

席勒爾及其著作　余祥森　出版週刊一一七號
本文節錄商務出版余祥森編著之「德意志文學史」中

席勒爾一節

宏保耳特之生平·時代·及其想思　李長之　天津益世報文學副刊四期（廿四年三月廿七日）
(Karl Wilhelin von Humbold 1767-1835)

德國兩個愛國詩人　侯佩尹　文藝月刊六卷一期
昂德 (Arndt 1769-1860) 和柯爾奈 (Korner 1791-1813)

現代才被發見的天才德意志詩人薛德林　季羨林　清華週刊卌九卷五，六期
(Friedrich Hoelderlin 1776-1843)

熱情詩人海涅的生活及其思想 白樺 黃鐘卅五期，卅六期
(H. Heine 1797-1856)

海納與革命 毗哈作 魯迅譯 現代四卷一期

瑪克斯·萊茵哈特 澄清 文學一卷五號
—誕生六十年紀念—
(Max Reinhardt 生于 1873) 爲著名之戲劇家

瓦撒曼的作及「諾趣史」之排猶太主義 張資平 中國文學二卷二期
(Jacob Wassermann 1873-1934)

論雅谷華賽曼 斯太芳采格作 楊丙辰譯 文藝月刊五卷一號
譯自一九三三年月份德國 Die Neue Rundschau 月刊蓋賽曼專號

戲劇作家諂勒 允懷 世界文學一卷五期
(E. Toller 生于 1893)

關於德國新興劇作家托勒 陶況 萬人雜誌一卷五期

9. 挪威和丹麥文學家

挪威瑞典丹麥瑞士諸國作家略傳 承恩 北强月刊二卷三期

亨利克易卜生 李朔 勵學一卷二期
(H. Ibsen 1828—1906)

亨利・易卜生 中村吉藏 白樺譯 黃鐘一卷卅九期
一北歐反抗兒孤憤之一生一

關於別瑟尼・別爾生 茅盾 中學生五十四號 (B. Bjornson 1832—1910)

般生誕生百年紀念 甘永柏 中報月刊一卷六號

哈姆生訪問記 蒲子譯 現代五卷一期 (K. Hamsun 生于1860) 本文分兩篇：(一)係德新聞記者華爾山特爾之描寫挪威哈姆生家庭情況，(二)係哈姆生與蘇聯作家來往之信札。

丹麥童話家安徒生 狄福 文學四卷一號 (H. C. Andersen 1805—1875)

關於勃蘭兌斯 侍桁 星火月刊一卷二期 一十九世紀文學之主潮譯者序一 (G. Brandes 1842—1927)

10 比利時和其他各國文學家

梅德林的十二曲 曾仲鳴 藝風二卷二期 (生于1862)

梅特林的代表作評述 蕭石君 中法大學月刊三卷四，五期合刊

幾個弱小民族作家 惟生 讀書顧問季刊三期 一匈牙利的育珂摩爾，保加利亞的伐佐夫，波蘭的密克委一

匈牙利小說家育珂摩耳 味茗 文學四卷一號 (1825-1904)

奧國三大劇作家 黎錦明 青年界五卷五期 (一)巴哈生于1863，(二)顯居志勞生于1862，(三)賀甫曼曹生于1874。

美基委玆與顯克微支 白樺 黃鐘一卷二期 —波蘭二大民族文豪(Adam Meckiewicz 1793-1855)和(Kenry Sienkiewcz)

密子吉微支及其傑作塔兌須先生 波蘭A. Grabowskl作 孫用譯 黃鐘一卷卅九期

大戰前後的波蘭民族文學家 白樺 黃鐘一卷廿一期

新興捷克斯洛伐克的雙翼 白梓 黃鐘一卷十期 —第克(Vikotor Dyk 1877-1931)與吉拉塞克(Alois Tirasek 1851-1930)

巴爾幹的高爾基死了 宗融 文學五卷一號 —依斯特拉諦(Panait Istrati)—

六、各國文學家合傳

莎士比亞與彌爾敦 Ceorge Elolt作 任於錫譯 勵學一卷一期

莎士比亞與莫里哀　汪梧封　光華大學半月刊三卷四期
內容：（一）引言，（二）莎翁莫君身世的比較，（三）莎翁莫君作品之比較，（四）尾聲

濟慈與沙士比亞　費鑑照　文藝月刊六卷四期

藍姆和柯立奇的友誼　鞏思文　文藝月刊六卷五，六期合刊
(Charles Lambs & S. T. Coleridge)

勞倫斯與白壁德　H.B. Parkes 作　立昂譯　北平晨報學園八〇九號（廿四年五月十日）

勞倫斯與白壁德　H.B. Parkers 作　郭根譯　天津益世報益世小品九期（廿四年五月十九日）

英國二文老漫評　金素兮　橄欖月刊廿二期

李白與哥德　梁宗岱　大公報文藝副刊一三三期（廿四年一月六日）
兩個文豪詩之比較

歌德與悲多汶　羅曼羅蘭著　梁宗岱譯　時事類編三卷十一期，十二期

哥德與梵樂希　梁宗岱　東方雜誌廿二卷十三號

愛默生與歌德　張月超　文藝叢刊一卷一期

喬治桑巴爾札與左拉　法亨利·布拉伊　馬宗融譯　文學季刊二卷一期
(George Sand. Zola)

巴比塞與羅曼羅蘭 張白衣 朔望半月刊八期

戈登克雷與阿比亞 章泥譯 舞台藝術創刊號

魯迅與H.L. Mencken 梅曾 天津益世報文學週刊卅一期（廿二年七月一日）

H.L. Mencken（曼肯）係美國文豪，下筆亦喜嬉怒笑罵世俗之人

高爾基與傑克倫敦之比較研究 A.坎臬迪作 馬彥祥譯 矛盾月刊二卷五期

關於現代中國動亂爲題材的兩位外國作家 文藝週報一卷四期

（一）蘇聯「一個中國青年的語錄」著者特列訖可夫，（二）法國「人類的運命」著者安德列，馬爾路

尤利·羅曼與約翰·多斯·帕索斯 M. Bleiman著 楚澤譯 清華週刊四十三卷二期

(Dos Passos) 和 (Jules Romanis)

意象派的七個詩人 徐遲 現代四卷六期

所論七個意象派詩人是Ezra Pound Amy Lowell, H. D. Hilda Doolittle, John Gould Eletcher, Richard Aldingtou, D. H. Lowrence, F. S. Flint.

現英美的幽默作家 沙白 青年界六卷一期

現代女作家　蓮岳　黃鐘六卷六期

(一)萊奥亞丹斯(美)，(二)喬·梵·亞麥斯古勒(荷蘭)，(三)愛爾莎·貝司可(瑞典)，(四)黛萊達(意大利)，(五)羅斯·費爾曇(英)

附錄

一、文學書籍的介紹

關于中國文藝的論著

介紹一個文學書目 匡亞明 讀書月刊一卷二期

兩種文學書目 樱 樱 讀書月刊一卷一期

一張不正確的照片——關于中國文藝年鑑的批評—— 東方未明 文學一卷四號

「中國文藝年鑑」 李影心 大公報文藝廿七期（廿四年十月十八日）
楊晉豪編 北新書局發行

評「中國文學珍本叢書第一輯」 鄧恭三 國聞週報十二卷四十三期
施蟄存編 阿英等校點

「中國文學概論」與「中國文學」 葉谷馨 圖書評論一卷十期
「中國文學概論」張銘慈譯 商務發行
「中國文學」隋樹森譯 世界書局發行

「中國文學論集」 鄭嘯 文學三卷一號
鄭振鐸著 開明書店出版

「中國文學概論」 丁山 文藝月報一卷一期
段凌辰著 集古齋書社印

介紹兩部中國文學批評史　林庚　大公報圖書副刊六十期（廿四年一月三日）

（一）郭紹虞著　商務出版，（二）羅根澤著　人文書局出版。

評梁實秋的「偏見集」　高山　讀書顧問季刊四號
文藝批評集

梁實秋著「偏見集」　李長之　國聞週報十一卷五十期
正中書局出版

「刀劍集」序　鄭振鐸　水星一卷一期
文藝批評集自序

圖書評論所評文學書部分的清算　傅東華　文學創刊號

「現代中國作家評論選」題記　沈從文　大公報文藝副刊一百卅期（廿三年十二月廿二日）

「現代作家筆名錄」序　知堂　大公報文藝副刊一四七期（廿四年四月十四日）

「作家筆名錄」　賈直　幽燕二卷一期

百部佳作徵文散稿　人間世廿二期至卅六期

關于各國文藝的論著

「文學概論漫評」　趙景深　青年界三卷四期
略評幾本關于討論文藝的書籍

評「文學評論」 袁振綱 讀書顧問季刊二期
韓侍桁著 現代書局出版

評四種流行的「文學概論」 費鑑照 讀書顧問創刊號
潘梓年 趙景深等著

答評「文學概論」 趙景深 讀書顧問季刊二期

張希之「文學論概」 李長之 文學評論一卷二期
北平文化學社發行

傅東華譯「近世文學批評」 梁實秋 圖書評論二卷九期
商務印書館發行

評「文藝批評ＡＢＣ」 澤陵 津逮季刊二期
傅東華著 世界書局印行

介紹「歐洲近代文藝」 王璠 學風五卷四期
李則綱編述 上海華通書局出版

世界大文豪及其中譯本 李黎 讀書顧問季刊四期
介紹一百位馳名世界的大文豪，并其生平傑作，如已有譯成中文的則說明係何家書店出版，每期列廿五人分四期登完。

兩個小說書目 畢樹棠 文學五卷三期
一九三五年夏季英美新出版的小說

大戰後美國文藝雜誌編目 畢樹棠 現代五卷六期
本篇選錄美國文藝雜誌卅種，是就清華大學圖書館現有的美國雜誌而編製的，其中有一大部不是純粹文藝刊物。

雜誌文藝論文分類摘要　全增嘏　圖書評論二卷九期至十二期

最近英美雜誌裏的文學論文　畢樹棠　文學季刊創刊號至二卷三期連期刊登

一九三四年英美雜誌文藝論文編目　蔣南翔　清華週刊四十二卷九，十期合刊

英國當代作家的代表作　仲持　文學五卷三期

英文文藝批評書家舉要　郁達夫　青年界三卷四期

「英文文藝批評書目舉要」之商榷　實秋　天津益世文學週刊廿九期（廿二年六月十七日）

小泉八雲論衣裳哲學　毛如升　文藝月刊七卷五期

原文見小泉八雲的「文學精解」的第一卷。"Sartor Resartus" 照拉丁文原義，乃「裁縫匠重縫」，爲十九世紀英文學家加萊爾之名著，此篇卽節譯小泉八雲氏（一七九五—一八八八）對該書之評論。

科學時代中之文學心理　梁實秋　圖書評論一卷八期

原書名 The Literary Mind: Its Place in an Age of Science, By Max Eastman, 1931（英國伊斯特曼先生）

評「威爾斯自傳」　美 W. S. Phelps 著　祖舜譯　世界文學一卷五期

「歌德之生平及其作品」 搽波 新月四卷七期

羅柏特生著，倫敦魯特米基書店出版，原名 "The life & Work of Goethe"

「歌德之認識」 李長之 新月四卷七期

宗白華等著 南京鐘山書局發行

宗白華周輔成合編的「歌德之認識」 張月超 圖書評論一卷八期

「屠格格夫」 江寄萍 出版週刊一四四號

André Maurois原著 吳且岡譯 商務版

耿濟之譯托爾斯泰藝術論 梁實秋 圖書評論二卷十期

共學社文學叢書

介紹赫理斯著的蕭伯納傳 曹永揚 文藝月報一卷三期

對於「英國當代四小說家」的商榷 瑩 武漢大學文哲季刊四卷一號

「英國當代四小說家」Wilbur L. Cross著

李未農等譯述，國立編譯館出版

二、文壇消息

1. 世界

文壇消息 讀書月刊一卷一期至五期

文壇消息　新壘月刊二卷一期，二期，三期

文壇消息　吳惠風　幽燕二期

文壇消息　當代文學一卷四期
關于最近廿四年夏的文壇消息：（一）作家方面，（二）集會方面，（三）出版方面。

文壇消息　時事類編三卷一期至十七期連期刊登

文壇消息　雲裳　文藝茶座一卷一期，二期

文壇消息　人言週刊一卷四十三期

文壇展望　另境　現代五卷二期，三期，四期
——大衆語文統一運動的討論——

文壇播音臺　大上海半月刊一卷一期，二期

文壇雜景　當代文學一卷一期
（一）國內之部——幾個論爭，幾特刊，（二）國外之部——英國，蘇聯，日本，文學電影之交流。

文壇簡報　當代文學一卷三期

文壇麟爪 心芬 幽燕三卷九期，十期

文壇情報 記者 化石半月刊一卷七，八，九期合刊

文壇情報 橄欖月刊卅二期

文藝情報 楊昌溪 文藝月刊三卷十一期至四卷六期連期刊登

文藝消息 藝風三卷一期至九期連期刊登

文藝界消息 大公報文學副刊三百零二期（廿二年十月十六日）

文藝新聞 大公報小公園（廿四年七月廿，廿一，廿八日）

文藝新聞 畢樹棠 大公報文藝十六期，卅一期，卅三期（廿四年九月廿七日；十月廿五，廿八日）

文藝新聞 矛盾月刊二卷一期至六期連期刊登

文化街 文藝電影一卷一至四期

——各國文壇情報——

世界文壇消息 現代文學創刊號

世界文壇動向 諾蕤等 現代文學一期

世界文壇情報　林國材　華北月刊二卷二期至三卷一期連期刊登

世界文壇的展望　文學五卷一期至六期連期刊登

世界文壇展望台　編者　東流一卷三期，四期，五期，六期

世界文壇瞭望台　文藝週報一期至四期連期刊登

世界文壇及其他　漫鐸　大陸雜誌一卷十一期至二卷六，七號合刊連期刊登

國內外文壇消息四則　萌芽月刊一卷三期

消息一束　記者　現象創刊號

最近文壇評閱　爾昂　幽燕一期

一九三四年世界文壇的總清算　林國材　華北月刊三卷一期

2.中國

文藝新聞　大公報文藝七期，八期，十八期，廿五期，廿七期（廿四年九月十一，十三，廿日；十月十四，十八日）

太原，杭州的文壇；副刊在上海；安慶，福州，武漢的文藝

文壇拾零 文藝戰線三卷廿八，九期合刊至四十七，八期合刊連期刊登

文藝新聞一束 小言 內容：（一）文藝戰線三卷十六，七期合刊 普羅作家之星散，郭沫若之在日本

國內文壇消息 黃鐘一卷二期至五期連期刊登

國內文壇消息 中國新書月報二卷九，十期合刊

略論中國文壇——偷懶，奴性，而忘掉了藝術—— 張露薇 天津益世報文學副刊十三期（廿四年五月廿九日）

現在中國文壇鳥瞰 李奎德 細流三期

Radio 文化列車一期至十二期連期刊登 關于文壇，劇壇，或銀壇的零碎消息

東南文藝展覽會 金穆 人言一卷廿四期

出版略與著作家 讀書月刊一卷六期 一九三一年間的文壇消息

筆訊 文學三卷一，二，三，四號 —各地文壇的消息—

3. 歐美文壇

歐美文壇消息 民猶 大公報文學副刊三百零八期，三百十一期，三百十二期（二十二年十一月廿七日；十二月十八，廿五日；廿

三年一月一日）

歐美文壇零拾　J. E.　天津益世報文學週刊五期（廿三年四月四日）

最近歐美文壇　凌則民　新中華二卷七期

國際文壇情報　鄒宏道　文史一卷二號，四號

國外文壇消息　中國新書報月二卷九，十期合刊

海外文壇近訊　畢樹棠　天津益世報文學副刊二期，十期，十五期，卅期（廿四年三月十三，五月八，六月十二，九月廿五日）

一九三三年的歐美文壇　高明　現代四卷五期　內容所提及者有英，法，德，蘇聯，及美國等處的文壇情報

墨西哥文壇近訊　文學三卷五期

4. 文藝隨筆　諾貝爾獎金文國際筆會附

文藝隨筆　橄欖月刊卅二期，卅三期，卅四期

文壇逸話　李建新　青年界五卷三期

文壇偶語 巴山 星火月刊一卷一期，二期，三期

歐美名人情書雋語選評 釋君 千秋半月刊二卷六期

法國文人逸話 李小炎 論語半月刊六十八期

（一）阿勒與巧克力，（二）自己上當的巴爾札克。

英王賜作家的爵位 仲持 文學五卷三期

莫泊桑的「漂亮朋友」出版的五十週年紀念 宗融 文學五卷一號

書與作者漫談 董石君 文學三卷一號

內容：（一）雷南的婚事，（二）「少年維特之煩惱」與耶穌傳，（三）羅曼羅蘭的悲多汶，（四）悲多汶與歌德。

"Le Vert Galant" 飯店的兩種文學獎金 宗融 文學五卷二號

（一）弗累列得到文藝復興的獎金，（二）文藝批評獎金。

諸貝爾文學獎金的來由及其得者 錢歌川 青年界二卷四期

諸貝爾文學獎金給了蒲寧 鄭重 現代四卷三期

諸貝爾文學獎金歷屆獲獎人及其成績 出版週刊一一六號

本文錄自商務出版之諸貝爾傳（閱

任譯）附錄

筆會在蘇格蘭　郭子雄　文藝月刊六卷四期
在筆會中的見聞和經歷的日記

本年國際筆會紀事　薛衡　現代三卷六期
一九三三年五月廿五日至廿八日在巨哥斯拉夫的杜學羅夫尼克城開會，到會者在歐洲方面，有四十國五十四分會的代表，南北美也有代表參加，中國與日本卻並未有人去。

巴黎國際作家大會續訊　宗融　文學五卷三期

「新羣衆」懸徵文的得獎者　天虹　文學五卷五期
第一名爲女作家克拉拉·韋遜韋克斯得

二、世界語的文學

世界語的文學　小坂狷二著　吳期西譯　文學季刊二期
內容：（一）小引，（二）言語與文學—(a)言語的發展，(b)文學的發展，（三）世界語（Esperanto）文學—(a)世界語文學的誕生，(b)柴汀霍夫的世界語界，(c)搖籃時期的世界語文學，(二)大戰前後的世界語文學，(e)三〇年代的世界語文學，(f)世界語文學的將來。

世界語文學概觀　天白　青年界六卷一期
內容：搖籃期的世界語文學—大戰前的世界語文學—大戰後的世界語文學—三〇年代後的世界語文學—世界語文學的將來（此篇根據日人小坂狷二原作而編的。）

世界語文學概觀 英 W. B. Johnso 作 金克木譯 現代五卷五期

大戰前後的世界語文學 荆棘 中華月報一卷七期

「世界語文藝論」大綱 建中 青年世界二卷二期

世界語及其學習法 鐘慧民 讀書顧問創刊號

世界語講座 鐘憲民 讀書顧問季刊二期，三期，四期

國際語文和「世界語」 郭後覺 東方雜誌卅二卷一號 讀了潘廣銘先生「國際語文及其應具之條件以後底一種研討。

四、藝術

1.通論

什麼是選擇的藝術標準 黎錦明 千秋半月刊二卷一期

合型的藝術 伍蠡甫 世界文學一卷二號

藝術形成之社會的前提條件 洛揚譯 萌芽月刊一卷一期

藝術的本質和它社會的機能　寒光　第一線一卷一期

藝術的創作上之「意識」問題　長谷川如是閑　裕孫譯　國民文學一卷五號

藝術中的一致與分歧　法·Charles Mauron作　徐霞村譯　現代五卷一期

藝術的三種作用　曼曼　化石半月刊一卷五期，六期

藝術教育總論　賀玉波　橄欖月刊卅五期

藝術底將來　佛里契著　聶紺弩譯　中華月報二卷八期

現代藝術之危機　Gross著　彭信威譯　讀書雜誌三卷五期

外形式派的藝術與新形式派的藝術　孟體揚著　唐雋譯　藝風二卷二期

康德關於藝術的名言　楊丙辰譯　大陸雜誌一卷十一期　（一）藝術普通方面，（二）文藝方面，（三）口才方面，（四）音樂方面，（五）造形藝術方面。

論黑格爾的美學　林煥平　文藝月報一卷一期

社會主義的藝術底風格問題　盧那卡爾斯基著　吳春遲譯　文學一卷六號　譯自國際革命戲劇協會出版之「國際戲劇」

第五期。此篇歸結于戲劇，所以也可算論戲劇新寫實的論著。

藝術的社會主義者摩利斯的研究 林希謙 大夏一卷九號

藝術之科學的研究 金子馬治著 張資平譯 國民文學一卷五期

藝術科學方法論 方行之 文化批判一卷二，三，四，五期

內容：（一）藝術科學之確立，（二）黑格爾的藝術方法論，（三）歷史的比較方法論，（四）Taine方法論，（五）Freud主義的藝術方法論，（六）當作一般科學方法的藝術方法論。

「作爲經驗的藝術」（自序）伍實 世界文學一卷二號

這書乃杜威博士所作原名（Art as Experience）伍實對此書表示不滿

藝術家的生活問題 毅然 藝風一卷四期

中國新藝術運動過去的錯誤與今後的展望 常書鴻 藝風二卷八期

內容：（一）新藝術運動的錯誤，（二）過去的錯誤，（三）建設中國新藝術的步驟，（四）幾個急待實現的企圖。

2.藝術與其他

自然與藝術 疊之 藝風二卷一期

藝術與生活　左恭　中山文化教育館季刊二卷三號

藝術與行動　羅曼羅蘭著　郭漢烈譯　時事類編三卷十四期

藝術作風與社會生活之關係　Friche著　胡秋原譯　學藝十二卷二號

藝術與社會　馬彥祥　矛盾二卷二期

藝術與職業　解人　藝風一卷六期

藝術與時代　周曙山　藝風二卷九期

藝術與革命　顏爭銳　文藝戰線二卷十八期

藝術與哲學　鄭師許　新時代月刊五卷二期

藝術學與美學的區分　金子馬治著　張資平譯　朔望半月刊十一號

戰爭與藝術　張一凡作　萬人雜誌二卷三期

藝術與知識底傳達　汪馥泉　矛盾月刊三卷二期

文學論文索引三編補錄目次

付印後始又決定此後再出第四編，由廿五年一月開始，故將廿四年十一，十二兩月新發現雜誌論文補錄如下：

文學總論

分論

各國文學家評傳

附錄

文學論文索引三編補錄 廿四年十一月到十二月

文學總論

一、通論

比較文學緒論 吳康 文史匯刊一卷二期

文學概言 枕石 通俗文化二卷七期，八期

文學研究中的批判精神與創作精神 譚仲超 文藝月刊三卷二期

文學作品中的語言問題 力生 通俗文化二卷九期

論作品的「主題」與「題材」—質諸任白戈先生— 申去疾 星火二卷一期

泛論文學 李景白 培德月刊八期

由文學與民族性談到當前文學的任務 陳一中 磐石一期

現實的悲劇 桐君 新中華三卷廿一期

什麼是諷刺文學 屈軼 通俗文化二卷六期

所謂幽默文學　一針　文化與教育七十二，七十三期合刊
論文學上的風格　張振鵬　正中校刊卅三期
文藝與生活　張文林　國文學會特刊三號
著作與戰爭　巴比塞著　文遠譯　客觀一卷四期
機械與文學的交流　陳遐第　文學期刊三期
兒童與文學　易士　培德月刊九期

二、文學研究法

文藝的欣賞和誦讀　陶祖堯　國文學會特刊二號
欣賞論　袁慧貞　國文學會特刊三號
再談讀書　陶希聖　讀書季刊一卷二號
爲什麼要讀書　陳石泉　讀書季刊一卷二號
讀書經驗談　蔡元培　劉如眞等　讀書季刊一卷二號

衛生的讀書法 謝似顏 讀書季刊一卷二號

三、文學家

偉大作家的造成 王萬福 北平晨報思辨廿四期（廿四年十二月十六日）

作家是站在那邊的 胡洛 客觀一卷六期

文人的成名 棨青 磐石一期

廣文人相輕論 陳子展 通俗文化二卷四期

「提拔新進作家」 林冷秋 磐石一期

四、文藝思潮

俄羅斯浪漫主義概觀 雪濤譯 星火二卷二期

表現主義論 孫席珍 國聞週報十二卷四十七期

現代藝術與民族主義 葉秋原 文藝月報二卷二期

五、文藝的創作

文藝創作的動機　張愍爵　國文學會特刊三號

文藝創作方法　胡洛　客觀一卷二期

關於文藝創作方法的論辯　客觀一卷五期

創作的態度　力生　通俗文化二卷十期

爲初執筆者的創作談　馬荒　文學五卷六期
評張仲實譯的「給初學寫作者的一封信」

老牛破車　老舍　宇宙風一期至五期連期刊登
自述怎樣寫老張的哲學，趙子日，二馬，小坡的生日，大明湖等小說。

六、大衆文學

大衆文學跟純文學的區別　徐懋庸　通俗文化二卷八期

我理想的通俗文章怎樣寫　庶謙　通俗文化二卷十期

關於大衆文學與普羅文學　蔚初　國文學會特刊三號

通俗文的眞意義　艾思奇　通俗文化二卷五號

通俗文的內容問題 安絲 通俗文化二卷七期

話劇與大衆 白木 天津一期

民間故事之民俗學的解釋 趙景深 青年界八卷四期

廣東民間文學 希三等 粵風一卷一期至五期

民間的傳說和歌謠

廣東童謠專號 子超等 粵風一卷五期

關于「再粵謳」及其作者 希三 粵風一卷五期

山歌中松江方言 施蟄存 書報展望一期

七、各國文學

A. 中國

中國文學史話 王眉徵 正中校刊卅期，卅一期

兒童文學史話初稿 培德 月刊九期，十期

論孟子文章的特點及在其中國文學史上之地位 李長之 勵學四期

前漢文學　小林甚之助著　李鳳鼎譯　國文學會特刊三號
內容：（一）概說，（二）文景以前文學，（三）武帝時代
文學，（四）昭帝以後的文學

唐代文學　小林甚之助著　李鳳鼎譯　國文學會特刊一號，二號
內容：（一）概說，（二）制度的整頓與宗教界及學界的傾
向，（三）古體的變遷與今體的創始，（四）儒學，（五）文章，
（六）小說，（七）佛教文學的新興，（八）詞曲的源流，（九）初
唐的詩風，（十）開元天寶的詩風，（十一）中唐的詩人，（十二）
晚唐的詩風

佛經譯論——唐代文學批評研究第六章——　羅根澤　學風五卷十期

評明文學史兩種　阿英　書報展望一期

吳稺山與民族文學　邵元冲　建國月刊十三卷六期

一年來的中國文學界　伍蠡甫　文化建設二卷三期

再論中國新文學的出路　李辰冬　北平晨報學園八七一號（廿四年十一月一日）

文學革命的回顧　閔繁蓀　正中校刊卅二期

文學論壇　文學五卷三期至六期

文路漫談　文藝大路一卷四期，五期，六期

文壇短評　胡勞心音等　人生與文學一卷五期

論言　星火二卷一期，二期

B.日本和歐洲各國

現代日本文學　菊池寬作　杜宇譯　大公報文藝五十九期（廿四年十二月十三日）

北歐文學概觀　莫利著　郭漢烈譯　時事類編三卷廿一期，廿二期

中世紀的法國文學　周正文譯　勵學三期

俄國文學的新精神　斯老列門著　高植譯　時事類編三卷十八期，十九期

論蘇俄新舊文學的精神及其演變　J. M. Maisky作　高南昌譯　文學時代一期

分論

一、詩歌

A.通論

舊詩和新詩　易士　培德月刊九期

詩和寫詩　孫洵侯　大公報文藝四十四期（廿四年十一月十七日）

論長詩小詩　章　大公報文藝四十七期（廿四年十一月廿二日）

論詩的題材　曹葆華　北平晨報詩與批評六四期，六五期（廿四年十月廿四日，十一月十二日）

——譯安諾德詩序——

B.中國的舊詩和新詩

三百篇與楚辭的比較論　張靜華　雪嶺二卷二期

國風出於民間論質疑　朱東潤　文哲季刊五卷一號

春秋時代之詩學　李相珏　學風五卷九期

五言詩的起源　王眉徵　正中校刊卅二期

古詩十九首新箋　王緇塵　學術世界一卷三期

古詩十九首志疑　胡懷深　學術世界一卷四期

杜甫六絕句淺釋 陳友琴 青年界八卷五期

浙派詩論 錢萼孫 學術世界一卷四期

邵堯夫先生的詩論 彭喬 北平晨報學園八八五號（廿四年十二月十三日）
邵先生生于一〇一一逝于一〇七七

明遺民汪梅湖及其詩 洪文年 學風五卷十期

黃遵憲先生的詩 重之 粵風一卷四期

夢苕盦詩話 錢萼孫 國專月刊二卷三期

今傳是樓詩話 什公 國聞週報十二卷四十四期，四十六期

補「古人詩句之抄襲」 丁易 北平晨報藝圃（廿四年十二月十三日）

說「曲終人不見江上數峯青」 朱光潛 中學生六十期

天和閣聯話 愼 北平晨報藝圃（廿四年十一月四，九，十二，十九，廿二，廿五日；十二月六，十，十七，廿日）

新詩的舊賬 上官碧 大公報文藝十四期（廿四年十一月十日）

新詩的十字路口 梁宗岱 大公報文藝卅九期（廿四年十一月八日）

序「行遇之生命」　杜衡　「行遇之生命」係路易士之詩集　星火一卷二期

對於詩刊的意見　陳世驤　大公報五十五期（廿四年十二月六日）

評「現代詩風」　常風　大公報文藝五十九期（廿四年十二月十三日）
戴望舒主編　上海脈望社出版

二、辭賦

楚辭斠補　聞一多　文哲季刊五卷二號

第一個文學專家　王眉徵　正中校刊卅三期
——楚辭

九章通箋　劉永濟　文哲季刊五卷一號

洛神賦本事辨　譚慶傳　勵學三期

講陸士衡文賦自記　陳柱　學術世界一卷四期

三、詞

詞至宋而大盛其故安在試申論之　呂紹漢　正中校刊廿九期

歐陽修詞研究　杜哲全　文史匯刊一卷二期

評「唐刻詞話叢編」 厲嘯桐 文哲季刊五卷一號
唐圭璋編 南京利濟巷六十七號發行

四，戲劇

A.通論

戲劇變遷史略 戈郁 天津一期

戲劇的理論與實踐 田漢 北平晨報劇刊二五四期（廿四年十一月十七日）

從藝術的觀點分析戲劇的潮流 古直 北平晨報國劇週刊五十七號（廿四年十一月十四日）

亞里斯多德與悲劇的定義 路卞斯作 柯西譯 文藝月報二卷二期

為觀衆的戲劇講話 張庚 生活知識一卷一期，二期，三期

我們對於話劇應有的認識 陳豫源 北平晨報劇刊二五五期，二五六期（廿四年十一月廿四日，十二月一日）

看了「俄國舞隊」以後連想到中國的武戲 宋春舫 人間世卅八期

劇院的建築·劇本的作風 鄒科 北平晨報劇刊二五二期，二五三期（廿四年十一月三日，十日）

表演與情緒——一個心理學方面的考察—— 林傳鼎 北平晨報劇刊二五九期（廿四年十二月廿二日）

導演與表演　歐陽予倩　北平晨報劇刊二五七期（廿四年十一月八日）

怎樣研究一個角色　E. Albrti作　張鳴琦譯　北平晨報劇刊二五八號（廿四年十二月十五日）

關於內心的表演　獨豪　天津一期

燈光佈景　佟晶心　劇學月刊四卷六期

B. 中國舊戲和新劇

中國戲劇史方法短論　岑家梧　現代史學二卷四期

晚清的戲劇　趙景深　青年界八卷三期

中國戲劇的出路　李朴園　亞波羅十四期

中國舞台劇的現階段—業餘劇人的技術的批判—　張庚　文學五卷六期

中國活劇運動之前途　熊佛西講　高福媛張文林記　國文學會特刊三號

中國戲劇運動的新途徑　熊佛西　自由評論四期

國劇導演應負的使命　南子　北平晨報國劇週刊五九期（廿四年十一月廿八日）

以科學方法整理國劇之我見 徐慕雲 讀書季刊一卷二期

談平劇 馮靜居 文學期刊三期

俄國人對於中國舊劇的認識 林傳鼎 北平晨報劇刊二五六期（廿四年十二月一日）

對愛森斯坦所作「梨園怪傑」的評述

劇本改革的檢討 擷雲 北平晨報國劇週刊五十八號（廿四年十一月廿一日）

改革劇本之我見 曹損之 北平晨報國劇週刊五十八號（廿四年十一月一日）

論改良劇本及四進士 戴溶江 北平晨報國劇週刊六十一期（廿四年十二月十二日）

南詞彈詞沿襲傳奇說 申翁 劇學月刊四卷六期

崑腔度鼎盛與衰落 瑞峯 文學期刊三期

我也談談崑曲 擷雲 北平晨報國劇週刊五十九期，六十期，六十一期（廿四年十一月廿八日；十二月五日，十二日）

崑曲廿一韻出字收音之口法 方問溪 北平晨報國劇週刊六十期（廿四年十二月五日）

灘簧 李家瑞 人間世卅九期

「詞林摘豔」與「雍熙樂府」 趙景深 人間世卅九期

方成培與香研居詞塵 綠依 劇學月刊四卷六期
香研居詞塵共五卷，清方成培撰

瞿園雜劇述評 徐凌霄 劇學月刊四卷六期
代表庚子以後，一個時期，一般的騷人逸客，傷時憂國，憤世嫉俗的作風

岑齋讀曲記 邵茗生 劇學月刊四卷六期
情中幻，鬥嬋娟佳奇，黃士闕，後尋親記

讀曲札記 豫源 北平晨報劇刊二五四期（廿四年十一月十七日）
關漢卿作的雜劇

「霸王別姬」之評價 古直 北平晨報國劇週刊六十一期（廿四年十一月十二日）

「遊龍戲鳳」的評價與其扮演問題 趙茜露 北平晨報國劇週刊六十號（廿四年十一月五日）

「甘露寺」「美人計」的評價 南子 北平晨報國劇週刊五十六號（廿四年十一月七日）

談「六月雪」與「金鎖記」 T. S. 北平晨報國劇週刊五十六號，五十七號（廿四年十一月七日，十四日）

「大保國」「探皇靈」「二進宮」三劇的藝術結構 南子 北平晨報國劇週刊六十二期（廿四年十二月十九日）

麒麟閣激秦三擋曲譜 曹心泉 劇學月刊四卷六期

「情書」的上演　張鳴琦　北平晨報劇刊二五三期（廿四年十一月十日）
中國旅行劇團話劇的演出

怎樣看「欽差大臣」　未名　生活知識一卷三期

世界旅行團的首次公演　岳稗珪　北平晨報劇刊二五五期（廿四年十一月廿四日）
徵婚，啞妻的上演

脚本提要　稗珪　北平晨報劇刊二五三期，二五九期（廿四年十一月十日；十二月廿二日）
小妹妹，室內

文藝新聞　大公報文藝五十一期，五十七期（廿四年十一月廿九日；十二月九日）
果戈理「巡按」之演出　「財狂」之演出

C.外國戲劇

蘇俄劇場概觀　張鳴琦　北平晨報劇刊二五六期至二五七期（廿四年十二月一，八，十五，廿二日）

奧尼爾及其戲劇　韋思文　人生與文學一卷五期

比蘭台羅作品的實質　紀澤長　勵學三期

馬爾文節與英國戲劇運動　嘯霞　人生與文學一卷五期

D.電影

談電影民衆化　凌鶴　通俗文化二卷二號

電影批評的基礎　幼常　新中華三卷廿一期

獻給青年影迷　張潛　青年界八卷五期

中國電影事業現狀　趙南遮　青年界八卷三期

中國電影創作諸問題　凌鶴　通俗文化二卷九期

中國教育電影協會介紹　南遮　青年界八卷五期

談半年的中國電影　凌鶴　通俗文化二卷三號

世界電影界　展如　青年界八卷三期，四期

一九三四年世界名片略談　凌鶴　通俗文化二卷一期

塊肉餘生影片演出簡記　丁白　青年界八卷四期

「孤星淚」介紹　默君　生活知識一卷四期

「都市風光」的推荐　未名　生活知識一卷二期

「桃花扇」評　侯默　生活知識一卷一期

五、小說

A.通論

小說所以在現代發達之原因　王克珍　正中校刊廿三，四期合刊

小說作法論　王學易　勵學四期

怎樣讀小說　周鋼鳴　生活識一卷一期，二期，三期

B.中國小說

隨便談談中國小說　景白　培德十期

拍案驚奇　易琨　書報展望一期

從兩唐書校正薛仁貴征東　備聚賢　前途雜誌三卷十二期

老殘遊記考證 東臺胡濬撰 中華月報三卷十二期

談王統照「三位黑衣僧」作義 磐石雜誌三卷十期
登文學五卷二號

關於丁玲的「水」 魏書紳 國文學會特刊三號

「霧」「雨」與「電」 劉西渭 大報文藝卅六期（廿四年十一月三日）
——巴金的「愛情的三部曲」

「虫蝕」 人生與文學一卷五期
靳以著 上海良友圖書公司出版

「幽僻的陳莊」 李影心 國聞週報十二卷四十五期
雋聞著 北平文心書業社出版

評「出奔」 蕭乾 大公報文藝卅七期（廿四年十一月四日）
郁達夫作 一九三五年十一月「文學」特約中篇

「星」 黃照 大公報文藝四十八期（廿四年十一月廿四日）
陳芳作 載文學季刊二卷三期

四卷四期刊「文學」的幾個短篇 林一屏 文學期刊三期

讀文學季刊二卷一期的創作 王祜 文學期刊三期

C. 外國小說

美國小說的幾種新傾向 項美麗 文學時代二期

「田園交響樂」 胡洛 客觀一卷五期
A紀德著 麗尼譯 文化生活社出版
讀了「羅亭」以後 孫錫璠 國文學會特刊三號
「被侮辱與被損害者」 文遠 客觀一卷五期
妥新退夫斯著 李霽野譯 商務出版

六、新聞學

新聞之史的研究 蘊石 雲嶺二卷三期
中日報紙比較觀 傅襄謨 國聞週報十二卷四十九期
中國之新聞事業 戈公振 新北辰十一期
一年來的華北新聞紙 楊驤 文化建設二卷三期
清代杭州的白話報 沈聖時 文藝大路一卷六期

各國文學家評傳

一、中國文學家

田園詩人與社會詩人 星波 國文學會特刊三號
陶淵明與白居易

白樂天評傳　周慶熙　國文學會特刊三號

杜樊川評傳　徐裕昆　光華四卷二期

三個功利派的文章家　陳傳良　葉適　陳亮　易士培德月刊一期

宋史陳亮傳考證及陳亮年譜　何格恩　民族三卷十一期

李清熙與黃花　郎潤之　紅豆三卷五期

明曲大家楊夫人別傳　盧冀野　書報展望一期

傳卞賽吳梅村懺情　記梅村與卞賽一段情緣　譚正璧　青年界八卷五期

黃遵憲年譜　錢蕚孫　生于道光廿八年(1848)　國學論衡五期上

哀愁時人黃仲則　陸樹枏　江蘇研究一卷六期

曾孟樸先生年譜　盧白　宇宙風二期，三期，四期

紀念曾孟樸先生特刊　蔡元培　胡適等　宇宙風二期

曾孟樸與賽金花　商鴻逵　宇宙風二期

病夫日記　東亞病夫　宇宙風一期，二期

梅雨日記　郁達夫　宇宙風一期

紀念志摩去世四週年　徽因　大公報文藝五十六期（廿四年十二月八日）
論志摩的作詩

憶廬隱　李唯建　文學五卷六期

記田漢　趙景深　文藝大路一卷五期

二一、外國文學家

哥德的緘默　羅曼羅蘭著　梁宗岱譯　時事類編三卷廿期

培根與其散文　李實譯　勵學三期

愛國詩人克浦林　于佑虞　文藝月報二卷二期
Rudyard Kipling 生于1865僑居印度的英國作家

柯立奇與其同代文人的友誼　司徒月蘭作　張鏡潭譯　人生與文學一卷五期

葉芝的七十壽辰　宗逵　人生與文學一卷五期

巴比塞與戰爭小說　嘯霞　人生與文學一卷五期

紀念巴比塞　胡洛　客觀一卷四期

安利·巴比塞之一生　胡峯　書報展望一期

法國百歲的女作家亞丹夫人　李澤珍　中華月報三卷十二期
Juliette Adam 生于 1836

托爾斯泰論　胡洛　客觀一卷一期

托爾斯泰年表　立昂　北平晨報學園八七五號，八七六號（廿四年十一月十四日，十八日）

我父親的日常生活　S.托斯泰作　劉之惠譯　北平晨報學園八七五號（廿四年十一月十四日）

此文爲托氏之長子 Sergius Tolstoy 所作

紀念托爾斯泰　一柯　生活知識一卷四期

戈爾登惠教授的回憶　宜閑　文學五卷六期
—托爾斯泰的友人對于他的懷念—

與托爾斯泰的會晤　伊凡蒲寧著　江弘基譯　北平晨報八七四號（廿四年十一月十一日）

托爾斯泰的離家與死　濟之　文學五卷六期

藝術家的良心　立昂　北平晨報學園八七四號（廿四年十一月十一日）
—紀念托爾斯泰逝世廿五週年—

關於創作上的高爾基的方法 德永直著 林素譯 時事類編三卷廿二期
譯自日本改造一九三五年六月號

一個近代最偉大的境界與人格的創造者 老舍 文學時代一期
我最愛的作家——康拉得

記戈登克雷 余上沅 文學時代二期

關於顯克微支 Lidja Zamenhof 著 大公報文藝六十期（廿四年十二月十五日）

依斯特拉地逝世 孟雪 青年界八卷四期
(Panait Istrati 1884-1935) 羅馬尼亞的文豪

巨哥斯拉夫的三個作家 傳平 書報展望一期
1. Oton Jhupanchih, 2. Fran Mcapejhuranich, 3. Ivo Andrich.

附錄

一、文壇消息

文壇消息 時事類編三卷十九期，廿一期，廿二期

文藝消息 編者 藝風三卷十期，十一期，十二期

文藝新聞 大公報文藝四十三期，六十三期（廿四年十一月十五日；十二月廿日）
廈門文藝，歐美文壇，上海「通俗化」問題的討論，倫敦文壇

世界文壇展望 文學五卷六期

文壇鱗爪 幽燕 三卷十期，十一期

二、文學書籍的評介

評「現代英國詩人」 費鑑照著新月書店刊 常風 北平晨報詩與批評六六期（廿四年十月廿八日）

評郭沫若著「屈原」 丁霄漢 文化建設二卷二期

讀「新文學大系」 趙家璧編良友公司出版 烱之 大公報文藝五十一期（廿四年十一月廿九日）

談土撥鼠 ─爲尤君題「楊柳風」譯本─ 知堂 北平晨報學園八八〇號（廿四年十一月廿十九日）

詩人遺札 朱湘 文藝大路一卷四期

「文哲月刊」 張東蓀等主編 劉謌 北平晨報學園八七八號（廿四年十一月廿二日）

「文學季刊」 二卷三期，一九三五年十月 李影心 大公報文藝六十三期（廿四年十二月廿日）

悼「譯文」 常風 國聞週報十二卷四十九期

關於沙士比亞 莎士比亞的版本 梁實秋 自由評論四期

後記

在這風雨飄搖的年頭，我們的文學論文索引竟得順序的出版到第三編，是很可欣慰的事，計自續編問世後，至今忽已兩年。這兩年中一九三四年是大家公認做雜誌年，雜誌刊出眞可說極一時之盛，但是出版後旋即夭折者，數實不少，因此有的在南方出版的雜誌，北方乾脆沒有看到就停刊，有的眞如曇花一現，收到一，二期即已不見。還有許多文章：論題似甚博大，內容却空無可取；我們編製索引，既不能因其優劣，妄操去取之權，只好全部備錄，不過對于較有價值作品，略爲介紹其內容。這是在雜誌年中編這論文索引不能無濫收之憾，應向讀者聲明。

前編所收雜誌至廿二年五月止，本編即接着收集，至廿四年十二月共得雜誌報章二百二十餘種，中間雖也有數種在廿二年以前出版，乃是前編未收的，特爲補錄。計所得論文共有四千數百餘片。編輯方法大體依照前編，不同的；是「歌謠」

與「民衆戲劇」移併「大衆文學」類中。至一切文學書籍序文都按其內容分歸各類，如談小說之序則歸入「小說」門，談散文集則歸入「小品文」門，餘以此類推。在前編「各國文學家評傳」一類，另分「自傳」和「軼事」等細目，這編則都歸入各國文學家之評傳目下。這樣修改，爲避免太瑣碎的分類，俾讀者便於檢閱。

本編於廿四年十一月初旬付印，所收雜誌報章即截止於廿四年十月，及全編印完；已是十二月向盡，乃復補錄十一，十二兩月所收集的論文，這並非有意來畫蛇添足，也因爲此後文學和國學兩種索引之出版計劃，擬改從中山文化教育館之期刊索引另出專號，所以這第三編在可能範圍內力求其在廿四年底告一段落。但在廿四年出版的雜誌，有愆期，未寄到者，只好在下編補收。

我最初的計劃原想在這編後，再附一「篇目索引」，以論題筆畫多寡爲序，現因篇幅限制，只好待諸他日，能將前後三編的論文併在一起，再編一「篇目索引」，這是我所希望的。

本編所收雜誌，以國立北平圖所收藏爲主，次則燕京，淸華各大學的圖所收藏的雜誌，都在收集之列。

這次承金陵大學及九江同文中學直接惠寄本組，金聲及待旦兩種期刊。本編索引因得意外增加新材料，特此誌謝！很希望此後各地學校或私人團體，有刊物出版，都能惠寄本圖一份，庶得以遍收，而無遺珠之憾。

從這索引我們也可以略見一時文壇的概況，如前年之有「大衆語論戰」，以及在「文藝時評」，「文壇消息」中，我們即可知道過去兩年文壇所討論的種種問題，所以出版時力求其不失時間性，編時亦極力謹愼，以避免錯誤，但有爲思慮所不及者，尙希讀者隨時指教是幸！

校書眞是如掃落葉，本編雖經複校數次，仍不免有幾處錯誤，希讀者注意勘誤表。

後記

前編「英國文學家評傳」(頁二四三第七行)，附註有「夏士勒德亦即司各德」，近發現有誤特此更正。

劉修業 廿五年一月五日於北平圖

勘誤表

頁數	行	字	誤	正
七	九	小字	辰	長
一五	一一	小字	才行	桁
四五	七	小字	脫「一期」兩字	青年界六卷一期
六八	九	小字	「十」「七」兩字倒置	學衡七十九期
七五	九	小字	大	火
七九	七	小字	多「界七期」三字	人間世廿七期
一〇一	一一	四	脫「辭」字	修辭學
一一四	四	八	脫「作」字	作品
一四〇	五	小字	脫「辭章派」	辭章派，理性派
一四三 一四九	九 三	小字	章	章

一五六	七	六	脫「府」字	樂府
一六〇	五	九	衆	泉
一六二	四	二	徵	徽
二九〇	七	小字	「卷」「三」兩字倒置	三卷
三〇五	七	小字	(5)	(2)
三〇九	四	七	脫「想」字	思想
三二四	一二	一	U	Village
三四二	七	一	W	Journalism
三四七	一二	小字	人	卜
三七六	六	小字	三卷	二卷
四一〇	二	六	期	斯
四二七	五	小字	鈎	鈎

中華民國二十五年一月出版
定價大洋一元六角

中華圖書館協會叢書
第六種

文學論文索引三編

編輯者
國立北平圖書館
索引組 劉修業

出版者 中華圖書館協會
總發行 國立北平圖書館 北平文津街一號
代售處 國內外各大書坊
印刷者 引得校印所 北平西郊成府